U0948197

《预算法》修改研究

贺绍奇　著

中国财富出版社

图书在版编目（CIP）数据

《预算法》修改研究/贺绍奇著．—北京：中国财富出版社，2014.6

（公共政策论丛）

ISBN 978-7-5047-5164-5

Ⅰ.①预…　Ⅱ.①贺…　Ⅲ.①预算法—研究—中国　Ⅳ.①D922.210.4

中国版本图书馆 CIP 数据核字（2014）第 060533 号

策划编辑　寇俊玲　　　**责任印制**　方朋远

责任编辑　徐文涛　李瑞清　　　**责任校对**　梁　凡

出版发行　中国财富出版社

社　　址　北京市丰台区南四环西路 188 号 5 区 20 楼　　**邮政编码**　100070

电　　话　010-52227568（发行部）　　010-52227588 转 307（总编室）

010-68589540（读者服务部）　　010-52227588 转 305（质检部）

网　　址　http://www.cfpress.com.cn

经　　销　新华书店

印　　刷　三河市西华印务有限公司

书　　号　ISBN 978-7-5047-5164-5/D·0101

开　　本　710mm×1000mm　1/16　　**版　　次**　2014 年 6 月第 1 版

印　　张　17.25　　**印　　次**　2014 年 6 月第 1 次印刷

字　　数　310 千字　　**定　　价**　56.00 元

序 言

2012年6月，《预算法》修正案二审稿提交十一届全国人大常委第27次会议审议后自7月6日发布，公开征求意见，到2012年8月5日截止日，共征集到31万多条意见，超过2011年《个人所得税法》修正案征求意见时收到的23万条意见。① 从社会各界对预算修正案二审稿评价来看，二审稿距离公众对《预算法》修订的企求相差甚远，尤其是在预算的公开透明上。2013年5月，国务院常务会议作出决定：下力气推动建立公开、透明、规范、完整的预算体制。形成深化预算制度改革总体方案，完善地方政府债务风险控制措施。削减、合并一批专项转移支付项目。扩大营业税改征增值税试点范围。形成资源税费和矿产资源有偿使用制度改革方案。国家发展和改革委员会《关于2013年深化经济体制改革重点工作意见》将建立"公开、透明、规范、完整的预算管理体制，形成深化预算制度改革总体方案，完善地方政府债务风险控制措施"作为2013年经济体制改革的重点。紧接着2013年召开的十八届三中全会通过《中共中央关于全面深化改革若干重大问题的决定》则更是对我国预算制度改革各个方面提出了明确具体的要求。①在国有资本经营预算方面，提出"完善国有资本经营预算制度，提高国有资本收益上缴公共财政比例，二〇二〇年提到百分之三十，更多用于保障和改善民生"。②具体国有企业微观层面，提出在国有企业改革上要"建立长效约束机制，强化国有企业经营投资责任追究。探索推进国有企业财务预算等重大信息公开"。并且对国有企业预算约束软化、铺张浪费现象严重也提出具体改革要求，即"国有企业要合理增加市场化选聘比例，合理确定并严格规范国有企业管理人员薪酬水平、职务待遇、职务消费、业务消费"。③公共财政层面，强调预算的公开透明。一是从财税体制改革上要求"必须完善立法、明确事

① 预算法修改收到33万条意见，专家建言强化监督［EB/OL］. http：//finance. sina. com. cn/china/20120807/072412776420. shtml，2014年2月8日登录。

权、改革税制、稳定税负、透明预算、提高效率、建立现代财政制度，发挥中央和地方的积极性”。二是对公共预算制度改革也提出了明确要求。①提出要“改进预算管理制度。实施全面规范、公开透明的预算制度”。②除了透明预算，还提出科学预算、合理预算的要求。要求“审核预算的重点由平衡状态、赤字规模向支出预算和政策拓展。清理规范重点支出同财政收支增幅或生产总值挂钩事项，一般不采取挂钩方式。建立跨年度预算平衡机制，建立权责发生制的政府综合财务报告制度，建立规范合理的中央和地方政府债务管理及风险预警机制”。③就人大制度完善方面，提出了要“加强人大预算决算审查监督”。④在强化权力约束和监督方面，提出要加强预算约束。提出要“健全严格的财务预算、核准和审计制度，着力控制‘三公’经费支出和楼堂馆所建设”、“规范并严格执行领导干部工作生活保障制度，不准多处占用住房和办公用房，不准超标准配备办公用房和生活用房，不准违规配备公车，不准违规配备秘书，不准超规格警卫，不准超标准进行公务接待，严肃查处违反规定超标准享受待遇等问题。探索实行官邸制”。⑤社会保障预算层面，提出“健全社会保障财政投入制度，完善社会保障预算制度”。⑥军队和国防改革方面，也提出“健全军费管理制度，建立需求牵引规划、规划主导资源配置机制。健全完善经费物资管理标准制度体系。深化预算管理、集中收付、物资采购和军人医疗、保险、住房保障等制度”。

上述政策动向表明，执政党及决策者不仅关注公众对预算法修改的反馈和意见，而且是认真对待公众诉求。所有这些政策动向都表明：①新一轮预算制度改革要超越《预算法》二审稿；②明晰了政府《预算法》修订要达成的目标，即建立公开、透明、规范、完整、科学合理的预算体制；③将中央与地方事权、财权划分、从税制改革、地方债务风险控制与转移支付、国有资本经营预算、国有企业改革、军队与国防建设、人大制度完善等各个方面对我国预算制度进行全面改革，在预算法修改上进行整体构思与整体设计。基于此，本书研究并不只是局限于形式意义上的《预算法》文本修订，而是扩大到实质意义上预算法修订涉及诸多问题解决方案的研究。

本书分为总论与分论两个部分，一共12章和1个附件。总论部分是从整体的角度讨论预算法修改涉及的问题，共4章。

第一章“现行《预算法》实施后我国预算制度改革及《预算法》修订”对现行《预算法》实施后我国政府预算制度改革，从人大预算审查监督、参与式预算、部门预算、预算公开、国库集中收付制度、政府收支分类、预算执行审计监督等8个方面进行梳理，描述了改革过程以及取得的成果，并对我国《预算法》修订提出到预算法修订二审稿公布历史过程进行了叙述和描述。

第二章“现行《预算法》存在的主要问题”分析和论证了《预算法》修订需要解决的主要问题，这些问题包括体制层面预算配置的问题，预算公开透明度低，实质意义上全口径预算还未真正落实，预算编制过于粗糙、部门预算改革仍需深化，公众参与机制缺失，国库集中收付制度改革不彻底甚至出现了逆转，预算执行审计监督存在不足以及法律责任制度缺失等8个方面的问题。

第三章“《预算法》修订建议”提出了9个修订建议。一是完善人大预算权6条建议；二是政府内部预算权分配与制衡；三是中央与地方事权与财权的协调与匹配；四是预算公开透明6点建议；五是建立健全公众参与机制；六是就实现实质意义上的全口径预算提出的3条建议；七是落实真正意义上的国库单一账户制度；八是加强审计机关独立性，强化审计监督；九是法律责任制度完善的3条建议。

第四章“预算法修订要达至的目标及路线图”将预算法修订要追求目标分为近期目标与远期目标，基于这两个目标，设计了一个三阶段推进的路线图。即现阶段预算法修订要落实解决的建议，将来进一步修订和配套立法要落实解决的建议，以及在现阶段修订完成后到将来进一步修订和配套立法出台前可以采取的过渡性安排。

分论是对《预算法》修改涉及的专门性问题进行的探讨，共八章。

第五章“预算透明：域外经验”论述了韩国、美国、法国、巴西在解决预算公开透明上采取各种制度安排和法律机制，如参与式预算、审计法院和国会监督等。

第六章“政府性基金预算：问题及改进对策”专门分析和讨论了我国政府性基金预算存在的问题及改进的对策。

第七章“地方政府性债务预算管理”论述了我国地方政府性债务产生、演变及现状，分析论述了地方政府性债务预算管理目前存在的诸多问题，并就如何从预算管理上解决这些问题提出了治标之策和治本之道。

相对于《企业国有资产法》关于国有资本经营预算的立法，《预算法》修正案二审稿在国有资本经营预算法立法毫无作为，令人失望。2008年《企业国有资产法》第六章“国有资本经营预算”，共5条。第58条是原则性条款，

第 59 条是关于国有资本经营预算收入范围的规定，第 60 条是有关国有资本经营预算编制原则的规定。它提出了两个基本原则，一是预算单列纳入本级政府预算，报本级人大批准；二是支出按当年预算收入规模安排，不列赤字。第 61 条则是关于编制职责分工的规定。它规定财政部门负责预算草案编制，履行出资人职责机构向财政部门提出由其履行出资人职责的国有资本经营预算建议草案。第 62 条是授权立法条款，它授权国务院制定国有资本经营预算管理的具体办法和实施步骤。与《企业国有资产法》相比，《预算法》修正案二审稿只有 3 条提及国有资本经营预算。一是第 3 条有关预算分类和分别编制的规定。预算分为公共预算、政府性基金预算、国有资本经营预算、社会保障预算。二是第 25 条的授权立法条款，它规定政府性基金预算、国有资本经营预算和社会保障预算的收支范围，按照国务院的规定执行。三是第 91 条，仍然是一个授权性的条款，它规定政府性基金预算、国有资本经营预算和社会保障预算的编制、执行和实施步骤，由国务院依据本法作出规定。

本书认为：从预算约束的角度而言，公共财政和国有企业如同供给政府财力的两个钱袋子。如果预算法不能把两个钱袋子同时看住，就无法对公共权力形成有效约束。因为如果预算法只管住了公共财政一个钱袋子，政府很容易把手伸向另一个钱袋子——国有企业。国有企业软约束与公共财政预算软约束是紧密相关的，国有企业风险、财政风险与金融风险也是相通和相互传染的。因此，本书认为，①国有资本经营预算和公共预算法治建设必须是两手抓，两手都要硬。②国有资本经营预算制度建立健全，公开透明关系到公共治理水平和公司治理水平的改善和提高。《企业国有资产法》《预算法》把国有资本经营预算立法权授予政府实际上就是赋予了政府不受限制和不受约束的对国有企业财力完全支配权。许多人认为，国有企业股份制改革就可以有效地实现政资分开、政企分开，上述问题就不存在了，但美国政府对两房接管，美国纳税人被迫为两房债务承担无限责任的事实证明，民事法律关系上的政资分离、政企分开对政府而言就是一扇虚掩的门，根本不能对政府形成有效约束。

第八章“域外教训：预算外纳税人承担无限责任的美国政府资助企业”一章通过两房事件来论证上述论断。本章分析和论述了美国政府资助企业——两房与美国 2007 年、2008 年金融危机的关系，两房如何由一个政府所有公司从政府预算剥离出去并演变为私人私有上市公司，然后滥用政府隐含过度冒险推动金融危机爆发并陷入倒闭，并迫使政府接管、注资救助，让美国纳税人为其承担无限责任的。通过两房案例解剖，笔者期望决策者必须认真对待我国地方融资平台、国有企业预算软约束以及在公共预算约束效力加强情况下蜕变为各级政府不受预算约束的第二财政的潜在危险。

在第八章基础上，本书用了四章对国有资本经营预算进行专题研究。

第九章专门研究了国有企业利润上缴及国有情况，第十章专门分析现行国有资本经营预算制度存在的问题，第十一章剖析了行政性垄断行业租、税、利及租金的流失，对第十章提出的问题进行进一步佐证。第十二章就国有资本经营预算制度的完善提出了若干建议。

《预算法》修订实际上并不只是形式意义上的修订，而是涉及预算的整个法律体系的改进与完善，因此，需要整体构思，分步实施，本研究提出了一个粗略的路线图。目前预算法修订，学界和社会各界提出许多修改要求或建议，这些修改要求或建议有的只是涉及程序、技术性规范的改进与完善，有的修订主张和建议实际上已经超越了形式意义上的预算法修订，涉及预算法有关相关配套法律制度建设和法律体系的完善，但更多的则涉及我国经济体制、政治体制改革及法治的建设，这些改革非常复杂，目前无论是学界还是政府决策层面均未有成熟的构思和清晰明确的规划，因此，现阶段将这些改革的宏愿纳入立法并不现实，一是立法技术上做不到，二是将不成熟想法转化为立法，反而可能给改革设置障碍，限制改革创新的法律空间。动辄采取授权立法是一个非常简单可行的解决办法，但授权立法泛滥将损害预算法的权威性，还有可能导致被学界广泛诟病的类似预算法修订二审稿出现的立法部门化。本书在广泛吸收学界研究成果以及预算法修订二审稿取得成果的基础上，对我国预算制度改革取得成果、仍然需要通过预算法修订要解决问题以及修订改革建议提出系统的论述，并设计出了一个框架路线图。

本书还认为，《预算法》修订不仅只是涉及具体制度的修补完善，许多涉及体制的改革和相关法律体系的完善，不可能一蹴而就，尤其是人大制度改革与完善、中央与地方事权与财权的协调匹配等需要在整个行政体制和法治建设中才能最终得以完善，因此，预算法修订应把国务院目前提出建立公开、透明、规范、完整预算体制作为近期目标，把实现民主预算、民生预算、法治预算作为远期目标，基于这些目标追求，预算法修订可以采取整体构思，分步实施的策略。

预算公开透明应当是现阶段预算法修改应优先考虑的目标。本书认为，预算法修订应把预算公开、透明、规范以及公众参与作为现阶段预算法修订优先考虑的目标，预算公开透明必须涵盖整个预算周期的全过程，所有参与编制、预算审批、预算监督的政府及政府部门、人大及其常委会、相关专业委员会与工作机构，审计机关都要承担法定公开义务，还包括从政府预算获得收入的实体或机构，如承包商或供应商等。预算公开透明不仅可以便利公众参与，社会监督，同时可以为其他预算制度改革创造更有利的条件。同时，预算法修订应确立公众参与机制，让公众和民间组织能够有效参与，以充分发挥社会监督作用，预算公开透明、公众参与在一定程度上可以弥补我国人大制度改革滞后，人大在目前难以承担起守护好纳税人“钱袋子”重任的缺陷。

现阶段人大预算审查监督应把重心落实在人大专业委员会和人大常委工作机构审查监督能力建设上。包括人力、财力、时间上应给予充分的保障。这就需要在编制上、预算上和预算初审时间上给予充分的保障性安排。

地方政府债务问题治标之策是地方政府政府性债务必须去隐性化，做到公开透明，但治本之道还是要把目前中央与地方总分公司关系变成各自独立承担责任的母子公司关系。导致我国目前地方政府债务问题的根源表面上来看，是中央与地方事权与财权不匹配，但究其本质还是在中央与地方权责法律关系上存在的问题。通俗一点说，我国宪法和组织法确立的中央与地方之间关系是总公司与分公司的关系，而不是母子公司的关系，分税制改革对事权与财权的划分并没有改变中央对地方政府债务承担的隐性担保责任，正是中央对地方这种隐性担保给地方政府不负责任的举债提供了激励，导致地方政府预算软约束，因此，在当前体制下，唯一能够对地方政府债务进行有效控制的只能是中央政府，现阶段中央政府采取改革措施核心目的也就是确保中央政府能够实施监控。但中央政府对地方政府债务管控的目标时常与中央政府要求地方政府承担职责是相互矛盾的，如2008年金融危机后，中央政府就要求地方政府在刺激经济增长上有更多的投入，但同时又无力解决地方政府面临的财力困境，其结果就是中央政府默认甚至放任地方政府融资平台进一步泛滥。这一事实表明，中央政府对地方政府债务管控往往因为中央政府的短期化行为而具有很大的随意性，是不可靠的，市场会出现失灵。因此，从长远来看，要从根本上解决地方政府债务问题，单是政府内部进行事权和财权调整是不够的，更重要的是要找到让中央政府和地方政府都必须负责的一种体制和机制。这种体制与机制安排必须能够产生如下效力：地方政府负债必须是基于政府的财政信用，而非是上级政府的信用、也非非财政的商业信用；债务负担是不可能转嫁的，所有制度安排不会给债权人、债务人转嫁债务风险提供激励。

国有资本经营预算收入经过财政部的手通过资本性支出、费用性支出又基本上全部回到了国有企业，与上缴利润前所不同的是，通过预算支出在国有经济系统内部摊匀了，平均化了，实现了国有经济系统内所有企业和职工都利益均沾。国有资本经营预算一个基本目标应当是实现出资人资本收益最大化，而目前国有企业上缴的利润只有微乎其微的部分通过转移支付花到了宪法上全民所有者身上，而且还是间接受益。

现行国有资本经营预算中收入与支出安排既不合法也不合理。一是目前国有企业利润上缴方案采取的分类按不同比例上缴的方案既不合法，也不合理。首先，国有企业税收可上缴利润不缴不合法。国家出资企业利润分配本质上仍然属于公共预算管理范畴。任何未经过宪法所规定公共预算程序的收和支都是与宪政和法治精神相背离的，也不利于市场经济体制完善和国有企业公司治理水平的改善。目前，绝大部分国有企业利润没有上缴，没有纳入公共预算管理，缺乏透明度和监督，这是与法治精神相违背的。二是分类按不同比例上缴方案不合理。企业分类按不同比例上缴利润缺乏充分的理论依据，也偏离了国有资本经营预算的初衷和预算管理的目标，而且混淆了国有企业利润上缴与国有资本经营预算收入的性质，从而导致把本应放置到国有资本经营预算的宏观调控、收入分配调节、国有经济布局与结构调整等功能错误定位到了利润上缴制度安排上。三是上缴比例太低，因为国有企业层面预算极其不透明，缺乏有效监督，因此，实际上大部分利润仍然未纳入预算。四是国有企业融资收入（包括资本市场直接融资和银行贷款）等未纳入预算。考虑到这些融资收入政府仍然承担隐性担保责任，就必须纳入政府预算调整范畴。

从支出的角度而言，一是从整个国有资本经营层面而言，上缴利润绝大部分用于资本经营预算支出抵消了国有资本经营预算的实施效果，甚至可能导致经营不善国有企业和职工吃整个国有经济的大锅饭。二是从国有企业层面而言，企业预算支出不透明、缺乏有效监督。

从国有资本经营预算编制来看，尽管形式上财政部编制的国有资本经营预算要经过各级政府批准，并通报给同级人大，但由于缺乏明确的标准和规范，预算编制科目及具体预算安排随意性非常大，而且极其不透明，难以发挥预算的约束和监督作用。

学界虽然对现行作法提出了有价值的批判，而且对分类方法和比例确定提出了加以完善的解决思路，并进行了理论上的论证，但并没有就如何分类、各类国有企业比例如何确定等提出切实可行的操作方案，而且与现行利润上缴方案一样，过分夸大了利润上缴在国有资本经营预算中的作用和功能，错误地把国有资本经营预算宏观调控和调节功能置入国有企业利润上缴制度安排上。

本书就国有资本经营预算制度完善提出十个建议：

1. 加快资源税费体系改革，租、税、利严格区分，明晰各自征缴渠道，强化企业成本核算，夯实资源性企业利润。

2. 加快垄断行业改革，消除垄断行业对消费者福利的侵蚀，最大限度减少行政性垄断行业对垄断租金的摄取和内部人对租金的瓜分。

3. 扩大国有资本经营预算覆盖的范围，实行全覆盖，尤其是目前还没有纳入的铁路运输、金融行业的利润上缴。

4. 加大财政转移支付在国有企业上缴利润的比重，增强国家宏观调控能力，让国有经济主导作用在国有资本经营预算中得到落实。

5. 国有资本经营预算应更多体现国有企业的全民性质，让全体民众都能从国有企业创造收益中获益。

6. 利润上缴允许采取多种形式，但对垄断行业与竞争性行业应区别对待。

7. 在改革过渡时期，国有资本经营预算应根据各预算支出目标分别设立若干专项基金，将国有企业上缴利润分别纳入这些专项基金，进行专项预算管理。

8. 对于那些不能退、不能倒的国有企业，国有资本经营预算不仅要涵盖国有企业的利润收入与支出，而且也应涵盖国有企业的融资收入与支出。

9. 协调好国有资本经营预算与国有企业预算之间的关系，提高国有企业层面预算的透明度，加强对企业预算的监管和社会监督。

10. 加强国家预算立法，提高国有资本经营预算透明度，使其置于公众严密监督之下。

贺绍奇

2014 年 3 月

目录

第一章　现行《预算法》实施后我国预算制度改革及《预算法》修订

一、我国政府预算制度改革

1994 年 3 月 22 日第八届全国人大通过了《预算法》，1995 年 1 月 1 日，《预算法》正式生效实施。1995 年 11 月 22 日，国务院颁布了《预算法实施条例》。自 1999 年开始，我国启动了预算改革，重新构造了预算编制和执行过程，在许多方面取得突破性的发展，如部门预算制度、政府采购制度、国库集中支付制度、财政转移支付制度、收支两条线制度等。

（一）人大预算审查监督改革

1982 年宪法赋予人大有权审查、批准预算和预算执行情况的报告。1994 年《预算法》对人大享有的预算管理权的规定只有两条，第 12 条是关于全国人大及其常委会对预决算的审查、批准权及预算执行监督权，第 13 条规定地方各级人大及其常委对预决算的审查、批准权和预算执行监督权，但对于人大及其常委会如何行使这些权力却没有任何规定。

1999 年 12 月，全国人大常委会通过了《关于加强中央预算审查监督的决定》，对人大如何行使预算审查、审批和预算执行监督权做出了比较具体的规定。一是在常委会设立预算工作委员会，负责预算草案的初审；二是改革预算审查程序，要求政府预算提前一个半月交给人大财经委和预算工委进行初步审查，根据预算工作委员会和人大财经委员会审查意见，再由全国人大进行审查批准；三是要求中央预算执行过程中，需要动用超收收入追加支出时，应当编制超收收入使用方案，由国务院财政部门及时向财经委和预算委通报情况；四是实施审计法，人大常委会要求政府审计机关每年向它报告预算执行情况，加强了对预算执行的监督。2000年，全国人大选择教育部、农业部、科技部、劳动和社会保障部4个部门，作为向全国人大报送部门预算的试点。2001年，向全国人大报送的部门预算增加了公安部、水利部等部门，由2000年的4个增加到26个。

2006年8月27日，第十届全国人民代表大会常务委员会通过了《中华人民共和国各级人民代表大会常务委员会监督法》，就审查和批准决算，听取和审议国民经济和社会发展规划、预算的执行情况报告，听取和审议审计报告等做出了规定。其中第15条、第16条规定了人大常委会介入预算监督的时间。第18条规定了人大常委会对决算草案和预算执行情况报告要重点审查的内容，即①预算收支平衡情况；②重点支出的安排和资金到位情况；③预算超收收入的安排和使用情况；④部门预算制度建立和执行情况；⑤向下级财政转移支付情况；⑥本级人民代表大会关于批准预算的决议执行情况。

（二）参与式预算改革

地方各级人大也进行了各种改进和加强人大预算审查、批准以及预算执行监督的尝试。如人大预算修正、追加预算听证、预算草案向社会公开、公众参与等。据统计，截至2002年年底，有近30个省、自治区、直辖市人大常委会通过了有关人大预算监督的条例。这30个省市自治区有关人大预算审查监督的地方法规中，有以下几个方面突破：①有4个地方法规规定了就重大问题举行听证会。②有3个地方法规规定了人大代表预算修正权。③有16个地方法规规定了对超收收入使用的审查监督。①

目前，湖北、山西、广东地方人大已经在地方立法中对预算修正案的提出和表决进行了规定。《广东省预算审批监督条例》第14条第1款规定：“大会主席团、人民代表大会常务委员会、人民代表大会各专门委员会、人民代表大会代表10人以上联名，可以书面提出预算草案修正案。修正案必须对所提议的事项、理由作出详细说明，提出增加支出的修正案，必须相应提出增加收入或减少其他支出的具体方案。”第14条第4款规定：“对交付表决的预算草案，有修正案的，先表决修正案，再就有关预算的决议草案进行表决。修正案通过后，同级人民政府应按照决议修改预算。”

在实践层面，一些地方人大进行各种参与式预算改革尝试。2004年11

① 张树剑．中国省级人大预算监督制度研究［D］．上海：复旦大学，2011.

月，河北人大财经委举行了省本级教育资金预算草案听证会。2005 年 11 月举行了本级农业、水利、林业部门预算草案听证会，两次预算听证会的参加者不仅包括政府综合部门的官员，还包括社会人员、学生家长、专家学者和基层工作者。2004 年 12 月 15 日，江苏省响水县举行财政预算安排听证会，就 2005 年财政预算安排听取社会各界意见，预算听证会参加者包括县乡镇机关干部代表、社区居民代表、农民代表、中小学校教师及部分人大代表、政协委员近百人。[①] 在这些参与式预算改革尝试中，最具有影响力的是浙江温岭参与式预算改革。

2005 年开始，温岭市在新河、泽国两镇率先进行参与式改革尝试。在试点基础上，温岭市人大常委会按照“由点到面”“由下而上”“由表及里”“由软变硬”的路径进行推进，将参与式预算从 2 个镇推广到 6 个镇，直至 2010 年全市每个乡镇（街道）；并由镇提升到市一级，相继开展部门预算民主恳谈会、人大代表团“一对一”审议部门预算、预算公开等探索。

从 2005 年 7 月到 2007 年 4 月，浙江温岭新河镇连续三年进行了参与式预算改革尝试。新河镇参与体现在预算审议与执行三个环节，即会前初审、大会审议和会后监督。会前初审阶段，是指人大召开之前，镇人大主席团领导下的人大财经小组组织召开初审民主恳谈会，恳谈会邀请各方民意代表（人大代表、各协会、社会团体、各界代表）和公民（自愿参加）参加。镇政府的预算草案提前发给参会人员，财经小组成员分为工业、农业、社会三个专门小组，与民意代表、政府人员一起对预算报告进行商谈，民主恳谈会后形成初审报告。进入第二个阶段——人大审议阶段。人大审议时，先由政府负责人进行预算报告，初审小组组长做初审报告，然后再由人大代表就预算提出质询，根据“一问一答”的原则，由政府相关负责人对询问进行解释和回应，会议结束后，由镇人大主席团和政府召开联席会议，根据代表意见对预算进行修改，形成新的预算草案，再提交人大会议分组讨论。在预算审议期间，5 名以上人大代表可以就预算内容联名提出预算修正案，若联名提案获得全体代表半数以上支持通过，则其成为预算的一部分。在人大通过预算案后执行过程中，镇人大财经小组作为财经监督常设机构，对政府预算执行情况进行监督，可随时了解政府预算执行情况，政府每季度向人大财经小组汇报预算执行情况，政府预算调整应提交人大财经小组备案，重大调整以及使用

① 马骏．中国预算改革的政治学：成就与困惑［J］．中山大学学报（社会科学版），2007（3）．

超收追加预算支出项目，政府必须向财经小组提交相关方案或议案，由财经小组提请人大主席团召开人民代表会议依法审议、表决、通过后执行。人大审议新一年预算报告之前对上年度预算执行情况进行审议。①

泽国镇参与式预算与新河镇有所不同。前期，镇政府在听取包括镇人大代表、政协委员在内的各方面关于年度预算的意见后，提出 30 个需要建设的项目，由 12 位专业人员组成的专家组对 30 个项目的可行性方案进行研究，提出每个项目的资金预算，并设计出预算民意调查问卷。泽国镇政府通过摇号方式抽选出 275 位民意代表，由他们自愿参加民主恳谈会。民意代表在参会之前先接受一次问卷调查，让政府了解他们的初步态度。民主恳谈会上，民意代表被随机分成 16 个组，在主持人主持下阅读会议材料进行讨论，讨论之后，民意代表参加大会发言。为确保参与的质量，泽国镇还组织对恳谈协商小组主持人与人大代表进行了预算相关知识培训。

2008 年，在新河、泽国持续三年试点基础上，温岭市开始将参与式预算扩大到箬横、滨海、大溪、松门四个镇，这些镇人口都在 8 万～15 万，财政收入大都在 1 亿元以上。同时，参与式预算也开始在市一级推广，把市人大会前民主恳谈与大会期间专题审议部门预算相结合，开展交通局、水利局预算民主恳谈会，对建设、科技、计生等部门预算开展人代会专题审议。2009 年，浙江温岭市出台了《关于开展预算初审民主恳谈，加强镇级预算审查监督的指导意见》，将镇级预算民主恳谈正式纳入规范化、法治化轨道。2010 年，温岭全市各镇（街道）全面推行参与式预算。2010 年年度市级预算恳谈的范围和参加人数都有较大发展。参加每场恳谈的对象扩大到市人大常委会成员、相关部门负责人、镇（街道）人大和政府（办事处）负责人、市人大代表、人大财经委议事委员会成员、老干部以及自愿报名、组织推荐、邀请参加的中介机构、行业协会、社团组织和群众代表等，平均每场 80 人。为动员民众参与，温岭人大常委会首次在本市的主流媒体发布公告，公开邀请公民参加部门预算民主恳谈，本市公民和市外人士都可报名参加。

2011 年温岭市成立民主恳谈会办公室，针对乡镇党委制定了民主恳谈标准，将民主恳谈列入党委工作考核，各个乡镇的预算改革全面铺开。在市级

---

① 张学明．地方人大预算审查监督能力建设的温岭路径——基于浙江温岭“参与式预算”的实证分析［J］．人大研究，2011（8）．朱旭峰，张培培．从理论到实践：公共事务专家在浙江温岭预算改革中的角色［J］．公共管理的未来十年，2012（9）．徐珣，陈剩勇．参与式预算与地方治理：浙江温岭的经验［J］．浙江社会科学，2009（11）．

层面，公安局、环保局、国土资源局等17个重要部门的部门预算全部被纳入了人大常委会专题审议的范围，加上人代会之前的五个部门的民主恳谈，全市30多亿元的预算都被公开，全市90%以上的政府账本公开接受监督。①

(三) 部门预算改革

1995年《预算法》和《预算法实施条例》并没有对预算编制方法做出明确规定。部门预算，通俗地讲就是一个部门编制一本预算，该预算能够反映部门的各项收支。② 部门预算是相对于功能预算而言的，功能预算是指在编制预算时不以部门作为划分标准，而是根据政府职能和经费性质对开支加以分类进行预算编制的方法，部门预算改革之前我国一直采取预算编制方法。功能预算的缺陷在于预算不完整、不统一、大量预算外收支没有纳入预算，预算编制粗糙，内容不细化，预算编制方法简单、不够科学，这些缺陷导致预算执行随意性大、约束力不强。③

1998年河北省在全国率先提出并进行了以部门预算改革为核心的预算改革，实行一个部门一本预算，改变了过去传统功能预算编制方法。

1999年全国人大常委会发布了《关于加强中央预算审查监督的决定》，要求"坚持现有预算，后有支出，严格按预算支出的原则，细化预算和提前编制预算。各部门、各单位应当按照预算法要求编好部门预算和单位预算"，并明确有关部门要细化报送全国人大审查批准的预算草案内容，增加透明度。

同年，财政部向国务院报送《关于落实全国人大常委会意见改进和规范预算管理工作的请示》，获得国务院批准，在广泛征求意见的基础上，提出了《关于改进2000年中央预算编制的意见》，开始着手实施中央部门预算改革。

2001年，财政部《中央部门基本支出预算管理试行办法》（财预〔2001〕330号）和《中央部门项目支出预算管理试行办法》（财预〔2001〕331号），明确了我国部门预算的基本框架。2002年财政部对政府预算的目级科目进行

① 张学明．地方人大预算审查监督能力建设的温岭路径——基于浙江温岭"参与式预算"的实证分析［J］．人大研究，2011（8）．朱旭峰，张培培．从理论到实践：公共事务专家在浙江温岭预算改革中的角色［J］．公共管理的未来十年，2012（9）．徐珣，陈剩勇．参与式预算与地方治理：浙江温岭的经验［J］．浙江社会科学，2009（11）．

② 为什么要实行部门预算改革．http：//www.mof.gov.cn/zhuantihuigu/czrdwt/ysgl/200805/t20080519_25411.html.

③ 同②。

了调整，将原来一般预算支出中的12个项目科目修改、扩充并细化为44个目级科目，同时将这44个目级科目归并划分为人员支出、日常公用支出、对个人和家庭的补助支出、固定资产构建和大修理支出四个部分，改变了原预算科目中目级科目分类过于简单的状况。

2006年，财政部发布《关于完善和推进地方部门预算改革的意见》，进一步推动和规范地方层面部门预算制度改革。

自2010年，中央政府开始公开中央预算和部门预算。2011年除了中央及各部门的预算外，国家还要求公布中央的“三公”经费和各部门“三公”经费。

（四）预算公开改革

长期以来，预算决算在我国一直都被视为国家机密。1951年颁布的《保守国家机密暂行条例》规定：“国家财政计划和国家概算、预算、决算及各种财务机密事项是国家机密。”1994年《预算法》没有对预算公开作出任何明确的规定，相反在1997年，国家保密局和财政部联合发布的《经济工作中国家秘密及其密级范围的规定》指出：“财政年度预算、决算草案及其收支款项年度执行情况、历年财政明细统计资料等属于国家秘密，不得向社会公开。”

1999年，全国人大常委会通过《关于加强中央预算审查监督的决定》虽然提出了要加强对预算审查监督，但仍然没有提出预算公开的要求。在人大实际的预算审查批准过程中，提交给人大代表审议的预算草案及相关一直都被标上“秘密、会后收回”字样，预算文本掌握在代表团的团长手里，代表要看预算案，得向团长借。这一现象一直持续到2005年，有关文件的封面“秘密”才被删除。[①] 2006年，财政部颁布了《关于进一步推动地方财政部门政务公开工作的意见》，要求县乡财政重点公开包括经本级人民代表大会审议通过的预决算报表和预算执行情况，并明确了预算公开的主体、申请预算公开的实体与程序等内容。

2007年国务院颁布的《政府信息公开条例》，首次明确要求将预算向公众公开，它将财政预算、决算报告，财政收支，各类专项资金的管理和使用情况列为重点公开的政府信息，该法在2008年5月1日生效实施。

2008年5月《政府信息公开条例》一生效，深圳市民吴君亮先生就以公

① 田必耀．中国预算公开路线图［J］．人大研究，2010（7）．

民身份向深圳市财政部门提出要求公布部门预算草案的申请，深圳市财政局答应其申请，向其提供了部门预算草案。随即在2008年6月，应吴君亮先生的申请，民政部、环保部、科技部等相继向其提供了部门预算草案。同年10月，卫生部向其提供了一份比较完备的预算。2009年10月，应公民李德涛的申请，广州市财政局向社会公开了114个部门预算。

2010年3月，国土资源部发布了2010年部门预算，随后财政部、住建部等陆续公开了部门预算。2010年，共有75个中央部门公开了部门预算。

2010年3月23日，温家宝总理在国务院第三次廉政工作会议上讲话中强调，要推进财政预算公开，做到政府公开支出、基本建设支出、行政经费支出的预算和执行情况等都要公开。2010年财政部发布了《关于进一步做好地方财政预算信息公开的通知》，要求各地依法、及时、主动公开财政预算信息。

2011年按照国务院第153次常务会议要求，在报全国人大审查部门预算的98个部门中，有92个部门公开了部门预算，比2010年增加了17个。

2012年，共有97个中央部门公开了部门预算，报送全国人大审查部门预算的98个部门中，有95个公开了部门预算。

随着《政府信息公开条例》实施，预算公开改革也不断深化，不但公开的范围不断扩大，而且公开的标准也在不断改进和完善。这表现在：

1. 在公开的内容上更加完整详细

2009年，全国“两会”后，财政部首次公布了经全国人大审议通过的财政预算报告和中央财政预算的四张表格，内容涉及中央财政收入预算表、中央财政支出预算表、中央本级支出预算表、中央对地方税收返还和转移支付预算表等。

2010年3月，财政部在上年首次公开财政预算表格基础上，增加了八张表格，内容包括中央财政国债余额情况表、中央政府性基金收入预算表、中央政府性基金支出预算表、中央国有资本经营预算收入表、中央国有资本经营预算支出表、2010年中央财政地震灾后恢复重建基金收支表等。① 而且，预算公开内容更加细化，2010年中央本级支出预算细化为23类123款，比2009年增加了82款内容。

2011年3月25日，财政部公开了经全国人大审议通过的2011年中央财

① 王洛忠，李姗，李帆．中国政府预算公开的现状、问题与对策［J］．财政监督，2011（8）．

政预算全部 11 张表格及说明。其中在 2010 年基本上按款级科目公开中央本级支出的基础上，2011 年中央公共财政本级支出预算表中的教育、科学技术和农林水事务支出重点项目，已经细化到项级科目。①

2012 年 3 月 22 日，财政部通过网站公开了中央财政预算全部 11 张表格及说明，并进一步细化了公开的内容。

2. 公开内容更加完整和及时

如有相当一部分部门还增加了部门预算的机构人员情况及其他报表信息，如南水北调办公室公开了《南水北调办 2011 年中央本级政府性基金支出预算表》，环保部公开了包括《基本支出预算表》《项目支出预算表》在内的其他 8 张部门预算表。同以往相比，在公开时间比较集中，集中在 4 月 23—25 日，公开格式统一。97 个部门统一公开了部门预算的《公共预算收支总表》《公开预算收入表》《公共预算支出表》《公共预算财政拨款支出表》《政府性基金预算支出表》5 张表格并细化到款级科目，其中教育、医疗卫生、社会保障和就业、农林水事务、住房保障等支出细化到项级科目。不仅如此，公开内容更加细化，各部门除公开有关表格数据外，还对本部门职能、构成情况作了介绍，对预算增减变化的原因进行了说明。②

在部门决算公开方面，2011 年，中央部门首次向全国人大常委会报送 2010 年部门决算草案，并首次向社会公开。在报送全国人大常委审查中央部门决算草案的 98 个部门中，有 90 个部门公开了部门决算。

3. 预算公开更加规范化、制度化

2012 年，根据国务院 200 次常务会议精神，财政部会同有关部门制订了 2012 年中央部门预算工作方案，规范了公开的内容、格式和时限。

4. 加强和改善民众普遍关心的“三公”经费③预算的公开透明度

2011 年 3 月召开的国务院 153 次常务会议决定，中央本级“三公”支出情况将纳入今年 6 月向全国人大常委会报告的中央财政决算中，并向社会公开。2011 年 7 月 8 日，财政部通过网站公开了中央本级“三公”经费 2010 年支出和 2011 年情况。同年 7 月 1 日，中央本级行政经费决算总额随中央决算报告一并在财政部网站进行了公开。自 2011 年 7 月 6 日，各部门陆续公开了

① 苏明，李成威，赵大全，王志刚．关于预算公开的若干问题研究［J］．经济研究参考，2012（50）．

② 同①。

③ “三公”经费是指出国经费、车辆购置及运行费、公务接待费。

本部门2010年度“三公”经费决算数和2011年“三公”经费预算情况。有98个部门公开了本部门2010年“三公”经费决算和2011年“三公”经费预算情况。2011年，有98个中央部门和北京、上海、广东、陕西等省市向社会公开了“三公”经费使用情况，审计机关向社会发布预算执行及财政收支等方面审计结果公告8000多篇。①

在地方层面上，预算公开改革也取得大的进展。一些基层单位进行非常激进大胆的公开尝试，如四川巴中市白庙乡“全裸”。② 2010年3月，四川巴中市白庙乡政府公示出当年1月公务开支明细表，详细记录每分钱公务花费，连花1.5元购买信纸，招待上级官员烟酒都完全公开，因为公开得非常彻底，前所未有，在网络上引起强烈社会反响，被网友称之为“政府全裸第一例”。三年后有记者前往白庙乡采访“全裸”后对当地政治经济发展的影响，据乡党委书记张映上向记者披露了一组数据，2010年之前，白庙乡信访上访次数不低于30件次，当2012年不超过5件次。公开建立起了政府与民众的信任关系。③

截至2011年，36个省公开了公共财政预算，24个省公开了政府性基金预算；5个省公开了国有资本经营预算，13个省以下政府财政总预算也进行公开。在推进部门预算公开方面，有26个省公开了省级预算单位的部门预算。

在“三公”经费公开方面，2011年，北京、上海、广东、陕西等省（市）公开了本级“三公”经费总体支出情况，陕西省10个试点部门和北京市44个部门分别于8月5日和15日公开了部门“三公”经费。

(五) 国库集中收付制度改革

国库集中收付制度，又称“国库单一账户制度”（TSA），它是指将所有财政性收入都纳入国库单一账户，所有财政性支出都必须通过这一账户进行拨付。国库单一账户就是要实现“两个直达”，即所有交款人对政府所有财政缴款都直达国库单一账户，所有公款都经由国库单一账户直接流向政府的供

---

① 温家宝．让权力在阳光下运行［J］．求是，2012（8）．

② 杨斌．从白庙乡“全裸”财政事件看人大监督制度的完善［J］．人大研究，2012（3）．

③ 陈松．公开是防腐剂，也是生产力——再访“晒裸账”的巴中白庙乡［N］．四川日报，2013-1-15．

应商或收款人。[①] 实行国库集中收付是为了规范财政收支，防止预算执行环节上发生偏离和腐败的发生。

1985 年国务院颁布了《中华人民共和国国家金库条例》，赋予中国人民银行经理国库的职责。根据财政管理体制，相应设立总库、分库、中心支库和支库四级，人民银行各级行相应设置了国库司、国库处、国库科和国库股四级办事机构并分别经理。1994 年颁布的《预算法》将上述规定纳入立法。1995 年《中国人民银行法》颁布，在有关人民银行的业务和职责规定中，再次确认了人民银行经理国库的职责。人民银行先后根据《中国人民银行法》《国家金库条例》制定了《国家金库条例实施细则》《商业银行、信用社代理国库业务管理办法》《国库会计管理规定》等 300 多项部门规章和制度。[②]

2000 年 8 月，财政部向国务院呈报了《关于实行国库集中收付制度改革的报告》，提出实行国库集中收付制度。

2001 年 3 月，国务院批准了财政部《财政国库管理制度改革试点方案》，国库管理制度改革正式开始实施。财政部和人民银行选择水利部、科技部、财政部、国务院法制办、中国科学院、国家自然科学基金会 6 个部门作为一批试点单位。根据国务院指示，中央财政从 2000 年 10 月起，对山东、湖北、河南和四川省的 44 个中央直属粮库建设资金实行财政直接拨付。2001 年 1 月起，又对黑龙江、江苏、海南、云南、山西省和新疆维吾尔自治区的车辆购置税交通专项资金实行财政直接拨付到建设项目或用款单位。

2002 年，实行国库集中支付改革的中央部门增加到 38 个。同年，财政部、中国人民银行联合制定发布了《预算外资金收入收缴管理制度改革方案》和《中央预算单位预算外资金收入收缴管理改革试点办法》，启动了收入收缴制度改革，并分两批对 15 个中央部门实施了收入收缴改革。

2003 年，中央实施国库集中支付改革的部门增加到了 80 个，收入收缴改革试点范围也不断扩大。2003 年 7 月，财政部要求地方政府于 2005 年全面推行财政国库管理制度改革。

2004 年，中央实施国库集中支付改革的部门达到 140 个。

截至 2005 年年底，所有 160 多个中央部门均实施了国库集中支付改革，

---

① 王雍君．新预算法需设三道防火墙［J］．人民论坛，2012（8）．

② 依法经理国库，谱写历史新篇章［EB/OL］．http：//finance. sina. com. cn/g/20050625/09281723814. shtml.

70多个非税收入的中央部门全部纳入非税收缴制度改革范围；36个省、直辖市、自治区和计划单列市也全面推行了集中支付改革。①

2006年，财政部和中国人民银行联合发布了《中央国库现金管理暂行办法》，加强了中央国库现金管理。

2007年，又正式启动了财、税、库、银电子缴库横向联网工作。

截至2008年年底，在国库集中支付改革方面，改革的资金范围从一般预算资金扩大到专项转移支付资金、政府性基金、预算外资金等。在收入收缴改革方面，有非税收入的中央部门均纳入改革范围，近60个中央部门以及35个财政监察专员办事处已经正式实施改革，改革范围扩大到行政事业性收费、政府性基金收入、专项收入、罚没收入、国有资源（资产）有偿使用收入、国有资本经营收入、彩票公益金收入以及其他收入八大类。②

截至2010年年底，全部中央部门及其所属12500多个基层预算单位以及36个省、自治区、直辖市和计划单列市本级、327个地市、2500多个县（区），超过35万个基层预算单位实施了国库集中支付制度改革。

部门预算与集中收付制度相结合，便利了预算执行的监督。

（六）全口径预算改革

全口径预算就是要通过预算制度改革，形成一个能够覆盖所有政府收支的预算制度。③ 预算完整性要求政府所有收支都要在提交给立法机关审议的预算草案中反映，按照立法机关批准的预算案执行。按照我国1994年《预算法》和1995年《预算法实施条例》的规定，我国全口径预算改革包括两个层面：一是公共预算层面，要将所有预算外收支逐步纳入公共预算；二是将国有资产经营预算、社会保障预算和其他预算纳入到政府预算中，与公共预算一并提交给人大审议批准。

1. 预算外收支改革

1996年，国务院发布《关于加强预算外资金管理的决定》（以下简称《决定》）提出要严格执行《预算法》，加强预算内与预算外资金的管理。《决定》将预算外资金界定为“国家机关、事业单位和社会团体为履行或代行政府职

① 梅迎春．我国国库集中收付制度改革研究［D］．财政部财政科学研究所博士论文，2010.

② 同①。

③ 李冬妍．全口径预算管理——制度演进与框架构建［J］．郑州大学学报（哲学社会版），2010（1）

能，依据国家法律、法规和具有法律效力的规章而收取、提取和安排使用的未纳入国家预算管理的各种财政性资金。其范围主要包括：法律、法规规定的行政事业性收费、基金和附加收入等；国务院或省级人民政府及其财政、计划（物价）部门审批的行政事业性收费；国务院以及财政部审批建立的基金、附加收入等；主管部门从所属单位集中的上缴资金；用于乡镇政府开支的乡自筹和乡统筹资金；其他未纳入预算管理的财政性资金”。《决定》拉开了预算外收支预算改革的序幕，此后，我国对预算外收支先后进行以下几个方面的改革：

（1）1996 年将 13 项政府性基金纳入财政预算管理，不再作为预算外资金管理。即将养路费、车辆购置附加费、铁路建设基金、电力建设基金、三峡工程建设基金、新菜地开发基金、公路建设基金、民航基础设施建设基金、农村教育事业附加费、邮电附加费、港口建设费、市话初装基金、民航机场管理建设费 13 项数额较大的政府性基金（收费）纳入财政预算管理，不再作为预算外资金管理。

（2）行政事业性收费纳入预算管理。2002 年财政部和中国人民银行颁布了《关于将部分行政事业性收费纳入预算管理的通知》（财预〔2002〕584 号），在 2003 年将经贸、外贸、人事等 5 个部门和单位的 118 项行政性事业收费纳入财政预算管理。2004 年 1 月 1 日起，又将司法部、信息产业部等 26 个部门 76 项行政事业性收费纳入预算管理。

（3）收支两条线改革。收支两条线改革经历了两个阶段。

①1996 年到 2000 年收支两条线改革启动阶段。1996 年国务院《关于加强预算外资金管理的决定》提出，所有预算外资金要上缴财政专户，实行收支两条线管理。自此，预算外资金收支两条线改革开始启动实施。

②2001 年以后持续到现在，收支两条线改革深化阶段。收支两条线改革深化体现在以下几个方面：一是制度完善上，采取了收缴分离制度；二是适用的主体范围扩大，将收支两条线改革扩大适用于所有政府部门；三是适用的客体范围扩大，收支两条线改革进一步扩大到了所有非税收入。

2001 年，国务院办公厅转发财政部《关于深化收支两条线，进一步加强财政管理的意见》就深化收支两条线改革提出三点意见：一是要将各部门的预算外收入全部纳入财政专户管理，有条件的纳入预算管理，任何部门和单位不得“坐收”或“坐支”。二是部门预算要全面反映部门及所属单位预算内外资金收支情况，提高各部门支出的透明度。三是使收支两条线管理工作法制化、制度化、规范化。

为深化收支两条线改革，通知还提出改革预算外资金收缴制度，实行收缴分离。同时还指出，“预算外资金收入收缴制度改革是实施财政收入收缴制度改革的第一步。今后，还将对纳入预算管理的其他非税收入和税收收入收缴制度实施改革。”

2004年，财政部发布《关于加强政府非税收入管理的通知》以下简称《通知》(财综〔2004〕53号)，将所有政府非税收入纳入政府预算管理。它将“政府非税收入”定义为“是指除税收外，由各级政府、国家机关、事业单位、代行政府职能的社会团体及其他组织依法利用政府权力、政府信誉、国家资源、国有资产或提供特定公共服务、准公共服务区的并用于满足社会公共需要或准公共需要的财政资金”。按照该文件的规定，政府非税收入范围包括：行政事业性收费、政府性基金、国有资源有偿使用收入、国有资产有偿使用收入、国有资本经营收益、彩票公益基金、罚没收入、以政府名义接受的捐赠收入、主管部门集中收入以及政府财政资金产生的利息收入等。社会保障基金、住房公积金不纳入政府非税收入管理范围。《通知》提出政府非税收入要分步纳入财政预算，实行“收支两条线”管理。同时，对非税收入分成、收缴、票据等的管理及非税收入监督检查等提出具体规范要求。

(4) 土地出让金收支纳入政府性基金预算管理

土地出让收入是指县级以上人民政府以所有者身份出让国有土地使用权所取得的收入，包括向改变土地使用权条件的土地使用者依法收取的收入、划拨土地时依法收取的拆迁等成本性收入、依法出租土地的租金收入等。土地出让收入缴入国库后，财政部门先分别按比例计提国有土地收益基金和农业土地开发资金，缴纳新征建设用地有偿使用费，余下部分统称为国有土地使用权出让金。

2006年国务院出台了《关于规范国有土地使用权出让收支管理的通知》(国办发〔2006〕100号)，规定自2007年1月1日起，财政部开始将国有土地使用权出让收支纳入地方预算，实行“收支两条线”管理，其中收入全部缴入地方国库，支出一律通过地方政府基金预算从土地出让收入中予以安排，同时，地方国库设立专账(即登记簿)，专门核算土地出让收入和支出情况。

(5) 政府性基金预算改革

2009年以来，财政部按照全国人大和国务院的要求，制定了《关于进一步完善政府性基金预算编制的工作方案》，开始着手将政府性基金按照《预算法》、《预算法实施条例》纳入政府预算编制。2010 年，财政部发布《政府性基金管理暂行办法》要求政府性基金使用部门和单位负责编制涉及本部门和单位的有关政府基金收支预算和决算。财政部将中央基金预算编制纳入部门预算统一编制，完成了 2010 年基金预算编制工作，并经十一届全国人大三次会议审议通过。这标志着我国预算外资金已经全部纳入政府预算管理，自 2011 年开始，我国预算外收入全部纳入了预算，“预算外资金”已经成为一个历史名词。①

2. 国有资本经营预算改革

2007 年中央和地方开始进行国有资本经营预算试点。2012 年，我国首次公布了《地方国有资本经营预算和全国国有资本经营预算安排情况以及地方主要收支项目的预算执行和安排情况》，这标志着全国国有资本经营预算开始正式汇编。②

2007 年国务院颁布的《关于试行国有资本经营预算的意见》（以下简称试行意见）宣布：中央国有资本经营预算从 2007 年起试行，地方试行国有资本经营预算的时间、范围和步骤由各省（区、市）及计划单列市人民政府决定。2007 年中央国有资本经营预算试行只限于国务院国有资产监督管理委员会（以下简称国资委）管辖下的央企，2008 年扩大到中国烟草总公司，2009 年又将中国邮政集团纳入试行范围。

2010 年 12 月 30 日，经国务院批准，财政部发布了《关于完善中央国有资本经营预算有关事项通知》，对中央国有资本经营预算进一步加以完善，它主要包括以下两个方面：一是扩大中央国有资本经营预算范围。将教育部所属 623 家企业、中国国际贸易促进委员会所属 21 家企业、国家广播电视总局直属、农业部等部委管理的国有企业纳入预算范围，实施利润上缴。二是提高利润上缴的比例，原来资源型、机电类和军工院所类上缴比例分别提高到 5 个百分点，将上缴利润比例分别提高到 15%、10%、5%。免缴类只保留了中国储备粮管理总公司、中国储备棉管理总公司等非营利的国企。2010 年，收取中央企业国有资本收益 1572.2 亿元。从实际征收情况看，2008 年上缴数占企业收益总额的 7.9%；2009 年上缴数占企业收益总额的 9.5%。

2011 年再次扩大经营预算范围，将 5 个中央部门（单位）和 2 个企业集

① 杨志勇．健全政府预算体系问题的研究［J］．地方财政研究，2011（4）．

② 王淑杰．加强我国全口径预算管理的思考［J］．财政研究，2013（1）．

团所属共1631户企业纳入中央国有资本经营预算实施范围。同时国有资本收益收取的比例也将在2007年基础上提高5%，即按5%～15%分三档上缴利润。2011年，中央国有资本经营收入765.02亿元。2012年中央国有资本经营收入844亿元，经营支出769.54亿元。地方国有资本经营收入402.49亿元，经营支出402.49亿元。

2012年再次扩围，将工信部、体育总局所属企业，中央文化企业国有资产监督管理领导小组办公室履行出资人职责的中央文化企业，卫生部、国资委所属部分企业，民航局直属首都机场集团公司等301户企业，纳入中央国有资本经营预算实施范围。① 2012年还首次实现了全国国有资本经营预算正式汇编。首次编报了2012年地方国有资本经营预算和全国国有资本经营预算安排情况；在报告收入和支出情况中新增了地方主要收支项目的预算执行和安排情况。②

2010年，国有资本经营预算尝试将10亿元调入公共预算，2011年增加到40亿元，2012年增加到50亿元。

3. 社会保险基金预算纳入政府预算汇编

1995年11月22日《预算法实施条例》规定，采取复式预算，社会保障预算单独编制。1998年3月，国家成立劳动和社会保障部，统一了社会保险制度的管理体制。

在城镇，国务院先后于1997年颁布了《关于建立统一的企业职工基本养老保险制度的决定》、1998年《关于建立城镇职工基本医疗保险制度的决定》、1999年《失业保险条例》、2003年《工伤保险条例》等法规和文件，初步建立了我国城镇职工社会保险制度。1999年6月15日，财政部、劳动和社会保障部颁布了《社会保险基金财务制度》，按照该规定，社会保险基金纳入单独的社会保障基金财政专户，实行收支两条线管理，专款专用。2000年8月，国务院决定设立"全国社会保障基金"，同时设立"全国社会保障基金理事会"，负责管理运营全国社会保障基金。2010年10月28日《社会保险法》通过，并于2011年7月1日生效实施。该法第65条规定，县级以上人民政府在社会保险基金出现支付不足时，给予补贴。2011年《社会保险法》第71条规

① 国有资本经营预算"扩围"[EB/OL]. http://qys.mof.gov.cn/zhengwuxinxi/gongzuodongtai/201203/t20120313_634876.html.

② 同①。

定，国家设立全国社会保障基金，由中央财政预算拨款以及国务院批准的其他方式筹集的资金构成，用于社会保障支出的补充、调剂。

2010 年 1 月 6 日，国务院发布了《关于试行社会保险基金预算的意见》，从 2011 年开始，我国社会保险基金预算被纳入政府预算管理体系。

2013 年，中央政府提交给人大审议的预算报告首次将社会保险基金预算纳入，这样预算法规定的四本预算，即公共财政预算、政府性基金预算、国有资本经营预算和社会保险基金预算全部纳入人大审查监督范畴，这标志着全口径预算体系初步形成。①

(七) 政府收支分类改革

2005 年 2 月，财政部、中国人民银行和国家税务总局联合发布《关于进行政府收支分类改革模拟试点的通知》，2006 年下半年正式启用新科目编制 2007 年预算。

2006 年颁布的《政府收支分类科目》，包括大部分内容：收入分类、支出功能分类和支出经济分类。

政府收支分类是对政府收入和支出项目进行类别和层次划分，实质上是对政府职能的细化列示。② 财政收支改革从 2007 年 1 月 1 日全面实施。财政部先选择农业部、水利部、国家统计局等 14 个中央部门进行按支出经济分类编制项目预算试点，取得初步成果。2007 年政府收支分类改革。

2007 年中央预算报告中首次使用新的政府收支分类方法。新的分类方法有三个方面的内容：一是收入分类，根据全面、规范、细致地反映政府各项收入的要求，对政府收入进行统一分类，使政府的各项收入来源都能得到清晰的反映。主要有税收收入、社会保险基金收入、非税收入、贷款转贷回收本金收入、债务收入以及转移性收入等。收入分为类、款、项、目四级。二是按支出的功能分类。就是按照政府的职能和活动设置支出科目。通过支出功能分类可以清楚地了解政府的各项支出都具体做了些什么事。主要有国防、外交、教育、科技、社会保障和就业、环境保护等。分为类、款、项三级。以教育为例，类：教育（所有的教育支出），款：普通教育、职业教育、成人

① 全口径预算：监督如何跟进［BE/OL］. http：//www.npc.gov.cn/npc/zgrdzz/2013－05/06/content 1794121.htm，2014 年 3 月 24 日登录.

② 财政部财政科学研究所 . 60 年来中国财政发展历程与若干重要节点［J］. 改革，2009 (10).

教育等，项：普通教育分学前教育、小学教育等。三是按支出的经济分类。主要是反映各项支出的具体经济构成，反映政府的每一笔钱具体是怎么花的。

政府收支分类改革是为预算编制规范、人大对预算审查、预算执行监督都创造了条件。

(八) 预算执行审计监督改革

从 1996 年起，审计署每年都开始向全国人大常委会提交审计工作报告，重点是对中央预算执行和其他财政收支情况的违法行为进行披露，每年这些审计署披露的报告都揭露大量严重预算违法行为，引起巨大社会震撼，故此人们称之为“审计风暴”。

2006 年 2 月 28 日全国人大常委会通过了《关于修改〈中华人民共和国审计法〉的决定》对《审计法》进行修订，新修订《审计法》于 2006 年 6 月 1 日生效实施。此次修订有以下几个方面的突破：①明确了审计机关执法的法律依据。修订后《审计法》明确规定，审计机关依据有关财政收支、财务收支的法律、法规和其他国家有关规定作出审计评价，在法律职权范围内作出审计决定。②扩大了审计范围和审计内容。修订后《审计法》将审计监督范围中“国家的事业组织”修改为“国家的事业组织和使用财政资金的其他事业组织”，将“国家建设项目”修改为“政府投资和以政府投资为主的新建设项目”。③新增了经济责任审计、效益审计等内容，如新增加的第 25 条明确规定，审计机关按照国家有关规定，对国家机关和依法属于审计机关审计监督对象的其他单位的主要负责任，在任职期间对本地区、本部门或者本单位的财政收支、财务收支以及有关经济活动应付经济责任的履行情况，进行审计监督。④强化了审计监督手段。修行后《审计法》规定，审计机关有权依法查询被审计单位在金融机构的账户，有权查询被审计单位以个人名义在金融机构的存款，有权要求被审计单位提供运用电子计算机储存、处理的财政收支、财务收支电子数据和必要的电子计算机文档。同时规定，审计机关在审计过程中，有权 要求公安、监察、财政、税务、海关、价格、工商行政管理等机关予以协助。①

自 1996 年起，对预算执行单位审计暴露出许多瞠目结舌的预算执行违法问题，引起非常大的社会震撼，被人们称之为“审计风暴”，它在预算执行监

① 潘小娟.《审计法》修订述评［J］. 审计研究，2006（3）.

督方面发挥着越来越重要的作用（详见表1-1、表1-2）。

表1-1　　国家审计署历年审计发现的重大违法案件表

时间	案件
1991年	审计署联合财政部等8个部门清查粮食系统违规违纪问题，立案2268起，1302人受到党纪政纪处分
1999年	审计署通过对国务院53个部门和直属单位的涉及43个部门挤占挪用财政资金31亿元，平均每个部门7200万元
2000年	审计16个省市自治区1999年国债重点建设项目资金的使用情况，发现挪用国债资金4.7亿元
2001年	审计贵州省国债资金中发现，交通厅长卢万里在国债项目招标中弄虚作假，造成国家建设资金损失9800万元
2002年	查处中国建设银行广州地区8家支行10亿元虚假按揭；中国农业发展银行8.1亿元资金投资股市，所获收益去向不明
2003年	李金华公布审计报告，一大批中央部委被公开曝光，被点名批评的有财政部、原国家计委、教育部、民政部、水利部等，其中财政部被点名9次之多
2004年	李金华代表国务院向全国人大常委会提交一份很有分量的审计清单，“揭盖子”占9成以上
2005年	李金华指出，通过对38个中央部门预算执行情况审计，查处各类违规问题金额高达90.6亿元，占审计资金总额6%
2006年	审计署发布的审计公告，公布了42个部门单位2005年度预算执行审计结果。发现几乎每个单位都存在问题。主要问题有，发改委公款为职工建房，教育部应缴未缴四、六级考试费4771万元、体育总局挪用2787万元彩票金炒股，铁道部下属单位1.64亿元建酒店等
2007年	审计署审计了56个中央部门，发现部门本级存在的问题348.53亿元，同时，这次审计还延伸到434个二级预算单位，总计查处问题资金468.8亿元

资料来源：刘小兵．提高审计部门的地位，落实人大对预算的监督［J］．上海财经大学学报，2008（3）．

表 1-2　　我国预算制度改革年表

时间	改革项目	完成
1996 年	《国务院关于加强预算外资金管理的决定》启动了预算外资金管理预算管理的改革	2010 年完成
1998 年	中央提出建立公共财政体制，预算制度改革全面开展	
1999 年	以招投标集中采购为代表形式的政府采购制度改革启动	
2000 年	部门预算改革启动	
2001 年	国库集中支付制度改革启动	2010 年基本完成
2006 年	《审计法》修改，加强预算执行的审计监督土地出让收入纳入政府性基金预算	
2007 年	政府收支分类改革	
2008 年	《政府信息公开条例》实施，预算公开改革拉开序幕同年国有资本经营预算开始启动	
2010 年	社会保险基金预算改革开始启动	
2013 年	首次正式编制了 2013 年全国社会保险基金预算	

二、预算法修订

自 1995 年《预算法》生效实施，到目前该法实施 19 年，但该法颁布两年后，就开始酝酿进行修订，到目前修订已经进行了 17 年。

1997 年开始就提出了修改动议。2004 年全国人大启动修订工作。2004 年财政部开始为起草《预算法》修订案开展前期准备工作。2005 年，正式开始预算法修订案草拟，2006 年，预算法修订被列入十届人大立法计划，原计划在 2006 年修订方案提交全国人大进行审议。但 2006 年版修订稿在征求意见中因分歧太大，未提到人大常委会进行审议。① 2009 年人大财经委联合财政部、审计署等部门成立预算法修订小组，由人大主导，财政部和全国人大同时起草预算法修改稿。2010 年，第二份修订稿出炉。2010 年版修订稿因部门

① 王雍君．中国的预算改革：评述与展望［J］．经济社会体制比较，2008（1）．

之间分歧而未能按预期提交给人大常委审议，此后，《预算法》修订工作被全国人大预算工作委员会移交给国务院法制办，2011 年 11 月，国务院法制办起草草案获得国务院常委会通过，并于 2011 年 12 月提交全国人大常委审议。2012 年完成二审稿，并在 2012 年 6 月提交全国人大常委会进行审议。2012 年 7 月，二审稿公布，公开征求意见。① 此次反馈意见达到 32 万条。

二审稿因为财政部过度集权而饱受学界批评。许多人认为二审稿偏离了我国预算制度改革的方向，存在严重的倒退。人大财经委副主任吴晓灵认为，二审稿有两个“倒退”，其一就是“财政专户”，企图通过修法将本不合法的被称之为“第二国库”的“财政专户”合法化。其二就是“国库经理权向财政部集中”。将预算编制、执行、监督集于一身。②

① 马蔡．预算法修改 16 年仍未修正定案，被指未触及体制［EB/OL］. http：//finance. sina. com. cn/china/20130302/002214694310. shtml.

② 《预算法》修改 16 年未定案，吴晓灵称不能再拖了［EB/OL］. http：//finance. people. com. cn/bank/n/2013/0312/c202331－20761541. html.

第二章 现行《预算法》存在的主要问题

一、体制层面预算权配置问题

财权高度集中，一是财权向中央集中，二是财源向高级次政府集中。预算立法权及财政收支安排权力大部分属于中央政府，层级越高，政府掌握的财力越大，地方各级政府依赖中央政府财政转移支付。[①] 而在中央政府层面，预算权力又都集中到了行政部门，而在行政部门预算权力又都集中到了财政部。

（一）人大预算权被虚化

预算权过度集中在行政部门，立法机关有限的预算权也没有得到真正落实。

1995 年《预算法》规定了人大的预算审查和批准权、预算执行监督权，这些权力经过多年改革也有所加强，但总的来说，从人大与行政部门权力配置来看，过多权力集中在行政部门，而即便是人大目前拥有的预算审查批准权也仍然停留在形式意义上，而未能真正落实。《预算法》修订二审稿（以下简称二审稿）虽有所改观（见表 2-1），但还是未能凸显预算民主化所要求的各级人大的中心地位。[②] 这主要表现在以下几个层面：

① 刘小川．中国式政府预算的问题及解决途径［J］．华东师范大学学报（哲学社会版），2013（2）．

② 张千帆．《预算法》修订需确立人大主导地位［J］．民主与科学，2012（4）．

表 2－1　　《预算法》与二审稿关于人大预算权规定比较

现行《预算法》	二审稿
①第 12 条、13 条、14 条、15 条规定了人大及人大常委会对预算审查、批准权、预算执行监督权。②第 37～42 条规定了预算初审、审查与批准。③第 53 条、54 条是关于人大预算调整权的规定，规定预算总支出超过总收入或举债数额增加须经人大审查批准。④第 63 条是关于人大决算审查批准权的规定	①第 40 条明确规定了预算草案中央提前 45 天、地方提前 30 天提交给人大财经委或有关专门委员会初审。②第 43 条规定了人大预算审议 8 项内容。③新增第 44 条增加了关于全国人大财经委和地方人大专门委员会给人大有关预算草案、中央和地方预算执行情况审查报告应包含的四个内容。④第 47 条增加了财政部转移支付批复报人大财经委备案的规定。⑤第 63 条增加了调入预算稳定调节基金、或者减少预算总支出、调减安排的农业、教育、科技、文化、卫生、社会保障等重点支出数额都规定为预算调整，须经人大审查批准。⑥人大决算审查批准权规定中，增加了审计前置环节，要求决算草案先经过审计再提交给人大。⑦第 74 条增加了提前 30 天提交决算草案初审的规定。⑧新增第 75条规定决算草案审查重点内容

1. 授权立法和给予行政部门过多和过大的裁量权实际上架空了人大的权力。

《预算法》形式上规定了人大享有预算审查和批准权以及预算执行监督权，但这些权力实际上受到诸多限制，而《预算法》大量授权立法和给予行政部门过多不受限制的预算权实际上架空了人大的上述权力。而目前提交给人大常委会审议的二审稿仍然维持此种旧的体制。二审稿共 95 个条款，有 7 个授权立法条款，涉及预算公开、分税制财政体制、国有资本经营预算、社会保障预算及政府性基金收支范围、上年度预算结转、资金结转等重大事项都授权国务院立法或决定，甚至直接授权财政部来决定（见表 2－2）。把这么多重要的立法权限和裁量权都交给国务院和财政部门，就有可能再次导致人大预算权虚化，尤其是人大对预算监督权可能能完全被架空。①

① 叶竹盛．《预算法》修订的担忧与期待［J］．南风窗，2012：8（17）．

表 2-2 二审稿授权立法条款

1	第 11 条第 4 款：预算、预算调整、预算公开的具体办法由国务院规定
2	第 12 条第 2 款：国家实行中央和地方分税制财政管理体制，具体办法由国务院规定，报全国人民代表大会常务委员会备案
3	第 25 条：政府性基金、国有资本经营预算和社会保障预算的收支范围，按照国务院的规定执行
4	第 38 条第 2 款：各部门、各单位上一年预算的结转、结余资金按照国务院财政部门的规定办理
5	第 51 条第 2 款：财政专户是指对法律、行政法规和国务院规定的特征专用资金设立的专户。财政专户纳入国库单一账户体系管理
6	第 53 条第 2 款：特定事项可以实行权责发生制，具体办法由国务院规定
7	第 54 条第 7 款：国库管理的具体办法由国务院规定

2. 预算调整权定义过窄，实质上剥夺了人大预算审查和批准权。

经过人大审查批准预算案具有法律效力，非经人大审查和批准，任何改动或调整都是违法的。不经人大审查和批准所进行任何改动和调整都实际上是对人大预算审查批准权的剥夺。但我国现行《预算法》只把一级预算总的收支差额发生变动才属于预算调整，除此之外其他变动都不属于预算调整。这实际上赋予行政部门不受人大审查监督约束的非常大的预算调整权，包括动用预备费、预算划转和经费留用以及预算追加追减引起的收支平衡。① 这引起许多不良后果：①由于留给政府调整预算的权力过大。现实中，科目之间的资金调剂非常随意，预算资金挤占挪用问题比较严重，且预算执行效率低，预算与决算往往有很大的差距。② 审计署审计发现，在部门预算执行中，2010 年，有 11 个部门本级 106.76 亿元项目支出预算未细化到具体单位和项目、5 个部门本级自行调整 2.74 亿元项目

① 扩大内需的财税政策研究课题组．我国公共预算管理的现状及其改革［J］．华中师范大学学报，2011（3）．

② 陈少英．从 4 万亿投资看《预算法》的缺陷［J］．法学，2009（11）．

支出预算①。②执行中追加频繁，预算约束软化。② 有学者选择江苏、上海、浙江、陕西、山东、辽宁六省市2008年政府预决算报告研究发现，六省市预决算均存在较大偏差，收入差异大者可占其预算收入的10.6%（辽宁省），支出差异大的占其预算支出的57.2%（陕西省）。而且一个普遍现象就是，支出差异均远大于收入差异。③

二审稿63条扩大了预算调整范围，加强人大对预算调整的监督。④ 但总的来说，二审稿仍然没有改变现行《预算法》确立的行政主导本质。不同预算科目间预算资金调剂仍然和旧法一样，只需要按国务院财政部门规定进行报批即可。⑤

3. 预算审批与预算执行的时间错位，导致有相当长一段时间预算不在人大预算监督范畴。即每财年度终了到次年3月人大召开审批预算，至少有3个月时间内，预算完全不在人大审批的范畴运行。

二审稿对现行法关于预算审批程序作了调整，一是将提交时间由中央在全国人大举行会议的一个月，改为45天，二是将中央和地方各级政府提交预算草案的主要内容改为初步方案。但二审稿仍然没有解决预算审批与预算执行的时间错位问题，对于由于错位导致三个月的空当，立法还是通过授权支出来解决。二审稿52条规定，“预算年度开始后，各级政府预算草案在本级人民代表大会批准前，本级政府可以安排下列支出：①上年度结转的支出；②必须支付的本年度部门基本支出、项目支出，以及对下级政府的转移性支出；③法律规定必须履行的支付。预算经本级人民代表大会批准后按照批准的预算执行。”这一规定授权过度。对下级政府的转移性支出除了上下级预算管理体制已规定的部分外，尤其是各种专项转移支付，也不是维持地方财政正常运转的必要支出。将这些支出纳入不经审批的授权性支出是对人大审批权的冒犯。“必须支付”过于含糊，漏洞太大。⑥

---

① 审计署．关于2010年中央预算执行和其他财政收支审计出问题的整改结果．（2012年1月四日公告）．

② 华国庆．《预算法》修改的重点［J］．法学，2011（11）．

③ 刘小川．中国式政府预算的问题及解决途径［J］．华东师范大学学报（哲学社会版），2013（2）．

④ 新增加项目包括：①需要调入稳定调节接近或者减少预算总支出；②调减预算安排的农业、教育、科技、文化、卫生、社会保障等重点支数额。

⑤ 二审稿68条保留了《预算法》57条。

⑥ 蒋宏．预算法应具有法律约束性——评预算法修改稿［J］．地方财政研究，2011（1）．

4. 现行立法对人大审批、监督预算只作了原则性的规定，对于审批、监督范围、主要内容、实施程序和操作办法，以及与之相应的机构设置、人员配备都没有相配套的专项规定。2008 年 12 月 15 日，十一届全国人大常委会第十五次委员长会议听取全国人大常委会预算工作委员会关于财政部 4 万亿元预拨项目支出资金回报后，委员长会议同意在全国人民代表大会批准预算之前，预拨一定比例项目支出资金，在批准之后，按照批准的预算执行。这实际上是默认了未经人大审查批准的预算。①

二审稿 43 条明确规定了人大审查的重点内容，但其他有关人大预算审查和批准方面规定基本沿袭了旧法，仍然不完善。

5. 现阶段人大对预算审查只有讨论权，而无修正权。②

现行立法没有规定立法机关对预算草案的否决或进行修正的权力，对预算草案，立法机关要么整体通过，要么整体否决，如果是后者则可能导致国家无预算的情况。实际上，在整体审议模式下，预算审批权形同虚设。③

二审稿仍然没有关于人大预算修正权的规定，也仍然坚持了过去人大对预算草案整体审议的旧体制。

6. 庞大的转移支付完全脱离了人大的监督。

“十一五”期间，中央政府对地方政府的转移支付占到地方财政支出总额的 36%左右，而转移支付完全是行政部门说了算，不受人大监督。④

二审稿也只是笼统地规定了财政部门批复的转移支付预算抄送人大财经委或专门委员会或常委会的工作机构，并没有关于人大对转移支付审查批准权、监督权的规定。

7. 人大制度建设本身的缺陷导致人大监督虚化。

目前全国人大下设的财政经济委员会与预算工作委员会，既不属于宪法规定的“研究、审议和拟定有关议案”的机构，且由于其人力、财力的限制，

---

① 陈少英．从 4 万亿投资看《预算法》的缺陷 [J]．法学，2009 (11)．

② 蒋悟真．我国预算法修订的规范分析 [J]．法学研究，2011 (2)．

③ 汤茵洁．财税法治的形成与《预算法》修改——以预算审批权为核心 [J]．中国青年政治学院学报，2012 (4)．

④ 扩大内需的财税政策研究课题组．我国公共预算管理的现状及其改革 [J]．华中师范大学学报，2011 (3)．

其审查职能流于形式。① 全国人大于1998年设立了预算工委，初设时编制只有20人，而美国国会预算办公室编制218人。② 目前全国人大已经建立专门的负责预算初审和审议的组织——财经委员会和预算工作委员会，但二者配备的人力与物力都与其承担的预算初审职能严重不匹配。全国人大财经委只有32人，预算工委只有20几名工作人员。③

8. 超收超支完全脱离了人大审查与监督。

据统计，各级政府在2007年年底花掉1.2万亿元，2008年花掉1.5万亿元，2009年花掉2万亿元，2010年最后两个月内花掉3.5万亿元。④ 我国所出现的“超收”现象已经成为一种常态，每年都会有动辄几千亿元的“超收”收入，而且数额还呈现出不断增长之势。同时，“超收”所支撑的“超支”数量也是越来越多，预决算偏离度也越来越大。从1995年到2007年，除了1998年、1999年、2000年，超支额均大于超收额或与其持平。⑤ 2000年到2005年间，我国超收收入规模总计为10006亿元，2006年，超收达到3920亿元，到2007年已经上升到7239亿元。即便是在2008年和2009年，我国仍有年均两千亿元的超收，在2010年超收迅速飙升到9000亿元。2011年全年预算超收预算收入近15000亿元。⑥

在预算审查环节，现行《预算法》对于“超收”与“超支”的规定，非常模糊。现行《预算法》第53条关于预算调整的规定有两个缺陷：一是仅将“增加支出”、“减少收入”作为“预算调整”的组成部分，没有把超收超支包括在内；二是政府对超收收入的使用虽然增加了支出，但由于支出用的是预算外超收收入，不存在“使原批准的收支平衡的预算的总支出超过总收入”的问题。因此，超收直接转化为超支就可以绕过《预算法》有关预算调整的规定。⑦ 从实际执行情况来看，我国超收与超支的动用和决策基本上在行政系统内完成，未纳入全国人大预算审议和批准的范畴。虽然形式上也采取向全

---

① 蒋悟真．我国预算法修订的规范分析［J］．法学研究，2011（2）．

② 蔡宇．对完善人大预算权的宪政思考［J］．人大研究，2012（2）．

③ 王淑杰．改革开放以来人大预算监督工作的变迁和思考［J］．中央财经大学学报，2009（1）．

④ 刘丽琦．《预算法》约束滞后，财政超收被忽视，中国财政年底突击花钱3.5万亿［J］．中国评论，2011（12）．

⑤ 孙玉栋，谭云．我国公共预算管理中超收超支问题的实证分析［J］．南京审计学院学报，2008.

⑥ 刘剑文，候卓．论预算的拘束力与执行力［J］．中国青年政治学院学报，2012（4）．

⑦ 同⑥。

国人大常委会通报或报告制度，但通常是先支用后通报，或边报边用。因此，每年超收都几乎完全转为当年的超支。①

对上述现行《预算法》上的缺陷，二审稿仍然未能予以矫正。

(二) 行政部门的预算权集中到了财政部门

在现行体制下，财政部独揽大权，集预算编制、预算管理、监督职责于一身，缺乏监督与制衡。而二审稿不但没有纠正这一体制，反而进一步强化了此种不平衡的权力配置。

1. 二审稿第 27 条、35 条、48 条、57 条将预算编制部署、执行、管理、监督职能都给予了财政部，却没有相应的制衡与监督安排。

2. 二审稿第 87 条至第 89 条新增政府和财政部门为法律责任追究主体，相关规定可能让人大预算监督权与问责权进一步虚化。二审稿第 17 条、18 条、79 条等多项条款虽明确规定了各级人大有关预算监督的权力，但实质上却删除了《预算法》第 69 条“各级政府应当在每一预算年度内至少两次向本级人民代表大会或者常务委员会做预算执行情况报告”②。

3. 二审稿还拟以国库代理制取代目前的国库经理制，将国库支配权赋予财政部，架空人民银行对国库管理监督制衡作用，强化财政部对国库收付的支配权。

(三) 中央与地方事权与财权不匹配

1994 年分税制改革确定了中央与地方事权和财权的划分，1995 年生效的《预算法》对有关我国财政管理体制的规定只有第 8 条，它只是简单规定：“国家实行中央和地方分税制”。自分税制改革以来，中央与地方在事权与财权配置上总体趋势是财权上移，事权下沉，这体现在财政收入与财政支出中央与地方反差越来越大以及不断扩大的巨大的财政转移支付上（见表 2-3）。

① 高培勇．关于决算偏离度［J］．涉外税务，2008 (1)．

② 任行观．对《预算法二审稿（草案）》二审稿的思考和建议［J］．金融经济，2012 (16)．

表 2-3　二审稿关于中央与地方事权与财权新增了 2 条

12 条“财政管理体制”	第十二条　各级政府之间应当建立财力保障与支出责任相匹配的财政管理体制。 国家实行中央和地方分税制财政管理体制，具体办法由国务院规定，报全国人民代表大会常务委员会备案。 地方各级政府之间的财政管理体制，由各省、自治区、直辖市政府或者其授权的下级政府按照国务院的规定制定，报本级人民代表大会常务委员会备案。
13 条“财政转移支付”	第十三条　国家实行财政转移支付制度。 财政转移支付分为中央对地方的转移支付和地方上级政府对下级政府的转移支付，包括不指定专项用途的一般性转移支付和经国务院批准设立，用于办理特定事务的专项转移支付。 财政转移支付应当规范、公平、公开，以一般性转移支付为主体，以均衡地区间基本财力为主要目标。

实行分税制后，地方财政支出占国家财政总支出的比重一直呈现出显著上升趋势，以 1994 年分税制改革为分界点，其中 1978—1994 年，地方政府预算内收入占财政总收入平均比重为 70.14%，支出占财政总支出的平均比重为 58%。1994—2009 年，地方政府预算内收入占财政中收入平均比重为 47.45%，而支出占财政总支出的平均比重为 72.13%。① 而根据 2001 年的数据，在经合组织国家的一般财政总收入和总支出中，地方政府所占比重分别为 21.9%和 32.2%，中央政府对下级政府财政转移支付，大体相当于国家总收入 10%。②

我国地方政府承担了大部分财政支出的责任，其财政支出比重一直大于 50%，且近几年在不断上升，2010 年地方财政支出达到 73884.43 亿元，占全国财政支出总额的比重达到 82.2%。而在税收收入上，1995 年，地方政府税收收入 1596.8 亿元，中央政府税收收入 4376.9 亿元，而到 2010 年地方政府税收收入为 32701.49 亿元，中央税收收入为 40509.3 亿元，收入差距拉大到

① 江克忠，夏策敏．财政分权背景下的地方政府预算收入扩张——基于中国省级面板数据的实证研究［J］．浙江社会科学，2012（8）．

② 张光．我国财政转移支付法律制度框架探析——基于国际比较视野［J］．南京审计学院学报，2012（5）．

7807.81 亿元。①

对于财政转移支付，我国只有政策和一些效力层级非常低的部门规章②，不具有连贯性和确定性，随意性很大。③ 2003 年，《财政转移支付法》就列入第十届全国人大常委会立法归还，但至今草案都未公布。目前调整纵向财政转移支付的仅有一些效力级别非常低的部门规章和部门红头文件。如 2002 年之后，财政部每年颁布的《一般性转移支付办法》。对专项转移支付方面，2000 年财政部出台了《中央对地方专项拨款管理办法》，明确了中央对地方专项转移支付管理的原则和要求。同时，财政部针对不同项目转移支付制定了一些规章制度，包括《革命老区专项转移支付资金管理办法》、《边境地区专项转移支付资金管理办法》等。④

分税制改革重新配置了中央与地方财政权力，在财政收入、支出、转移支付、预算与决算等方面上，却一直缺乏相应完整法律体系来调整中央与地方权力关系。财权集中到中央，事权层层下放到地方，导致财权与事权不匹配，中央向地方进行财政转移支付有很大随意性，权力分散在中央政府各个部门和各个层级的决策机关，没有制度化和法治化，异常飘移。由于不规范、不透明，财政转移支付成为我国财政浪费、权力寻租的重灾区。有学者基于中国 1995—2004 年间 29 个省级地区数据的实证研究发现：基础设施是我国腐败高发领域，基础设施投资每年增加 1%，会使得腐败立案数量增加 0.3%。不规范和不透明的转移支付是导致各地腐败发生主要成因之一。转移支付对腐败的影响通过两个机制发挥作用：一是转移支付，特别是专项转移支付会增加地方政府用于基础设施的投资额度，从而使得地方官员有更多腐

① 黄璟莉．也谈我国地方债务风险的有效防范——兼评我国《预算法》的修订［J］．财会研究，2012（22）．

② 主要有：a. 2000 年 8 月 7 日财政部《中央对地方专项拨款管理办法》（财预〔2000〕128 号），对有关专项拨款的申请、审批、分配、使用、执行与监督管理的规定。b. 2002 年 7 月 26 日《农村税费改革中中央对地方转移支付暂行办法》（财预〔2002〕468 号），对农村税费改革中中央对地方转移数额计算办法做出了规定。c. 2006 年 4 月 29 日《革命老区专项转移支付资金管理办法》，对革命老区转移支付资金使用中央、省、县分级管理办法。d. 2011 年《国家重点生态功能去转移支付办法》（财预〔2011〕428 号），有关重点生态功能区转移支付分配办法。e. 2011 年《2011 年中央对地方均衡性转移支付办法》（财预〔2011〕392 号）。f. 2011 年《边境地区转移支付资金管理办法》（财预〔2011〕42 号）。

③ 张光．我国财政转移支付法律制度框架探析——基于国际比较视野［J］．南京审计学院学报，2012（5）．

④ 张富强，周莹．论我国财政转移支付立法的缺陷及其完善［J］．现代财经，2010（10）．

败机会；二是转移支付还会降低地方政府用于监管的投入，专项转移支付每增加1%，会使得地方政府用于公检法司的支出减少0.1%，转移支付资金占地方基础设施比重越高，地方政府对监管投入越少，实际腐败发生也会相对较高（见表2-4）。①

表2-4　我国财政转移支付状况

	中央与地方财政收入与支出比		转移支付金额和占财政总收入及地方支出比		
	收入比（%）	支出比（%）	金额（元）	占财政总收入比（%）	占地方支出比（%）
2010年	51.1：48.9	17.8：82.2	3.23万亿	36	43.78
2011年	49.46：50.54	15.16：84.84	3.99万亿	38.46	42.30
2012年	47.89：52.11	14.93：85.07	4.54万亿	38.72	42.44

说明：①财政总收入，是指当期财年度财政总收入。②支出比计算时，中央支出只计算中央本级财政支出。③占地方支出比，是指占当年地方总支出比例。

二审稿第13条将财政转移支付制度纳入了立法，并对财政转移支付提出了原则性要求，即要做到规范、公平和公开。但对于财政管理体制，二审稿第12条第1款也只做出了原则性的规定，要求“各级政府之间应当建立财力保障与支出责任相匹配的财政管理体制”。紧接着第2款重申了国家实行中央和地方分税制财政管理体制，但具体办法由国务院规定。对于地方各级之间财政管理体制，规定由各省、自治区、直辖市或者其授权的下级人民政府按照国务院的规定制定，报本级人民代表大会常务委员会备案。这就意味着，中央与地方财权与事权不协调与不匹配的状况在今后相当长一段时间仍然存在，直到国务院和各级政府拿出了完善财政管理体制的改革方案。

二、预算公开透明度低

目前，全国各省在预算透明公开上普遍很差，蒋洪教授自2008年对全国各省财政透明度进行评分和排序，发现只有一个省勉强及格，全国平均水平

① 范子英．转移支付、基础设施投资与腐败［J］．经济社会体制比较，2013（2）．

仅为20分左右，连续3年基本没有改善。① 上海财经大学公共政策研究中心以我国31个省、市、自治区省本级财政决算数据为调查对象，满分设定为100分，试图通过政府公开自身如何花钱的程度来评价政府预算透明度。最终结果是21.71分和21.87分，这是全国31个省级政府预算透明度近两年的平均得分。② 上海财经大学邓淑莲等学者连续3年对中国31个省市财政透明度的调查显示，截止到2011年，我国省级财政透明度平均得分为273.07分（满分为1180分），如以百分制计，省级财政透明度平均得分仅为23.14分。从各类预算项目来看，部门预算信息公开透明度较好，平均得分36.1分，政府性基金收入得分为21.55分，转移支付项目信息公开度平均得分为8.4分，政府资产负债表得分仅为0.11分，单位预算项目信息则没有任何公开。③

值得关注的是，大多数省市人大网站不能满足信息公开要求。31个省市中，有3个省没有人大网站或网站无法登录。即便是有网站，也没有任何信息提供。目前31个省级地方人大均设立了财政经济委员会，但邓淑莲教授研究团队在对这些机构调查时发现，其公布的联系电话要么为空号、忙音，要么其工作人员态度蛮横、漠然，没有一家积极配合的。④

国际预算合作组织发布的《预算公开性指数（2008）》对85个国家中央政府预算透明度调查，中国得分仅为14分，大大低于平均分39分。按照该指数满分100分来衡量，我国预算公开透明度严重不及格。

预算公开透明度差源于我国相关制度存在的严重缺陷，这主要表现在以下几个方面：

（一）缺乏公开透明的法律标准⑤

我国现行《预算法》没有关于预算公开的规定，该法颁布实施后相当长一段时期，预算草案一直被当作国家机密，对公众保密，甚至在人大代表审议时，对人大代表公开也受到限制。一直到2008年《政府信息公开条例》生效实施后，坚冰才被打破。不过现行《政府信息公开条例》有关预算公开的

① 叶竹盛．《预算法》修订的担忧与期待［J］．南风窗，2012：8（17）．

② 蒋洪．预算公开：规定动作还是自选动作［J］．团结，2010（3）．

③ 邓淑莲，杨丹芳，曾均平．中国省级财政透明度评估（2011）［J］．上海财经大学学报，2011（4）．

④ 同③。

⑤ 蒋宏．《预算法》应具有法律约束性——评预算法修改稿［J］．地方财政研究，2011（1）．

规定有以下几个缺陷：①规定得非常原则。有关预算公开的有两条，一是第10条关于政府应重点公开的信息中明确规定了应重点公开预算、决算报告，二是第9条关于信息公开的原则性规定中，笼统要求行政机关公开涉及公民、法人或其他组织切身利益的政府信息，该规定有非常大的解释裁量空间，在我国政府垄断了解释权的情况下，实际上是赋予政府在是否公开上享有几乎不受限制的自由裁量空间。②《信息公开条例》属于行政法规，法律效力的位阶比较低。

对于预算公开，二审稿第11条规定："经本级人民代表大会或本级人民代表大会常务委员会批准的预算、调整预算、决算，应当及时向社会公开，但涉及国家秘密的内容除外。各级政府财政部门负责本级政府总预算、决算的公开。各部门负责本部门预算、决算的公开。预算、决算调整、决算公开的具体办法，由国务院规定。"

从上述规定来看，二审稿只对经过人大审查批准的预算、决算公开作出了明确规定，而对于其他预算编制、预算草案、预算调整、预算审计等涉及预算全程的相关信息的公开却没有明确的规定，只是笼统地授权由国务院另行规定。

(二) 公开的范围太窄

如前所述，现行有关法律、政府规章或政策关于预算公开多只限于人大审查批准的预算与决算，而不是预算整个过程的公开，而二审稿仍然没有突破现阶段取得的成果，这距离公众对预算公开透明度要求仍然有相当大的距离。实际上，预算民主要求整个预算过程都必须公开透明，接受社会公众监督和确保社会公众参与。在预算编制环节，因为预算编制关系到民生，关系到每一个纳税人的切身利益，所以应该让广大公众知情和参与，以确保编制预算能够充分反映民意。在预算执行环节，预算调整同样关系到民众切身利益，为什么要调整、如何调整都无不与民生有关，所以这个过程也应该公开透明，确保公众知情权和参与权。同样，在预算审计环节，公开透明才能充分发挥社会监督的作用。

(三) 保密例外易于被政府滥用

现行《政府信息公开条例》第14条规定涉及国家机密、商业秘密和个人隐私的信息不适用公开。该例外规定目前被政府过度滥用，用以抵制公众信息公开请求。一是现行《中华人民共和国保守国家秘密法》对国家秘密界定并不清晰，赋予政府很大的裁量权，而这些裁量权在我国现行体制下，缺乏强有力的司法审查来加以约束和平衡，因此，易于被滥用。二是“涉及国家机密、商业秘密和个人隐私的政府信息”过于宽泛，而解释权又被政府垄断，从而成为政府随心所欲拒绝公开的挡箭牌。目前，政府经常以涉及国家秘密而拒绝公开预算信息，2009 年上海市财政局曾以“国家秘密”为由，拒绝了市民要求公开预算信息的申请。2009 年 1 月 7 日，上海律师严义明到北京向财政部、国家发改委提交了《政府信息公开申请书》，要求财政部于全国人大召开前两周，在其官方网站上公布中央政府 2009 年预决算草案以及 2008 年财政收支情况；要求发改委列表公开“4 万亿”资金来源以及已经审批通过的具体投资项目，选择投资项目的原因、投资项日的预算资金金额，投资项目责任主体资金使用情况、招投标的监管措施以及监督机构名称。对于严律师的申请，财政部以中央预决算草案在全国人大审批前不宜对外公开，而发改委则以申请公开信息涉及他人的商业秘密而拒绝其项目资金分配情况的信息公开申请。①

(四) 公开的义务主体不完整

二审稿第 11 条有关预算公开的义务主体只有各级财政部和负责执行部门预算的各部门，这一规定遗漏了许多应当承担公开义务的重要主体。①人大及其负责预算、预算调整、审议批准的人大、人大常委会以及其工作机构和专业委员会。如第一章所述，人大专业委员会及其工作机构在这方面表现也是非常糟糕、非常不负责任的，因此，也应明确其在预算公开上的义务和责任；②使用公共预算资金的所有单位和个人。包括政府工程承包商政府采购商品和服务的供应商以及其他使用预算资金的单位和个人。

(五) 二审稿授权国务院制定预算公开具体实施办法不合适

1. 二审稿第 11 条将预算、预算调整、预算公开等事项授权国务院制定具体实施办法，该授权立法不符合《立法法》精神。公众对政府预算的知情权、参与权和监督权是宪法保障的公民基本权利，其中知情权是最基本的权利，

---

① 四万亿：千万里，我追寻着你［EB/OL］. http：//news. xinmin. cn/rollnews/2009/12/25/3162304. html.

从我国《宪法》和《立法法》。[①] 的精神来看，关系到公民基本权利保障的立法权应专属于人大通过法律来规定，不宜通过授权立法方式转授给国务院，或再经国务院转授给政府某个部门。考虑到国务院本身就是预算公开的义务主体，国务院在这些事项立法实际上最终转授给了下属部门，行政法规制定的过程公开标准又非常低，所以，很难保障此类关涉公民基本政治权利的行政法规不会大打折扣。

2. 预算公开的义务主体不仅包括政府，也包括人大、人大常委会、人大专业委员会以及常委工作机构，国务院制定的实施办法不可能把它们也包括进去。

三、全口径预算还未真正实现，预算完整性改革还没有完全到位

真正意义上全口径预算是指政府预算要反映政府所有收支，且政府所有收支都必须经过代议制机关审查批准。就目前情况来看，虽然公共预算、政府性基金预算、国有资本经营预算和社会保险基金预算都已正式编入了提交给人大审查、批准的预算草案，形式意义上的全口径预算已经实现了，但究其实质，即就人大进行实质审查而言，除公共预算外，国有资本预算、社会保险基金预算和政府性基金预算还只是“备案”性审议。社科院学者高培勇先生认为，我国四类预算，即公共财政预算、社会保险基金预算、国有资本经营预算和政府性基金预算，目前有统一制度规范，接受人大审议、批准的只有公共预算，其他都仍然算不上纳入了预算监督的范畴。政府性基金收支虽名义上纳入了各级人民代表大会审议范畴，但现实中被视作相关部门的“私房钱”，收支运作无须通过人大批准程序，也不可能在各级政府层面作统筹安排，人大审议最多也只能算是“备案”性审议。社会保险基金预算，虽已向人大报告并经人大审议，但也属于“备案”性的审议。国有资本经营预算覆盖范围只限于部分，上缴利润也非常低，即使上缴部分也在国有企业内部封闭运行，因此“备案”性审议都算不上。[②] 按照2013年预算数，公共预算占

① 《立法法》第8条之（五）规定，涉及对公民政治权利的剥夺、限制人身自由的强制性措施和处罚的立法属于人大专属立法权范畴。以此推知，凡涉及公民基本基本政治权利保障的立法权都专属于人大。

② 高培勇．加速实施“全口径预算管理”［EB/OL］．http：//jjckb. xinhuanet. com/2013－05/16/content _ 445029. htm.

比为65%，其余三类预算占比35%左右。也就是说，全口径预算还差好大一个缺口没有覆盖上。财政部财政科学研究所资深学者刘尚希虽然断言我国已经基本上实现全口径预算，即政府所有的财政收入和支出均已纳入预算和结算的统计。① 但同时，他也承认，国有资本经营预算还不是全口径预算。一是并没有将所有国有企业资本收益都纳入；二是预算并没有覆盖所有国有企业，其中最大一块金融行业国有企业。② 社科院财贸所一个研究课题组认为，目前仍然有大量脱离预算监管的预算外收支存在，这些包括：①部分政府收支未依法纳入人大监管视野。如国有资本经营预算、社会保障预算。②部分预算外收入未纳入人大审批，也未进入财政部视野。如广播电视机构的广告费收入、公立医疗机构的诊疗费收入。③广义政府预算外活动。如税收优惠、政府担保等。③

对于全口径预算，二审稿第7条和第8条、第25条分别对预算完整性做出了规定。第7条是原则性规定，它要求“各级政府的全部收入和支出都应当纳入预算”。第8条则明确规定了分别编制四类预算，即“各级预算包括政府公共预算和政府性基金预算、国有资本经营预算、社会保障预算等”。二审稿第25条还对预算收入范围作了明确规定，它规定：“预算收入包括：①税收收入；②依照规定应当上缴的国有资本收入；③政府性基金收入；④行政性收费收入；⑤其他各项政府收入。”上海财经大学蒋宏教授认为，二审稿关于预算完整性规定有以下几个缺陷④：①资本经营预算收入不完整。只把依法规定应上缴的国有资本收益纳入预算收入，不上缴部分没有纳入；②公共预算中，只列出了行政性收费收入，没有列出事业性收费收入。③社会保障预算是不完整的。政府基金性收入被包含在预算收入中，但社会保险基金收入没有列出。

综上分析，本书认为，全口径预算要真正落实，就必须将所有合法或非法预算外收支纳入到预算管理之中国，这需要解决以下几个方面的问题：

---

① 刘尚希．我国预决算体系基本实现全口径［J］．中国经济周刊，2013（9）．

② 同①。

③ 扩大内需的财税政策研究课题组．我国公共预算管理的现状及其改革［J］．华中师范大学学报，2011（3）．

④ 蒋宏．《预算法》应具有法律约束性——评预算法修改稿［J］．地方财政研究，2011（1）．

(一) 违法的“小金库”

2009 年，2011 年全国纳入专项治理范围的 110 多万个单位共发现“小金库”60722 个，涉及金额 315.86 亿元。①

(二) 地方政府隐性债务

目前各种地方政府融资平台仍然没有纳入我国预算法调整范畴，通过地方政府融资平台产生政府隐性负债也就完全游离于政府预算之外。根据 2011 年审计署报告显示，截至 2010 年年底，全国只有 54 个县级政府没有举借政府性债务，地方政府性债务余额达 107174.91 亿元。如此庞大的政府性债务没有纳入政府预算进行管理。二审稿关于地方政府债务的第 31 条与《预算法》第 28 条完全一样，仍然规定：“地方各级预算按照量入为出、收支平衡的原则编制，不列赤字。除法律和国务院另有规定外，地方政府不得发行地方政府债券。”实际上，二审稿删除了一审稿有关地方政府负债的 5 个方面的规定：①除法律和国务院另有规定，地方政府不得为他人债务提供担保。②对地方政府债务实行限额管理。③地方政府如发债，主体是省级政府。④地方政府发债的审批程序为：国务院确定地方债务的限额，报经全国人民代表大会批准后下达，省级政府按国务院下达的限额举债，作为赤字列入本级预算调整方案，报经本级人大常委批准。⑤地方政府举债应当有稳定的债务偿还资金来源。

二审稿关于地方政府债务的规定有两个缺陷：

1. 二审稿规定太原则、太简单、太笼统，而且也无视了目前的制度创新实践，包括清理和控制地方政府融资平台等隐性负债以及财政部代理发行机制，以及启动四省市地方自行发债试点。②

2. 二审稿对地方政府负债除规定了地方公共预算必须平衡外，几乎没有任何实质性的财经纪律条款，在获取收入、开支公款、债务举借的总额和增长率方面，实质性地赋予了各级政府几乎不受任何限制的权力。③

---

① 马骏，林慕华．中国预算改革：未来的挑战［J］．公共管理，2012（6）．

② 贾康．地方政府自行发债与《预算法》修改［J］．经济，2012（1）．

③ 王雍军．《预算法》二审稿的整体缺陷与不救［EB/OL］．http：//www.guancha.cn/wang—yong—jun/2012-09-03-95004.shtml.

（三）政府性基金虽然纳入了政府预算，但实质上仍然停留在预算外资金管理的阶段

虽然我国基金预算采取国际通行的“预算上单独编制，专款专用，自求平衡”，但行政部门实质性控制了基金以及部分专项审批权。

1. 我国基金项目设立、具体征缴标准和使用均是以行政机构或主管部门颁布的规范性文件为依据，而非法律（详细参见附件的分析论述）。

2. 基金项目审批权分散于各级行政部门。

3. 立法机关对基金预算仅有知情权并无实质意义上的审批权。由于没有严格法律约束和立法监管强有力审议监督，政府性基金具有自动赋权和延续性特征。[①] 从政府性基金现实情况来看，行政部门实质性地控制了基金以及部分专项的审批权。大量政府性基金设立、具体征缴标准和使用均是以行政机构或主管部门颁布规章为准。在一般预算项目中也包含了大量的专项项目，立法机构对部分政府收支并无实质意义上的预算审查和批准权。[②]

（四）国有资本经营预算仍然未能实现全口径预算

2012 年中央国有资本经营预算编制范围已经涉及一级企业 963 户，但金融资产、矿产行资产等形成的收益，仍然未纳入预算管理。科技文卫、行政政法、农业、铁道、金融等 80 多个中央部门（单位）所属 6000 多户企业没有纳入预算范围。[③] 从金融口来看，单是银行业，自 2007 年到 2010 年中央履行出资人职责的国有银行类金融机构累计实现净利润将近 2 万亿元的规模。

四、预算编制过于粗糙，制约了部门预算改革的深化

部门预算改革是要让所有政府部门收支都纳入一本预算，其目的是让政府所有活动都置于人大和公众监督之下，但由于预算编制技术性规范上存在诸多缺陷，导致预算不能准确反映政府收支，这就制约了部门预算改革进一

① 扩大内需的财税政策研究课题组．我国公共预算管理的现状及其改革［J］．华中师范大学学报（哲学社会版），2011（3）．

② 同①。

③ 王淑杰．加强我国全口径预算管理的思考［J］．财政研究，2013（1）．

步深化，影响到部门预算改革的成效。这表现在以下几个方面：

（一）预算编制的标准无法满足人大审批权的行使及公众知情权、参与权与监督权的需要

我国预算编制过于粗疏，让预算审查机关和社会公众无法有效监督。比如2008年金融危机后中央推出的4万亿元经济刺激计划，因为相关预算案编制粗疏，信息公开，透明度不够，不能满足立法机关的审批权和公众知情权、参与权和监督权的需要。[①] 现行法没有对行政部门提交预算草案提出明确的标准。二审稿第44条规定："报送各级人民代表大会审查的本级政府预算草案，一般收支编列到款，重点支出编列到项。"这一规定存在以下几个缺陷：①没有明确条款中所说的"款""项"究竟是何种分类，因为我国预算支出科目有功能分类和经济分类两种。②二审稿规定编列到项的是适用于重点支出，可对什么是重点支出没有明确。③没有对报送各级人大审批的预算草案是否包括所属的各部门或单位预算以及须报送的部门预算和单位预算的标准作出明确规定。现行法和二审稿都没有明确部门或单位预算须编制到怎样的程度。[②]

（二）预算编制不规范

《预算法》对国家预算的编制，一是缺少层次分明、科目明确一致、用语准确、统一的标准要求，没有直接规定预算科目名称应当显示事项的性质、收入科目的进账及其分类应当明确收入的来源、支出科目的名称及其分类应当明确指出的机关、政事、计划、用途等，二是将其作为预算编制的技术性规范授权给了预算编制部门，没有预算编制强制性的法律标准，没有建立起关于故意高估支出低估收入或者故意低估支出高估收入的防范机制。[③]

（三）预算编制周期太短

从编制、审批、执行、审计整个预算过程，美国预算编制和国会审批长达18个月，预算执行阶段12个月，决算汇总和审计阶段3个月。美国财政

---

① 陈少英．从4万亿投资看《预算法》的缺陷［J］．法学，2008（11）．

② 蒋宏．《预算法》应具有法律约束性——评预算法修改稿［J］．地方财政研究，2011（1）．

③ 朱炎生．预算管理"三不"问题之解决与预算法治建构路径［J］．江苏行政学院学报，2011（3）．

年度为每年 10 月 1 日到次年 9 月 30 日，从联邦政府各机构编制各自预算开始，到联邦政府执行后设计，一个预算周期为 33 个月。从 2008 年 3 月到 6 月，总统就在预算办公室协助下开始确定 2010 年预算年度的政策目标，2009 年 2 月第一个星期一前向国会提交 2010 年度联邦预算草案。预算编制过程中国会实质参与，国会有专门的预算工作机构，即国会预算办公室协助国会审查和批准预算。

我国预算编制环节时间跨度为 6 个月。[①] 中国财政年度为每年 1 月 1 日到当年 12 月 31 日，从预算编制到预算审计，预算周期为 24 个月。中国中央政府预算采取的自上而下，自下而上相结合，两上两下，逐级汇报程序。预算编制环节为 6 个月。

(四) 编制不准确，执行过程中随意调整

审计署审计发现，2010 年，政府决算草案中收入、支出、结余和资产编报不够准确等金额达到 22.44 亿元。[②]

(五) 中长期预算缺失

如 5 年周期的中期预算，我国有 5 年经济社会发展规划，却没有相应的 5 年中期预算，这是一个重大缺失。

五、公众参与机制缺失

公众直接参与预算，可以确保政府预算更为公平、公正。目前，我国一些地方也进行了参与式预算改革尝试，但这些尝试仍然存在诸多问题。如在浙江温岭进行参与式预算改革中，民主恳谈会就是其中的一个重要参与机制。在新河镇民主恳谈会参与者中，人大代表占 48.9%，村镇干部占 35%以上。温岭泽国镇恳谈会，实际到会人数仅占全镇人口的 0.2%。温岭民主恳谈与政府预算决策最终形成时间间隔较短，最长不过 10 天，短则仅有 3 天，形式大

① 有学者认为，财政部门传统的预算编制周期一般为 3～4 个月。俞光远．我国现行预算法修订的主要内容即对策建议 [J]．地方财政研究，2011 (1)．

② 审计署．关于 2010 年中央预算执行和其他财政收支审计出问题的整改结果．(2012 年 1 月 4 日公告)．

于实质。参与的深度与广度都不足。①

公众参与权要得到有效落实和保障就必须有适当的参与机制。广义上的民众参与机制包括间接参与机制与直接参与机制。间接参与机制就是民众通过行使选举权，选举立法机关的代表代表民众参与到立法机关的预算审批与监督。而直接参与机制则是民众亲自参与到预算全过程的制度安排，包括预算编制、审查、执行、调整、审计与问责全过程。

从国外参与式预算（详见附件：域外经验）实践来看，要确保公众参与权得到落实，就必须建立健全参与机制，这包括预算编制过程对所有公众和社会组织的开放，允许公众和社会组织通过各种方式直接参与预算编制，就预算编制发表意见，在立法机关进行预算审查、调整或履行预算执行监督时，就公众关心的重大事项举行公开的预算听证等。我国现行《预算法》、《预算法实施条例》没有任何关于公众参与机制的规定，而二审稿仍然未提供公众参与机制，没有任何关于公众参与预算的渠道和机制的规定，完全无视了各地进行参与式预算改革实践和取得成果。与此同时，由于我国目前对社会组织的成立和活动采取严格的限制，对任何从事维权、公益活动、政治活动的社会组织怀有根深蒂固的不信任，更重要的是，目前预算编制过程，政府也从不对公众和社会组织开放，二审稿也没有任何要求开放公众参与的制度规定。

六、国库集中收付制度改革不彻底，甚至出现了逆转

我国国库集中收付制度实施中暴露出以下几个方面的问题：①开户单位对资金使用监督薄弱，导致第四季度突击花钱。基层部门隐瞒预算外资金。②②大量在商业银行开立的“财政专户”，包括收入过渡账户、支出过渡账户，大量公款流入和流出都经过这些账户，而且长时间存放于这些账户，这些账户存在和使用没有法律依据，甚至没有行政法规依据，审计部门和央行国库也难以知情和监督。③

① 刘邦驰同，马韵．浅析参与式预算的理论基础与实践——基于巴西与中国浙江温岭两镇的比较［J］．财政研究，2009（9）．

② 李建宁．国库集中收付制度改革存在的问题及对策建议［J］．西部财会，2012（9）．

③ 王雍军．《预算法》修正请从构筑三道防火墙机制开始［EB/OL］．http：//economy.gmw.cn/2012－08/06/content_4723431.htm.

对于这些问题，二审稿未就国库集中收付制度改革和深化采取任何改进措施，相反二审稿关于国库管理的规定使国库集中收付制度改革发生了逆转（见表 2-5）。这表现在以下几个方面：

表 2-5　　现行立法、修订一审稿、二审稿比较

现行《预算法》	一审稿	二审稿
第 28 条：地方各级预算按照量入为出、收支平衡的原则编制，不列赤字。 除法律和国务院另有规定外，地方政府不得发行地方政府债券。	第 33 条：地方各级预算按照量入为出、收支平衡的原则编列，不列赤字。 除法律和国务院另有规定外，地方政府不得以任何方式举借债务或者为他人提供债务担保。 国务院对地方政府债务实行限额管理。国务院确定的地方政府举债的债务限额，经全国人民代表大会批准。省、自治区、直辖市政府按照国务院下达的限额举债的债务，作为赤字列入本级预算调整方案，报经人民代表大会常务委员会批准。举债的债务应当有稳定的债务偿还资金来源。 省、自治区、直辖市政府财政部门具体负责本行政区域地方政府债务的统一管理。	第 31 条：地方各级预算按照量入为出、收支平衡的原则编制，不列赤字。除法律和国务院另有规定外，地方政府不得发行地方政府债券。

（一）赋予财政部门对国库不受监督的支配权

二审稿第 54 条删除了原“中央国库业务由中国人民银行经理”的规定，同时规定“各级国库库款的支配权属于财政部门”①，赋予了财政部门管理和监督国库的权限。学者们认为这实际上是要以代理制取代目前的经理制，是国库集中收付制度改革的倒退。理由是：预算授权操作性，最核心是国库集中收付制度（国库单一账户，TSA）。而国库集中收付机制核心部分是两个直达，所有公款从交款人账户直达国库，所有公款从国库直达供应商或收款人账户。将财政部门在商业银行自行开立的财政专户视为“国库单一账户体系”极具误导性。TSA 实现了政府现金余额的集中化管理，“标准 TSA 机制构成

① 二审稿第 54 条第 3 款。

了公款管理中最安全、同时也是最高效的机制”。“代理制将导致中国国库体制改革全盘失败和全面倒退”①。也有学者认为，在现行《预算法》设计的国库管理体制中，财政部门扮演会计的角色，而人民银行扮演了出纳的角色，而按照二审稿规定的体制，则会计与出纳合一，违反了监督制衡原则。② 实践证明，人民银行经理国库实质上起到了监督审核的作用，因为央行所记录的国库信息是审计和预算公开的重要证据，是人大监督的基础。根据央行披露的信息，仅 2010 年，央行拒绝了总共 30 万笔违规国库业务，总计金额近 1000 亿元。目前，各级财政部门在同级国库资金账户有 1 万多个，而在商业银行开设的则多达 17 万个，财政账户的混乱导致监督困难，甚至发生过地方财政局官员直接从财政账户中贪污巨额资金的案例。③

（二）使财政专户成为合法的“库外库”

二审稿第 51 条、55 条、56 条允许政府收支可分别纳入央行国库、商行财政专户进行分散管理，同时规定财政专户收纳预算资金、办理退库和财政支出的权限，几乎与国库地位相同。许多学者认为，财政专户本是预算管理效率低下的历史遗留问题，应该废除，但二审稿却强化了财政专户的地位。这与“实行国库集中收付制度”背道而驰。④ 自 1996 年各级政府财政部门出现大量的“财政专户”，实际上成为财政的“小金库”，成为随意调控预算收支进度、截留挤占上级收入、为商业银行拉存款等违法违规行为提供了条件。⑤

七、预算执行审计监督存在不足

主要表现在以下几个方面：

---

① 王雍军．《预算法》修正请从构筑三道防火墙机制开始［EB/OL］．http：//economy. gmw. cn/2012－08/06/content－4723431. htm.

② 陈海霞，郭宏宝．析《预算法》二审稿背后的财政思想——国库管理与监督执行视角［J］．金融实务，2012（8）．

③ 叶竹盛．《预算法》修订的担忧与期待［J］．南风窗，2012：8（17）．

④ 任行观．对《预算法二审稿（草案）》二审稿的思考和建议［J］．金融经济，2012（16）．

⑤ 《预算法二审稿（草案二次审议稿）》征求意见研讨会专家组．预算法应成为“控权法”［N］．社会科学报，2012－09－27（001）．

（一）审计不够独立

我国审计机关属于行政机关，独立性不足。[①] 我国属于典型行政型审计模式。我国《宪法》规定："县级以上的地方各级人民政府设立审计机关。地方各级审计机关依照法律规定独立行使审计监督权，对本级人民政府和上一级审计机关负责。"这种审计模式与立法审计[②]和司法审计模式[③]相比较，其最大的缺陷就是独立性不足。尽管我国《审计法》也规定了独立审计，但实际上审计监管根本无法做到独立。

（二）审计公开透明度比较低

现行《审计法》第 36 条规定："审计机关可以向政府部门通报或者向社会公布审计结果。审计机关通报或者公布审计结果，应当保守国家秘密和被审计单位的商业秘密，遵守国务院的有关规定。"同时，《国家审计基本准则》《审计机关公布审计结果准则》《审计署审计结果公告试行办法》等也对审计结果公开作了规定。但这些规定有以下几个重大缺陷：①立法中审计结果"可以公布"的措辞表明，审计结果公告是审计机关的权利而不是义务，公告并非法定职责和义务。②审计结果公开受到征求政府相关部门同意的限制。在公布审计结果前，审计机关需要征得本级政府的同意，而审计监督对象就是政府，因此只要政府不同意公布[④]，从而导致审计结果公布成为不可能。③受到过度保密限制。受到《审计工作中国家秘密及其密级具体范围规定》的影响，大量经济责任审计结果无法公开。[⑤]

---

① 蒋悟真．我国预算法修订的规范分析［J］．法学研究，2011（2）．

② 所谓立法审计，是指审计机构直接对立法机关负责，独立于行政部门。

③ 司法审计模式详细参见域外经验中关于法国审计法院的介绍。

④ 审计署 2001 年《审计机关公布审计结果准则》第 5 条规定："审计机关向社会公布审计结果，必须先经审计机关主要负责人批准；涉及重大事项的，应当报经本级人民政府同意。"第 9 条同时规定："审计机关向社会公布审计结果，应当依法保守国家秘密和被审计单位及相关单位的商业秘密，并充分考虑可能产生的社会影响。"审计署 2002 年《审计署审计结果公告试行办法》第 6 条规定，中央预算执行情况和其他财政收支的审计结果需要公告的，必须经过国务院批准同意。第 8 条规定，涉及不宜公布内容的，必须对相关内容进行删除或者修改。第 9 条还规定，未经批准擅自发布审计结果公告的，应当依法追究有关单位和个人的责任。第 7 条规定："发布审计结果公告可以不再征求被审计单位意见。"从这些规定来看，审计结果是否公开完全是审计署和国务院决定的事情，而不是审计机构、国务院法定义务，公众基本权利。

⑤ 陈渊鑫．国外政府审计法制比较与借鉴［J］．财政监督，2011（10）．

（三）审计监督效力比较弱

这表现在，审计机构对预算执行审计查出来问题，通常都是整改了事，有关政府部门和国有企业负责人没有被问责，也不承担任何法律责任。我国审计机构每年对国有企业、政府部门的审计都查出许多触目惊心的违反预算法的不法行为，但除了构成犯罪的被移送到司法机关查办外，至今没有任何一个部门或国有企业主要负责人因为在预算执行上审计出来的问题而被问责的，无论问题有多严重，一律都是整改了事。其结果就是，累次整改，累次重犯，整改后继续违法，查出来后了继续整改，“审计风暴”掀起来的威力就在这样反复中不断被消磨殆尽。

八、法律责任制度缺失

现行《预算法》只包括三个方面的内容：①只规定了三种违法行为。即擅自变更预算，导致总收支不平衡，或增加政府负债；擅自动用国库和隐瞒预算收入或将不应当在预算内支出款项转为预算内支出。②责任主体只有两类，即直接负责的主管人员和其他责任人员。③法律责任只有行政处分一种。①

上述责任制度安排具有以下几个方面的缺陷：

1. 违反预算编制行为所应承担责任形式中缺乏政治责任的相关设置（如弹劾、不信任案）。②

2. 预算执行责任制度缺陷。表现在三个方面：一是预算执行中违法承担的责任仅限于行政责任，责任单一；二是相关法律责任的承担缺乏可操作性，对违法行为归类过于简单，导致对预算执行行为归责难；三是责任力度小，缺乏足够威慑力。对于瞒报预算外资金收入、转移资金、私设小金库、滥发福利等违反财经纪律的违法行为，惩罚力度与所造成的后果不成比例，达不到惩戒效果。③

3. 预算监督失职责任缺失。对于承担监督职责的立法机关、审计机关和

① 《预算法》第73条、74条和75条。

② 蒋悟真．我国预算法修订的规范分析［J］．法学研究，2011（2）．

③ 同②。

行政机关失于监督，现行法缺乏承担相应法律责任的规定。[①]

二审稿在法律责任制度方面作了以下几个方面的改善：①有关违法行为的规定涵盖了预算各个环节和各个方面，比较完善；[②] ②法律责任方面，除了行政处分外，还明确规定，构成犯罪的，依法追究刑事责任。总的来说，对于上述所说现行《预算法》法律责任制度上缺陷，除了在违法行为规定上进行了完善外，其他方面并无实质性突破和改善。一是法律责任仍然非常单一，只有行政处分一种，二是责任主体规定仍然不够明确，三是有关刑事责任追究不具有可操作性，因为我国现行《刑法》并没有关于预算犯罪的规定，而二审稿也没有明确关于预算犯罪的规定，因此，根本就无法对违反预算法的行为追究刑事责任。

① 蒋悟真．我国预算法修订的规范分析［J］．法学研究，2011（2）．

② 二审稿第87条列举了12类违法行为涵盖了预算全过程，涉及预算编制、预算执行、预算调衡和预算公开各个方面；第88条列举的6种违法行为涵盖了专门针对预算收入收缴、转移支付和举借债务等几个方面；第89条列举的5种违法行为主要是针对预算支出环节的。

第三章 《预算法》修订建议

一、完善人大预算权

现行《预算法》规定了人大预算审查权、批准权、变更撤销权①，人大常委预算执行监督权、预算调整权和撤销权。② 实际上，完整预算审批权除预算审查、批准权外，还包括预算调整权、预算修正权、预算否决权、预算监督权和问责权。因此，此次预算法修订，除完善人大已有的审查权、批准权、预算调整权、监督权外，还应将预算修正权、否决权和问责权等写进去。

（一）完善人大预算调整权

《预算法》应当扩大预算调整权覆盖的范围，把现行游离于预算调整管理之外的超收超支引起的预算追加、预算科目间调增与调减、预算科目间预算资金的调剂挪用以及政府债务增加等都应涵盖在预算调整的范畴，政府及政府部门都应编制预算调整草案，提交人大常委会审查批准后方可执行。

（二）预算审批上以分项审批取代综合审批，赋予人大预算否决权

我国目前采取的是综合审批。所谓综合审批，是指将所有预算收支全部纳入单一的预算提案提交人大审查、表决。③ 在采取综合审批的情况下，因为所有预算收支集中到了一个预算案中，人大只能就整个预算案进行表决，要

---

① 即改变或者撤销全国人大常委会关于预算、决算的不适当的决议。

② 撤销国务院制定的同宪法、法律相抵触的关于预算、决算的行政法规、决定、命令，撤销省、自治区、直辖市人民代表大会及其常委会制定的同宪法、法律和行政法规相抵触的关于预算、决算的地方性法规的决议。

③ 刘剑文．财政税收法［M］．北京：法律出版社，2004.

么全部通过，要么全部否决。在此种情况下，人大无法对预算案中各个预算分项进行审查和表决，即便是对某个或某些预算不满意，因为考虑到一旦否决该项目就要面临否决整个预算案的压力，这实际上限制了人大否决权的行使。因此，此次预算法修订，应以分项审批取代综合审批。所谓分项审批，是指预算审批时，根据开支的部门和性质将全部预算草案分解为多个预算提案，逐一进行审查和表决。① 分项审批不仅可以拓宽预算审批权的范围和深度，而且也更便利于人大代表行使否决权。②

在赋予人大预算草案否决权的同时，必须赋予人大通过临时预算案的权力。即在人大否决了预算草案后，如果政府无法及时提出新预算草案，导致在预算年度开始时，没有预算可供执行，形成预算空白，在此种情况下，人大可在敦促政府尽快提交新预算草案的同时，通过临时预算案，以维持政府正常运转。

（三）赋予人大预算修正权

预算修正权规定分为三种体例：禁止增额修正（法国）、弹性增额修正（德国和日本）与无限修正（美国）。禁止增额修正就是绝对禁止增加预算修正，而弹性增额修正则是指无权调整预算总额，但享有相对增额修正权。无限修正，则不但享有相对增额修正权，而且享有绝对增额修正权。③ 现阶段，我国可以采取弹性增额修正的立法体例，即允许人大在不突破预算草案收支平衡基础上，对某些预算科目进行适当的调整。④

（四）赋予人大问责权

对于严重违反《预算法》的政府官员，应赋予人大问责权。应赋予人大问责权，即人大享有对违反《预算法》的政府或政府部门首长进行弹劾，追究其法律责任的权力。现行《预算法》对于违反《预算法》的政府及政府官员，只规定了上级政府给予有关责任人以行政处分。但上级政府及官员违法该如何处理，由谁来追究责任？《预算法》没有规定，这就意味着，只有下级政府和官员违法才可能被问责，上级政府及官员违法则无须承担法律责任，

① 刘剑文．财政税收法［M］．北京：法律出版社，2004.

② 刘剑文，候卓．公共财政视野下的《预算法》修改［J］．中国法律，2012（1）．

③ 王永礼．我国大陆与台港澳地区预算法制度比较［M］．北京：经济科学出版社，2010.

④ 同②。

也无人追究上级政府或部门及官员的法律责任，这是非常荒唐的，此次预算法修订应该将这个漏洞补上。

（五）预算年度周期调整

《预算法》修订应将预算年度周期与人大年度会议周期协调一致，以消除目前因二者错位导致长时期的预算空白。

（六）完善人大预算审查批准程序

1. 预算草案审查应像立法一样采取“三读”程序。《预算法》修订可以吸收我国现阶段立法“三审程序”①，在此基础上加以完善，规定预算审查批准必须经过“三读”程序。一读时，由负责政府预算汇编的政府部门代表政府向人大预算初审机构作出解释与说明；二读时，人大预算初审机构开始审查部门预算，可要求编制部门预算的部门对部门预算进行解释与说明，接受初审部门质询，初审部门对各部门收支科目的合理性进行讨论；三读时，人大初审部门就预算草案形成初步审查意见和报告。②

2. 人大预算听证制度。《预算法》修订应将听证制度纳入立法，明确规定，人大在预算审查、预算执行监督等环节认为适当和必要时即可举行预算听证，要求有关部门政府官员到人大接受听证。

3. 延长人大预算初审期限。《预算法》修订应延长人大预算审批周期，至

---

① 《立法法》颁布实施后，全国人大常委审议法律案一般都实行三审制。“三审”与西方议会普遍采用的“三读”并不能完全等同，有许多独具中国特色的东西。详细参见李正斌：“‘三审’与‘三读’有区别”，http：//www.bjrd.gov.cn/27925/2006/07/28/181@6676.htm。三审是指：一审，在常委会全体会议上听取提案人关于法律草案的说明，然后在分组会议上对法律草案进行初步审议。一审着重审议制定该法律的必要性、可行性和法律的框架结构是否合理等问题。二审，在常委会全体会议上听取法律委员会关于法律草案修改情况和主要问题的汇报，然后在分组会议上对法律委员会提出的法律草案修改稿（称“二次审议稿”）进行全面、深入的审议。二审重点审议法律草案二次审议稿对若干主要问题的规定是否合适、可行。三审，在常委会全体会议上听取法律委员会关于法律草案审议结果的报告，然后在分组会议上对法律委员会提出的新的法律草案修改稿（称“三次审议稿”）再次进行深入的审议。三审的审议重点是，各方面提出的对法律草案中若干主要问题的意见是否得到妥善解决，对没有采纳的意见是否有充分、合理的解释和说明。根据常委会的分组审议意见，法律委员会在当次会议中再次召开会议，对法律草案进行必要的修改，提出法律草案建议表决稿，交分组会议作最后的审议。如果常委会组成人员对建议表决稿没有大的不同意见，则由委员长会议提请常委会全体会议表决，以全体常委会组成人员过半数通过。

② 实际上，我国学界早就提出了预算审查采取三读程序的建议。刘剑文．财政税收法［M］．北京：法律出版社，2004.

少应给予人大不少于 6 个月的初审期限，现阶段可以将预算草案提交人大初审的时间提前到人大召开前 6 个月，以便确保人大有比较充分的时间对预算草案进行分项初审（包括就某些重要事项举行预算听证会）、行使修正权、否决权。

4.《预算法》应明确规定将提交给人大审查批准预算草案提前 1 个月发放到人大代表手中，并同时向社会公众公开，要求人大代表公布其联系方式，征询公众意见或主动召集选民进行恳谈，收集和整理民众对预算草案的意见，做好预算草案审查的准备。

5. 加强人大专业委员会和人大常委会工作机构预算初审能力建设。从预算民主角度而言，加强预算对政府的约束，促进政府职能转变，首要就是让人民选举产生代议制机关看管好纳税人的钱袋子以及一切公共收支，但现行人大制度无法承担这一重任，这只能作为长期目标加以考虑。我国人大制度的改革与完善要经历一个相当长的历史阶段，但现阶段，仍然可以通过加强人大负责预算初审的人大专业委员会和人大常委会工作机构的能力建设来提升人大对政府预算的管控能力，以弥补现行人大制度的缺陷。具体而言，可以采取以下几个措施：①立法应明确人大专业工作委员会及人大常委工作机构的法律地位或职责；②提升专业委员会和人大常委工作机构专业能力和专业素质，在提升其地位和作用的同时，提高他们的待遇，充分发挥专业委员会在人大预算审查批准上的引领作用。①

以上 1～4 项《预算法》只需要作出原则性明确规定即可，具体操作程序可以留给人大及人大常委议事规则等加以细化落实。第 5 项则可以通过修改《人大组织法》来加以完善。

如前所述，人大预算审批权实际上包含了预算修正权、否决权、调整权、监督权、问责权等权力，包括在预算审查、预算执行、决算、预算审计等过程中，就有关问题举行听证、质询或就有关问题进行专题调查等，但长期以来，人大及人大常委会并未实质性行使法律赋予它们的权力，根本的问题在于人大制度本身的缺陷，即我国人大代表到底代表谁，对谁负责这个基本问题一直就没有弄清楚，人大代表、人大常委、人大工作机构、人大专门委员

① 美国的历史经验表明，在相当长的历史时期，美国国会拨款委员会一直主导国会预算拨款，拨款委员会通过预算案在参众两院最终审议表决中几乎可以无障碍获得通过。这很大程度上得益于拨款委员会在预算案审查过程中杰出的专业能力。

会，缺乏足够的激励和动力来替公众把好预算关。在此种情况下，赋予人大、人大常委会预算修正权、否决权、预算调整权、问责权，如果没有相应的选民对人大代表问责，或者选民能够利用其手上的选票对人大代表表现予以奖惩，人大代表手上的否决权、修正权就可能被滥用，如为讨好某利益集团，人大代表为掠夺公共资金而花钱的激励不逊于官员。① 也有学者认为，在加强人大预算监督权制度建设的同时，也要避免人大预算权的膨胀，过多地干涉行政权，影响行政运行的效率。② 同时，如预算案被否决、修正，提交预算草案的政府没有相应的政治上的处罚（如面临不信任案、选票的流失、支持率降低），则修正权、否决权可能就变成了代表某些利益集团人大代表与政府之间毫无意义的权力对抗，其结果只能是使顶层权力斗争更加复杂化。因此，在现阶段，《预算法》修订应采取方案就是：①人大预算权应先在立法文本上加以完善，具体落实则只能通过人大制度的改革和完善来解决。②规范人大预算审批、预算监督执行程序，促进预算审批、预算执行的公开透明。此次预算法修订重心放在如何通过加强人大预算权促进预算编制、预算审查批准、预算执行监督公开透明度上。通过采取三读程序、延长预算审查期限、预算草案及时公开等可以实现这一目标。③在人大制度改革未到位之前，作为过渡性安排，加强人大、人大常委专业委员会、工作机构的专业能力建设，可以在预算上对政府起到一定的制衡作用。

二、政府内部预算权分配与制衡

我国政府内部预算权分配与制衡要解决的主要问题是预算编制、预算执行与预算执行监督都集中到了财政部门，权力配置严重失衡。从长远来看，矫正这种不平衡需要通过机构改革、通过修改政府组织法对政府内部预算权力进行重新配置，如借鉴国外经验，设立专门的负责预算编制和预算执行监督的机构——预算办，但增设部门与目前进行的大部制改革趋势有些背离。一个替代解决办法就是，将财政部众多职能进行拆分，然后与央行国库经理职能进行重组，在政府内部对预算权进行重新配置。具体做法就是，把预算

① 曾军平．预算权修正案亟须严格制度规范［J］．上海财经大学学报，2008（3）．

② 张树剑，林挺进．我国省级人大预算草案修正权的意义及法律基础［J］．复旦学报（哲学社会版），2010（5）．

编制和预算执行监督职能从财政部剥离出来，由专门预算工作机构负责，把人民银行国库经理职能重组到财政部，重组后的财政部只负责政府融资、拨款和国库的经理。现阶段采取这样的大动作时机和条件都不成熟，现阶段《预算法》修订无法触动现有体制安排。

实际上，从规范意义上来说，按现行《预算法》规定的预算管理体制，财政部门的权力并不应该像实际运行中的那样大。目前政府的预算权之所以集中到了财政部门，主要还是由于人大及人大常委会预算审批权、调整权、监督权不到位，预算编制粗糙、不准确和不规范，预算编制、预算执行过程不透明，大量的完全脱离人大监控的以各种财政专户形式存在的预算外收支，审计监督不到位，以及政府普遍存在预算违法得不到追究等，这就给财政部门权力寻租、揽权创造了便利条件，形成了目前的权力格局。因此，在《预算法》修订过程中，只要不进一步强化财政部门的预算权力，通过提高预算透明度，加强人大审查与监督，提高预算编制的质量，真正落实全口径预算，强化预算审计执行监督，这样财政部门权力寻租的空间就会被大大地压缩，其在预算编制、调整、执行上的裁量权就会受到极大的抑制，财政部门的权力就会被大大削弱。所以，现阶段，《预算法》修订应维持人民银行与经理国库的地位，维护人民银行与财政部门在国库管理上制衡安排，加强人大、审计对财政部门预算权的制衡，提高预算编制、执行、监督透明度，尽量抑制财政部门在预算上享有裁量权，压缩其权力寻租的空间，以防止权力过度集中到财政部门。

三、中央与地方事权与财权的协调匹配

中央与地方事权与财权的调整不仅涉及财政管理体制改革，还涉及更为复杂的政治体制改革和宪法及政府组织法的修订，单是预算法修订无法解决中央与地方事权与财权不匹配的问题。从目前情况来看，财政管理体制改革也很难在短期内完成，现阶段预算法修订能够解决的主要还是中央与地方之间财政转移支付透明和规范的问题。解决财政转移支付透明与规范，最好是完善财政转移支付立法，通过制定单行法，或作为过渡性安排，在预算法中授权国务院先制定《财政转移支付条例》，对财政转移支付加以规范，提高财政转移支付的透明度，加强人大、审计和社会公众对财政转移支付的监督。目前，财税法学界主张制定《财政转移支付法》单行法，北大刘剑文教授、

人大徐孟洲教授都先后主持起草了单行法草案，与此同时，国务院财政部门也在起草《财政转移支付暂行条例》。

四、预算公开透明

预算做到公开、透明、规范、完整，公众的知情权、参与权与监督权才能得以实现。鉴于我国以人大制度为核心民主行政体制不可能在短时期改革到位，难以起到掌管“钱袋”的情况下，通过《预算法》修改提高预算透明度，确保公众有效参与，充分发挥社会监督是我国预算制度改革最现实的选择，也是此次《预算法》修改重点所在。要提高预算公开透明度，《预算法》修订就必须做到以下几点：

（一）预算编制细化、规范化

预算编制细化、规范化是预算做到公开透明度的前提条件。

1.《预算法》修订应对预算编制细化的程度和规范化要求作出明确规定。预算编制应为预算的审批提供充分信息，预算立法中对预算编制标准应规定如下内容：各级政府编制和提交各级人民代表大会审批的预算草案，包括本级政府预算、本级政府所属的部门和单位预算，收入编制到目，支出按功能分类编制到项，支出按经济分类编制到款。项目支出必须按项目分列。①

2. 预算编制周期应该延长。预算编制时间从预算年度前一年的年初开始至年末结束，编制期限为 12 个月，每个预算年度开始前必须将预算草案编制完毕。②

3. 规范和细化部门预算的编制，明确规定部门预算编制的范围、内容、标准、方法、程序和要求，部门预算细化到一级预算单位。③

在《预算法》中对预算编制等技术性规范作出详尽明确的规定是不现实的，因此，《预算法》只需要对预算编制细化和规范化提出明确要求，授权国务院在预算法实施颁布后 1 年内以行政法规的形式制定出满足《预算法》要求和标准的具体技术性规范。

---

① 蒋宏.《预算法》应具有法律约束性——评预算法修改稿［J］. 地方财政研究，2011（1）.

② 俞光远. 我国现行预算法修订的主要内容即对策建议［J］. 地方财政研究，2011（1）.

③ 同②。

（二）预算公开应该涵盖预算全过程

《预算法》应当作出明确规定，整个预算周期全过程都必须做到公开透明，即预算编制、预算审查、批准、预算执行、决算、决算审查、预算执行审计以及预算调整、预算修正等信息都应该及时、完整地向社会公开，而不应该将公开限制在人大及人大常委会批准预算、预算调整、决算等有限范畴内。

（三）明确预算公开的义务主体

主体应包括享有预算编制、审查批准、预算执行、监督权权力机关、政府部门以及从政府预算受益的其他实体或机构。预算公开义务主体不应只限制在各级财政部门及其他部门，而应该包括人大、人大常委会、人大专业委员会、人大常委工作机构（从现状来看，它们在公开上一点都不比行政部门好，甚至更糟），还应包括负责预算执行监督的审计机关以及政府采购承包商、供应商以及获得政府预算资金支持、自助的实体或机构。

在预算公开义务主体的规定上，可以采取概列式的立法体例，除对上述主体进行罗列外，还应加上一个兜底条款，原则上，所有从政府预算支出获得收益的单位、实体都负有公开的义务，都要接受社会公众监督。

（四）明确公开的内容

《预算法》可以对应公开的内容提出明确和规范，原则上，除涉及国家机密、企业商业秘密或个人隐私，所有相关信息都应该公开。

（五）对公开的方式和渠道作出明确的要求

《预算法》应当对负有公开义务的主体对预算信息公开的方式作出明确规定，包括主动公开的方式和回应公众要求被动进行公开的方式。原则上，应要求所有公开义务主体将预算信息及时、完整地放到官网上，并且在官网上公开公众索取和进一步了解相关信息具体程序和办法，以方便公众获取相关信息。

（六）赋予公众要求人大及人大常委会举行听证的请求权

鉴于公众在行使知情权时经常受到政府部门往往以各种借口无理拒绝，

即便是政府部门对公众申请预算信息公开作出回应，也往往应付了事，在此种情况下，应给予公众向人大及人大常委会提请申诉，人大就某些专门事项举行听证，要求预算执行部门或相关当事人公开相关信息，对有关事项进行更为深入的调查，以便让公众完整地了解事实真相，知情权得到保障。公众提请举行听证的具体程序事宜可以由人大另行制定的议事规则来加以规定和明确。

（七）应给予公众知情权受到限制或侵犯时享有司法救济的权利

赋予预算公开司法救济权有两个非常重要的好处：一是防止政府滥用裁量权；二是可以司法实践对法律的诠释，进一步明确公开与保密之间合法界限。《保密法》第 9 条之（七）赋予国家保密部门在国家秘密认定上非常大的裁量权，我国《预算法》信息公开条例也实际上赋予了负有信息公开义务的政府部门在援引保密例外时享有很大的裁量权，这些裁量权如果不受到独立的第三方审查约束，就很容易滥用。而且，秘密本身就是一个动态的概念，其范围是很难确定的，因此，很容易被任意放大，成为拒绝履行公开义务的借口。

政府预算信息公开实际上是政府信息公开的一部分，从政府信息公开的角度而言，《预算法》有关预算信息公开是特殊法，政府信息公开法是一般法。因此，在《预算法》修订上，《预算法》只需要对预算信息公开特殊事项作出明确规定，其他有关事项方式，包括信息公开范围、公开方式、民众要求信息公开权利受到侵犯享有司法救济权利等都可以规定适用政府信息公开法的规定。目前，政府信息公开只有国务院颁布的《政府信息公开条例》，有关政府信息公开立法仍在酝酿之中。总之，预算公开除了《预算法》外，预算的公开透明还需要《政府信息公开法》来加以规范和保障。

五、建立健全公众参与机制

预算法修订主要解决公众直接参与机制缺失的问题，这包括两个方面：一是建立健全公众参与机制；二是开放社会团体、民间组织参与，并建立健全相关参与机制。

民众、社会团体、民间组织直接参与预算的机制多种多样，包括：①采取征询制度。各级政府在编制预算方案过程中，事先就关系公众利益的重大事项公开向公众征求意见。征询可以采取问卷、网络调查和座谈会等方式。②预算听证制度。③预算执行监督中让公众参与。④预算绩效公众评价制度。⑤公众预算教育。①

在预算法修订中，可以采取以下几个方面的立法：

1. 要求各级政府在编制预算方案过程中，适时在官网上公开预算编制进程和草案，征询公众意见，对草案进行修改和完善。

2. 规定人大及人大常委会负责预算初审的专业委员会或工作机构在预算审查、预算调整上，可就公众关心的重大事项专门举行预算听证，允许公众、社会团体、民间组织和社会各界参与听证，发表意见，对政府有关部门及政府官员进行质询。

3. 在预算执行监督上，明确要求人大常委、审计机关设立投诉热线，受理公众、社会团体、民间组织的投诉和举报。

4. 立场鲜明鼓励民间组织和公众参与预算绩效评价。

5. 明确要求财政部门在官网上对公众进行预算知识教育。

国外参与式预算经验表明，在参与式预算中的，民间组织作用不可或缺，我国应充分发挥民间组织在参与预算中的作用，充分发挥它们在政府、人大、公众之间的桥梁作用，在对民众进行预算扫盲教育、组织、动员、凝聚民意、引导、规范公众参与方面发挥建设性的作用。我国目前正在进行社会组织管理改革和制定相关立法，相信不久的将来，就会放宽对民间组织设立及活动的限制，从而为发挥民间组织在参与式预算改革中的作用创造条件。

六、落实全口径预算

目前，我国已经实现形式意义上的全口径预算，但要实现实质意义上的全口径预算，目前亟待要解决以下几个方面的问题：一是让国有资本经营预算实现全覆盖；二是各种政府性基金的清理与规范，将政府性基金设立、收支应严格纳入预算管理和预算法调整范畴；三是地方政府债务完全纳入预算管理。

① 宋彪．公众参与预算制度研究［J］．法学家，2009（2）．

(一) 预算法修订应实现国有资本经营预算全覆盖

国有资本经营预算全覆盖包括两个层面：一是国有企业未上缴部分利润要纳入国有资本经营预算管理；二是国有资本经营预算应覆盖所有国有企业，将目前还没有纳入金融类国有企业以及其他国有企业全部纳入国有资本经营预算管理。

鉴于国有资本经营预算全覆盖涉及国有资产管理体制、国有企业改革的进一步深化，需要等到这些改革全部完成，不可能一蹴而就，因此，修订后《预算法》就国有资本经营预算采取全口径预算作出明确的原则性规定，并规定5年的时限，要求国务院在《预算法》生效后5年内，通过颁布行政法规就如何落实《预算法》国有资本经营预算实现全覆盖的要求作出具体明确规定，必要时，可提交人大常委会制定《国有资本经营预算法》单行法。

(二) 政府性基金预算的规范与透明

现阶段政府性基金预算改革最主要的任务是对政府性基金进行清理，进行归类定性，对各类政府性基金收支及预算管理按照特别课征通过专门单行法加以规范（详细参见附件3）。此次预算法修订，可以对政府性基金设立及征收作出原则性规定。①明确规定，除非经人大或人大常委会颁布的法律授权或规定，不得设立和征收政府性基金。②明确规定，政府性基金属于特别课征，政府性基金收缴形成的收益纳入专门财政专户管理。③政府性基金开征、停征、改变用途以及延长开征年限等都必须经过人大主持听证会，通过人大或人大常委会特别决议案。

(三) 地方政府债务预算管理

地方政府债务目前亟待解决的问题是地方融资平台的清理规范，地方政府债务的显性化，将所有地方政府债务纳入政府预算管理，并对地方政府债务实现额度管制。此次《预算法》修订，可以明确三点：一是要求将地方政府融资平台收支纳入政府预算；二是将地方政府融资平台的债务纳入地方政府债务进行管理；三是对地方政府债务实行上限控制，如规定地方政府债务不得超过其GDP的60%。

七、落实真正意义上的国库单一账户制度

预算法修订应该明确规定，在预算执行过程中，政府所有财政性资金都必须统一集中到单一的银行国库账户，所有财政支出都均需通过该账户予以拨付。禁止任何依靠公共财政拨款的部门和单位在国库账户之外开立银行账户，使用该账户进行财政收支。这样才能彻底消除我国集中支付国库账户之外名目繁多的各种财政专户，真正实现国库单一账户制度下的两个“直达”。

八、加强审计机关的独立性，强化审计监督

从长远来看，强化审计监督需要让审计机关直接对人大负责，从行政序列中剥离出来，加强其独立性[①]。如此，这需要对《政府组织法》《审计法》进行修订，需要在国务院及各个政府层面进行机构改革。现阶段，作为一种过渡性安排，《预算法》修订可以明确规定：

1. 审计机关在预算执行的审计监督上同时对人大及政府负责，可以接受人大专业委员会或人大常委会的指示对某个部门或对某个项目预算执行情况、预算绩效进行审计，并将审计结果报告同时提交人大或同级政府。

2. 明确规定，审计结果公告必须及时、完整地向人大报告和向社会公告。

九、法律责任制度的完善

在法律责任制度的完善上，预算法修订应完成下列事项：

（一）应明确各级政府和部门负责人为预算违法第一责任人

预算法应当将各级政府首长和各部门首长作为第一责任人，其要对政府和部门预算违法活动承担首要责任。

（二）责任承担上应加大惩处的力度

承担责任的形式除了行政处分外，还应包括引咎辞职、罢免，对于严重

① 蒋悟真．我国预算法修订的规范分析［J］．法学研究，2011（2）．

违法的，还应承担刑事责任。《预算法》可以明确规定，有下列违法行为，造成严重后果的，构成犯罪，可以处以 3 年以下有期徒刑，情节严重的，可以处以 3 年以上 7 年以下有期徒刑：①未将所有政府收入和支出列入预算并接受审查监督的；②违反法律、法规或者国务院财政部门的规定，擅自调整预算级次或者变更预算收支类别的；③违反法律、法规或者国务院财政部门的规定，擅自进行预算调整或者变更的；④违反法律、法规规定，擅自动用预算预备费、预算周转金、预算稳定调节基金的；⑤违反本法规定，擅自设立政府性基金项目的；⑥违法举借债务或者为他人债务担保的；⑦违反法律、法规的规定，擅自减征、免征或者缓征应征预算收入，擅自改变预算收入上缴方式、预算收入级次或者预算收入科目，以及截留、占用或者挪用上级预算收入的；⑧违反法律、法规或者国务院财政部门的规定，擅自改变预算支出用途的；⑨未依照法律、法规的规定办理预算收入收纳、划分、留解、退付及预算支出拨付，或者擅自冻结、动用国库库款或者以其他方式支配已入国库库款的。

（三）完善问责制度

现行《预算法》只规定了行政处分法律责任，并且把唯一处分权授予了上级政府，这就意味着，问责制度只对低级别政府和官员适用，不适用高级别政府和政府官员，但实际上，《预算法》修订亟待解决的就是政府和政府部门首长问责制度缺失问题，因此，此次《预算法》修订应给予同级人大对同级政府和政府部门首长渎职、预算违法以弹劾权，可以规定对严重预算违法的政府及部门的予以弹劾，追究其相应的法律责任。尽管在现阶段，弹劾程序不大可能被激活和启动，但不妨碍现阶段修法时将其纳入立法备用，这样至少可以起到一定的震慑作用。

弹劾制度不同于任何行政部门内部问责制度，由权力机关启动弹劾程序，弹劾所引起的广泛社会影响和威慑效应是任何行政处分都取代不了的。

第四章 预算法修订要达至的目标及路线图

一、预算法修订要达至的目标

（一）近期目标：建立公开、透明、规范、完整的预算体制

2013年5月，国务院常务会议做出决定：下力气推动建立公开、透明、规范、完整的预算体制。国务院提出这些改革目标基本契合了民众当期对预算体制改革的诉求，因此，建立公开、透明、规范和完整的预算体制可以作为预算法修改的近期目标。

（二）远期目标：实现预算上的民主与法治

从长远来看，公共预算作为民主行政体制一个重要组成部分，《预算法》修订必须纳入一个国家民主行政体制整体框架下进行构思和设计，从这个意义上来说，《预算法》修订并不仅仅限于形式意义上的修订，而是实质意义上的修订，应该是一个由《预算法》和配套立法构成的完整法律体系的整体修订与完善，基于此，《预算法》修订最终要达至的目标应当是与我国经济体制与政治体制改革、民主、法治建设所要追求的目标相一致，即要实现民主预算、民生预算和法治预算。

二、实施路线图

从现实国情而言，我国《预算法》修订既具有紧迫性，同时又受到诸多体制条件的制约。紧迫性表现在以下几个方面：①现有立法严重滞后于预算制度改革；②大量预算外收支存在；③虽然非金融国有企业已经开始试行国

有资本经营预算，但大量金融类国有企业上万亿利润收支仍然在预算管控之外；④游离在《预算法》之外的政府融资平台所形成隐性债务导致财政风险积聚；⑤预算软约束导致政府乱作为，如政绩工程对公共财力的浪费，政府奖罚随意加剧了社会分配上不公平等；⑥政府采购中的浪费与腐败等。上述现实要求尽快修订现行预算法，强化预算约束，规范政府的行为。但目前我国预算制度改革还受到诸多体制条件的制约，如人大制度、公共财政体制、国有资产管理体制、行政管理体制、经济体制等都仍然还处在改革之中，因此，这就决定了我国《预算法》修改以及其他配套制度建设难以一蹴而就，需要分阶段推进和实施。

如上所述，《预算法》修订并不仅限于形式意义上《预算法》单部立法的修订，它还涉及相关配套立法的修改与完善，因此，从这个意义上来说，实质意义上的预算法修订是一个完整的法律体系的完善。为此，本研究将第三章《预算法》修订建议分为三个部分：一是条件已经成熟，现阶段《预算法》修订就可落实的修订建议；二是条件不成熟，需要通过体制改革创造条件，等到条件成熟时通过进一步修法或通过其他配套立法的修订完善来落实的修订建议；三是针对目前亟待解决的问题，但修法条件又不成熟，变通采取过渡性安排来加以落实的修订建议（见表 4－1）。根据这样的划分，可以勾画出一个粗略的《预算法》修订路线图。

表 4－1　　修订项目分类表

修订项目	现阶段修法解决	通过渐进改革进一步修法及配套立法解决	过渡性安排
人大预算权	人大预算权完善立法审批程序规范与完善	人大的修正权、否决权、问责权需要通过人大制度改革及相关配套立法完善才能落实	人大预算初审机构能力建设促进预算公开
政府内部权力配置	维持国库管理现状 防止授权立法部门化	政府机构改革、政府组织法修改	加强人大审查监督、审计监督；提高预算公开透明度，加强社会监督与约束

续 表

修订项目	现阶段修法解决	通过渐进改革进一步修法及配套立法解决	过渡性安排
中央与地方事权与财权协调	财政转移支付规范与透明	财政管理体制、政治体制改革及《宪法》、《政府组织法》的修订	制定《财政转移支付法》单行法或授权国务院制定《财政转移支付条例》
预算公开透明	①预算编制细化、规范化达标要求；②预算公开涵盖预算全过程；③明确预算公开的义务主体，④明确公开的内容；⑤明确公开的方式和渠道；⑥赋予公众要求人大举行听证的请求权；⑦给予公众司法救济权	需要《政府信息公开法》完善和配套	
公众参与机制	①明确公众参与权和参与机制，如预算编制公开征询、恳谈会和预算听证等；②明确民间组织参与权与参与机制	民间组织参与需要改革现行社会组织管理体制及社会组织法提供保障	
全口径预算	①对国有资本经营预算全覆盖作出明确规定和要求；②对政府性基金预算作出原则性规定；③明确要求将地方融资平台纳入政府债务预算管理，地方政府债务设置上限限制	通过国有资本经营预算改革、政府性基金和地方政府融资平台清理与规范，通过专门的单行法来实现	加快国有企业改革和国有资本经营预算改革进程；加快对政府性基金和地方政府债务的清理与规范
国库单一账户	明确禁止国库单一账户外任何财政账户的设立与使用		对国库单一账户外的各种财政专户或政府部门在商业银行开立的财政账户进行清理和取缔

续　表

修订项目	现阶段修法解决	通过渐进改革进一步修法及配套立法解决	过渡性安排
审计监督	明确规定审计机关预算执行审计上接受人大与政府的双重领导	把审计机关从行政序列中剥离出来，直接对人大负责，将政府置于审计监督之下	人大及政府双重领导 提高审计公开透明度
法律责任制度完善	①明确政府和政府部门负责人为第一责任人；②加大违法处罚力度，包括刑事处罚；③明确规定人大对政府官员的弹劾权	人大制度的改革与完善	

现阶段
- 人大预算权文本上的完善
- 预算公开透明，明确公众的知情权、参与权与监督权
- 建立健全公众参与机制
- 全口径预算立法
- 国库单一账户立法
- 审计监督加强和公开透明
- 预算法律责任制度完善

过渡性安排
- 人大制度改革
- 人大专业委员会及人大常委会工作机构专业能力建设、人大及人大常委会议事规则修订与完善
- 中央与地方事权与财权改革
- 政府性基金预算清理与规范
- 地方政府融资平台清理与规范
- 国有资本经营预算改革
- 预算审计双重领导
- 单一国库账户外财政账户清理
- 财政转移支付法（或条例）

体制改革与配套立法
- 《政府组织法》修订
- 《国有资本经营预算法》
- 《政府公债法》
- 《人大组织法》
- 《宪法》修订
- 《政府信息公开法》
- 《特别课征及收支法》
- 《社会组织法》

图 4－1　预算法修订路线图

第五章 预算透明：域外经验

一、财政透明、预算公开

（一）国际货币基金组织财政透明法典

1998年国际货币基金组织颁布了《财政透明最佳做法法典》（Code of Good Practices on Fiscal Transparency）（以下简称《透明法典》）（2007）。2001年和2007年先后颁布了两个修订版本，还有一个《财政透明手册》(Manual on Fiscal Transparency)。2007年版本对财政透明的定义仍然强调政府结构和职能、财政政策意图、公共部门账户、财政项目对公众的公开。

《透明法典》对财政透明提出四个方面的要求，即四根支柱（Pillars)。第一个支柱就是职责和角色清晰。它有两个方面的要求：一是明确区分政府与商业活动；二是有清晰的调整财政管理的法律框架。第二个支柱是公开的预算过程，它涵盖了预算编制、执行和监督全程。它要求给予立法协商足够的时间，整个预算现实可行和预算编制各种推定透明公开，以及最终审计账户提交给立法机关。第三个支柱是公众可获得的信息，仍然强调完整财政信息公开的重要性。在完整信息要求上提出了更完备的信息清单，包括预算文件或其他预算报告。第四个支柱是确保诚信，涉及财政数据的质量和财政信息独立监督的必要性。

对透明的强调是基于这样的认识，即没有透明，任何预算约束都不起作用。经合组织认为，平衡预算法或开支上限，如果没有阻止政府隐匿某些预算外的开支透明规则相伴就是无效的。要确保财政规则更具有强制约束力。[①]“二战”前，西方国家都采纳了平衡预算规则，但缺乏法律上的约束。后来许多国家立法对财政设置了上限，明确要求平衡预算或对政府开支或借贷设置了限制，有时还制订削减赤字的计划。如许多发达国家都设置了政府举债的上限，如芬兰、日本、西班牙、瑞典、瑞士。在欧盟，马斯特里赫稳定和增长条约要求成员国避免过度政府赤字，赤字不超过 GDP 3%和债务不超过 GDP 60%。条约 104 条还规定了违反该规定的后果，其中就包括对从欧盟投资银行借贷限制，强制性储蓄和罚款。不过 20 世纪 90 年代严厉的财政上限（Fiscal Caps）带来的实际效果却是负面的，许多研究表明这些限制太过于僵化和被忽视，更糟糕的是，它为欺诈（Gaming）提供了激励，政府试图通过会计政策改变或预算外开支来规避限制。国际货币基金组织批评这些政策如果没有易于侦查和处理的透明报告来支持，这些规则就可能为政府违规提供激励。[②]

早期，国际货币基金组织提倡财政透明主要是作为强化财政约束，改善国家在私人投资者中的信用。1996 年的宣言重申了国际货币基金组织的长期立场，即国家应当追求财政平衡，加强财政约束，并进一步强调：“持续财政赤字和过度公共负债和对全球真实利率不断增加压力，构成对金融稳定和持续增长的威胁。通过减少预算外交易和准财政赤字的努力提高财政透明度是必要的。”

国际货币基金组织在 1996 年开始强调促进良好治理、法治和公共领域责任感的改革是经济政策取得成功的条件。国际货币基金组织（IMF）研究报告认为：“即使公开清楚明了的财政预算文件让市场更容易评估政府的意图，让市场自身能够对政府施加建设性的约束。透明增加了不可持续政策的政治风险，而不透明则意味着不负责任的财政不能被发现。”IMF 认为，透明财政能够改善治理水平。“财政透明的理念能够导致公众在更加知情基础上的对财政政策的设计和结果进行辩论，让政府对财政政策实施更负责任，以此促进良好治理，提高信用，推动大众对稳健宏观政策的支持。”[③] 因此，IMF 法典并不建议采取实质的财政上限，而是财政透明的整个政策。

---

① Lisa Philipps，Miranda Stewart. Fiscal Transparency：Global Norms，Domestic Laws and the Politics of Budgets. 34 Brook. J. Int'l L. 79.

② 同①。

③ 同①。

IMF 法典第二个重要要求就是按照事先确定的时间表和根据界定良好的宏观和财政目标指引编制预算，预算编制过程公开透明。法典要求：①立法机关对预算草案审查应当有充足的时间。②按照中期框架提出切实可行的预算，并按照主要假定和敏感性分析进行财政可持续性评估。③对财政目标或规则加以清晰说明。④对与政策目标有关的主要支出与收入指标进行描述和评估其对预算和经济的影响。⑤监督和追踪收入、担保、债务和资产的富有实效的会计体系，包括及时地给立法机关年中报告和会计审计，公开年度预算。

IMF 和经合组织都强调正式程序创立需要相当长的时间。除起草预算和政策（年度开始前几个月），政府必须做好超越单个财年的中期规划和可持续管理的长期计划，通常超过正常民主选举周期。尤其是，MTEF（中期预算）很多时候都是作为改革蓝皮书，IMF 认为对财政透明度而言是必需的。

（二）美国联邦基金责任和透明法

美国《联邦基金责任和透明法》（the Federal Funding Accountability and Transparency Act of 2006）是 2006 年国会通过，布什签署成为联邦立法的。它要求所有接受联邦基金的组织都进行在线披露。该法案设立了一个搜索网站，对每一笔资助都进行分类，提供相关信息，包括钱花掉的地方所属的国会选区。该法的目的是为了减少浪费和不必要的开支。立法要求联邦政府预算管理办公室（Office of Management and Budget，OMB）建立公开可获得在线数据库，披露获得联邦资助、贷款和采购合约的实体有关信息。利用该数据，支持者、公民或监督者能够轻易确定多少钱花在该组织上，为什么目的。该法的目的是让联邦花费可以详细披露给公众，这样政府官员就不那么可能为造成浪费项目花钱。

联邦资助、货款和购买服务代表了联邦政府的主要开支。据最近统计数据，联邦政府每年在上述三类财政资助花费超过 1 万亿美元，其中 4600 亿美元用于资助，3600 亿美元用于购买服务，2600 亿美元用于货款，这三类项目在整个联邦政府开支中占三分之一。①

数据库实施采取两个阶段，到 2008 年 1 月完成第一个阶段，新数据库要

① The Federal Funding Accountability and Transparency Act：Background，Overview，and Implementation Issues，http：//www. fas. org/sgp/crs/secrecy/RL33680. pdf.

求提供直接从联邦政府获得资助的实体的信息。第一阶段涵盖的实体包括公司、协会（Association）、合伙、独资企业、有限责任公司、有限责任合伙、州和地区。到 2009 年 1 月，数据库必须包括通过首要的受资助方获得的次级保证人和分包商的有关信息。法案把个人受益人排除了，总收入少于 20 万美元的组织无须报告有关次级资助的情况。最终所有资助，包括捐赠、合约、次级捐赠、分包、贷款、合作协议、交付指令、任务指令和认购订单等都纳入数据库。但豁免了不超过 2.5 万美元的交易。它要求数据库提供如下信息：①获得资助的实体名称；②总额；③种类（如捐赠，贷款或合约）；④联邦机构资金奖励；⑤接收方北美工业分类系统受益编码或联邦国内资助号。⑥项目来源；⑦描述资助目的的奖励名称；⑧受益人住所。⑨城市、州、国会选区和奖励行为主要发生地。⑩获得奖励实体的独特身份识别和受益人母公司实体的身份识别。⑪其他有关信息。

二、美国国会对预算执行的控制、监督与问责

（一）宪政基础

美国宪法给予国会排他性掌管钱袋子的权力（Power of the Purse）。宪法第 1 条第 8 节给予国会“支付债务和为联邦共同防御和普遍福利提供预算”的权力。第 1 条第 9 节规定，“除依法拨款外，不得从财政部提取任何款项”。美国联邦最高法院对宪法关于国会预算权的诠释是：“已确立的规则是，公共资金的开支只有在国会授权后是才是适当的，而非公共资金除非是国会禁止都是可以花的。”

（二）立法机关对政府开支控制的主要手段

国会通过授权和拨款立法来规制政府开支。具体说来，国会施加以下几个限制：

1. 目的限制

联邦部门只能将拨款用于国会拨款指向的目的，否则即违法。宪法规定了联邦资金可用于的具体目的。如宪法第 1 条规定，给予国会征召和支持军队，提供和维持海军。审计署提出了一个必要开支学说，以帮助解释在合理

限度内，联邦部门期望活动是否被允许。

必要开支学说已经成为确定某个部门是否允许进行适当开支的必不可少的理论依据。但审计署并没有确立一个足够精确的适用该规则的标准。审计署采用三部分测试（Three - Part Test）来确定拨款是否可用于具体某项开支：①该开支必须与拨款目的具有逻辑上的联系；②法律并不禁止该项开支；③没有其他拨款用于该项开支。在分析该问题时，审计署首先确定没有法律禁止或没有其他拨款支持该项开支，然后判断是否与拨款目的存在逻辑上的关联。

2. 拨款使用的期限

即开支时间上的限制。真实需要立法（Bona Fide Needs），美国法典第1502节限制什么时限内资金可以开支。它规定，拨款余额或限制于某项债务的资金必须是用于在该期限内发生的开支或在该期限内适当履行完毕的合约，不能用于超过法律授权期限内的开支。

财政年度拨款职能用于当年度的合法、真实和必需的开支，或之前产生、拨款的当年度持续存在的开支。

（1）可供支付期限的债务（Obligation During the Availability Period）。拨款分为按年度、跨年度或无年度限制拨款三类。所有拨款都是推定按年度，除非有特别规定。跨年度拨款是指超过1个财政年度的期限。如军队建设通常包含5年拨款。按照真实需要立法，所有按照年度和跨年度拨款的债务必须都在规定的期限内。相反，无年度拨款则具有无限制的可供支付期限，不受立法限制。在拨款年度内的债务必须有确定的和有约束力的商品和服务协议存在。因此，合约草案、临时协议或有负债或不产生最终债务的缺乏具体明细的订单不包括在内。

（2）当前、到期的和关闭账户（Current，Expired and Closed Account）。财政部追踪和记录拨款资金，采用独立资金账户。在拨款有效期间，相关账户被分类为流动账户，它是指相关部门可以使用的资金账户。如果相关部门在有效期限内没有使用拨款，该资金到期，该部门就不能用该账户支付新的债务。不过，这些到期账户可以在5年内持续存在用于支付先前债务或调整后的债务。5年期限满后，该账户关闭，不能再使用。

（3）真实需求规则（Bona Fide Need Rule）。除在有效期限内发生外，适格的债务还必须是在特定期限内真实需要的债务。真实需要规则是基于美国法典1502（a）的规定，即资金只能用于适当发生的开支，或适当签订的合约。“适当地”确保只有该期限内合法需要才得以动用联邦基金，防止相关部门为了花钱而发生的债务。确定是否存在真实需求很大程度上取决于具体事实和情形。这些考虑包括债务和交易的性质，合约和交付时间，消费正常比率，历史库存、生产时间和政府控制程度。

(4) 持续需要（Continuing Needs)。相关部门可能面临这种情况，需求产生于有效期限内，但相关部门支付义务在该期限内并未到期。如此，就存在一个未实现的和持续的需求，延长到后一个期限内。后续期限内持续需求不违反真实需求原则。合格的适当持续需求需满足如下条件：①该需求在后续期限内持续存在；②该机构在前一个有效期限内对负债拥有自由裁量权；③该机构在前一个期限内没有负债。

(5) 当前或将来需求。相关部门年末开支通常涉及真实需求质疑。虽然相关部门在有效期限内直到最后一天都有权支付该资金，但受到较严格监督，因为它们必须是当期而不是在将来的期限内。

(6) 供给合同。虽然真实需求规则限制于那些拨款有效期内项目，但该规则不限制相关部门为将来使用补充库存。这就是所谓“库存例外”。

(7) 服务合同。采购服务通常在履行时支付。

3. 可开支的总额

国会对拨款资金的控制第三方面是总额。账户是由财政部设立，相关部门根据预算权力提取资金用于开支。其预算权受到拨款总额性质的限制。基本总额限制禁止相关部门超支。相关部门用尽了给定账户所有资金就触发该限制。相关部门并不能在拨款第一天就获得全部资金，国会和预算办公室通过分派和分配拨款系统控制拨款的使用，违反行政分派将产生其他立法限制的违反，并导致总额违反，没有遵守总额限制就可能导致违反《反赤字法》的报告。

对于总额，国会拨款通常分为两大类：一次付清的总额（Lump - sum）或项目拨款（Line - item)。总额拨款通常用于相关部门运行和计划的大额拨款，如 2008 年国会拨款 226.69 亿美元给国防部用于该部门的运营与维持。项目拨款则相反，给具体项目或目的拨款。如 2010 年财年，国会拨款 1188 万美元给农业部专门用于美国本土机构捐赠基金。与此类似，能源部获得了近 2.44 亿美元用于战略石油储备设施开发和营运的必要开支。

(三) 问责：反赤字法 (Antideficiency Act)

国会通过《反赤字法》防止行政部门从事财政违法行为，如在拨款前提前使用该资金、把基金混同、将资金用于拨款目的以外的用途，即所谓“强制性赤字”，逼迫国会补充拨款等。

《反赤字法》于 1879 年颁布，是国会为了应对行政部门没有按照国会分配预算执行的行为而采取的反制措施。它宣布：政府部门在任何财年超出国会拨款的开支均为非法。《反赤字法》不仅只是防止行政部门超支，也禁止不按预算用途使用财政资金。美国国会在 1905 年修订该法，加大了违法惩罚力度，增加了违反该法构成刑事犯罪的规定。

国会认为，行政部门把预算拨款挪作他用是导致政府超支、产生财政赤字的主要原因，因此，1906 年国会再次修订《反赤字法》，加强了预算分配的控制。它规定：①禁止任何政府官员或雇员超出可供支配拨款总额分配预算资金或开支、负债或授权负债或开支。②除非经过法律授权，在拨款前负债或让政府签订承担付款责任的合约。③接受资源服务，除非特定紧急情况下和由法律授权。经过陆续的修改，《反赤字法》在拨款层面、拨款分配层面和部门内再次分配层面三个层面加强预算执行的控制，任何一个层面上的违法，都构成刑事犯罪。

《反赤字法》不仅对政府行政部门和官员有强制约束力，而且，对承包政府工程和接受政府订单的供应商都具有约束力。政府可以提出承包商明知或应当知道违反预算法事实而主要合同无效。该立场得到法院判例的支持。即使承包商和发包官员不知道具体违反禁止性规定的存在，如果合约必然导致《反赤字法》的违反，合约也不能存在。即无效。①

---

① Matthew H. Solomson, Chad E. Miller, Wesley A. Demory. Fiscal Matters: An Introduction to Federal Fiscal Law & Principles, 10−7 Briefing Papers 1 (June 2010).

三、参与式预算

（一）参与式预算诞生的摇篮：巴西阿雷格里港（Porto Alegre）经验[①]

参与式预算诞生于 20 世纪 80 年代的巴西。当时巴西是世界上贫富悬殊最大的国家，正经历由独裁向民主转型。1988 年巴西新宪法颁布，开放公民政治参与，但政治体系仍然充斥腐败和裙带关系，阿雷格里港是巴西里约热内卢州的首府，一直对中央政府不满，生活水准高出全国平均水平，该城市也是工人党最有势力地方。1988 年工人党选举获胜时，开始推行参与式预算。不仅新上台左翼政府推动公民参与，市民和民间组织要求能够共同参与政府决策。预算式预算就是自上而下和自下而上相结合，共同推动下的一种制度上的创新。它经历了 1989 年到 2004 年渐进方式的推进，而不是精心的政治设计。参与预算的基本理念就是让公民能够在公共资金分配上发挥作用，在地方层面上能够直接参与决策，在城市层面享有共同决策的权力，在公共决策各个层面上享有监督权力。

参与渠道有三个层面：一是向所有人开放的社区大会，二是地区代表参与委员会，三是城市层面的参与委员会。除了以地区为基础组织起来的会议外，关注热点问题，如住房、城市基础设施、医疗、教育、青年、文化、运动的补充性会议也时常举行。集会的目的是讨论优先顺序，选举代表大家表达建议的代表，任何想参与会议的个人都可以参加。在城市层面上，参与预算委员会每周召开一次两小时的会议。独立非政府组织对参与式预算代表进行培训，让他们与政府一起共同规划。

公民参与在 2002 年达到顶峰，共有 17200 人参与主要社区会议，更多在社区层面上参与。参与者社会特征更是令人瞩目，低收入阶层比其他阶层人更激进，大会上妇女成了多数，年轻人非常活跃。

参与预算给予了传统被排斥在政治体制外的人参与的权利。改善了政府

① Yves Sintomer，Carsten Herzberg，Anja Rocke，Givnni Allegretti，Transnational Models of Citizen Particpation：The Case of Particpatory Budgeting，Journal of Public Deliberation，Vol. 8 Issue 2 (2012)．

与市民社会的关系，此外，参与式预算导致公共投资更多投向了最不发达的社区。因为工人阶级大量参与预算，穷人聚居的社区公共服务和基础设施改善，医疗服务设施、学校和幼儿园数量增加了，许多贫民窟有了供水和污水处理系统。公民参与产生更好的政府，腐败更难了。参与式预算促进了公共管理改革，政府建立起了强有力的规划办公室，以便能够与参与式预算委员会讨论公共预算。但参与式预算也并存在一些缺陷，主要缺陷就是长期投资边缘化，政府开支不断增加，具有不可持续性。

(二) 韩国民主转型与参与式预算改革

最近几年，韩国预算公开指数在亚洲一直保持领先地位，根据国际预算合伙（International Budget Partnership）2010 年对 94 个国家预算透明度调查，韩国在亚太地区仅次于新西兰，在总的 94 个国家中位列第 9。①

韩国现行宪法第 59 条规定，税收、关税、费用和其他收费都必须具有明确的法律基础，必须经过国民大会批准。中央政府财政数据可以从 D - Brain System 上获得，在该网站上，所有经过国民大会最终批准的预算和审计报告公众都可获得，所有地方政府数据都可以从另外一个专门网站获得。2006 年全国财政法通过（The National Fiscal Act），所有与预算编制、执行和报告的文件都是对公众开放的。中央预算部门给每个职能部门的预算指南也是公开的，所有与预算执行有关的交易都有记录，都要经过内部和外部审计。②

预算执行受到独立审计机构的监督。审计和检查委员会（The Board of Audit and Inspection）是根据宪法规定向总统和国民大会报告的独立机构，它负责向国民大会提交对中央政府运营和政府投资组织的年度审计报告。该机构有 900 多名成员，大多数都是训练有素的律师，会计师和其他专业人士。审计机构的负责人是由总统提名和国民大会通过，任期 4 年，审计机构检查政府最终收入和开支账目，对其财务合规和绩效进行审计。如果发现违规，可要求对公务员采取纪律制裁，要求有关部门采取矫正措施，并将案件移送检查官办公室。

① Jong - sung You, Wonhee Lee, Budget Transparency and Participation－Korean Case Study, (2011).

② 同①。

韩国预算公开能够取得如此成就，主要得益于韩国民主转型过程中参与式预算改革。2002 年韩国引入参与式预算制度，246 个地方政府中有 99 个已经采取参与式预算，到 2010 年，这些地方政府都制定了参与式预算条例①。

在 1987 年以前的韩国，透明、参与都不存在，预算制定和形成是少数政治和官僚精英的事，大国民会议缺乏充分信息，审计和监察委员会（the Board of Audit and Inspection）很强大，但被严格用来控制内部官僚腐败，审计报告不向公众公开。

1987 年韩国民主宪法颁布时引入了公民参与制度，韩国开始转型。在民主转型时期，在民间组织推动下，政府在预算透明与参与方面采取了以下改革措施：

1. 限制私下发包

1988 年，当反对党获得国民大会多数席位后，国民大会组织的对前任总统全斗焕腐败的调查发现，政府私下发包普遍存在被滥用，为防止将来私下发包腐败，反对党控制的国民大会删除了很容被滥用的《预算会计法》（the Budget Accounting Law）两个条款，即"公共利益公司合约"条款和采用根据项目的特征或目的私下谈判发包的条款，要求将来采用私下谈判发包必须获得国民大会同意，而且只允许在例外情况下采用。

该法修订后，中央、地方政府层面、公共组织、政府企业私下谈判发包大大降低了。相比 1985 年，中央政府私下谈判发包合约减少 58%，1997 年只有 7.7%。政府企业私下谈判发包的合约从 1982 年的 65%下降到 1991 年的 6%，公共机构私下谈判合约从 1983 年的 47%下降到 1993 年的 15%，地方政府私下谈判发包从 1982 年的 54%下降到 1991 年的 12%。

2. 业务开支（Business Expense）

韩国每个部和当地政府都有业务开支项目，该项目预算执行给予行政官员非常大的裁量权。通常，该开支用于负担招待客人的费用。过去，部长、省长和市长对该笔预算的使用不受监管或监督，该开支通常没有收据或参与者名单。

政府官员通常使用业务开支招待没有任何工作联系的朋友。有时该预算

① Jong-sung You, Wonhee Lee, Budget Transparency and Participation－Korean Case Study, (2011).

被用于负责人的薪酬补贴。他们通常用该笔开支贿赂新闻记者。当地方选举时，现任地方长官和市长把这些钱用于选举目的，招待选民和从有影响的人手上购买选票。此类滥用持续好几十年。

自1998年开始，非政府组织要求中央和地方政府公布业务开支的明细。许多报纸报道了滥用情况。政府内部也有许多举报者。当部长和地方政府官员拒绝公布业务开支明细时，一些非政府组织就到法院起诉。一个被称之为"参与式民主人民团结"（People's Solidarity for Participatory Democracy）民间组织起诉首尔市长，要求其公布业务开支的详细信息。初始，地区法院驳回其请求，理由是它涉及市长客人的隐私。后官司打到了高等法院，最终高等法院在2001年判原告胜诉。2004年，最高法院支持了该判决，要求首尔市长公布市长业务支出的明细。

2010年，韩国中央政府发布了业务开支使用标准和指南，对该笔预算执行加以规范。

3. 初期可行性研究

在专制时代，韩国政治精英们几乎垄断所有重要项目的决策。许多项目因为决策的草率，没有对这些项目的可行性进行评估，经济上不可行，最终失败，导致预算浪费。有的即使进行了可行性研究，也是由负责该项目的部门作出的，缺乏有效监督。1999年，金大中政府强制要求所有将来项目都必须进行可行性研究。可行性研究是在预算编制时对该项目经济上的合理性进行评估，可行性研究要求规划制定者在成本与效益分析基础上认定其在经济上是否可行。最初，此类评估并无法律上的强制要求。根据总统令。所有超过500亿元韩元（相当于4500万美元）都要接受该测试。而且此项改革另外一个突破就是对可行性评估被赋予给了中央预算部门，由该部门负责职能部门预算项目经济可行性评估审查。

2000年，政府在韩国发展研究院（Korea Development Institute）建立了公共投资管理中心，从事可行性研究。所有项目都要接受中心审查，如果可行研究不被认可，该项目就不能进入下一步预算步骤中。2006年，《全国财政法》通过，该法将可行性研究也纳入了立法，并扩大了适用范围。从1999年到2008年，378个提出项目中，有162个，即43%没有通过可行性测试，有

49%的项目被拒。①

韩国预算透明和参与式预算改革在卢武铉政府时期达到了顶峰。在2003年到2008年卢武铉担任总统期间，他致力于参与式政府的建设。参与式政府把更多努力用于解决社会问题而不是经济问题，以缩小贫富差距，增强民众对政府的“信任与信心”。在政府管理创新中，政府把参与式管理看作是关键，通过实现以人为本的政策，在政府与民间建立合作关系，通过鼓励人民成为政府的伙伴。卢武铉政府设立了一个政府创新和去集权化总统委员会(the Presidential Committee on Government Innovation and Decentralization)负责领导参与式政府改革。②

作为参与式政府改革的一个重要组成部分，卢武铉政府积极响应民间组织要求参与公共预算的要求，2004年开始对预算实行3加1改革，推动预算透明和参与式预算。所谓3加1就是引入全国预算管理规划、自上而下预算、绩效管理制度（所谓3)，并采取数字会计制度（所谓1)。也就是说，这些改革彼此相关，前三项改革都得到数字化IT系统支持，而该系统可以让公众能够很容易获得预算信息。

(1) 全国预算管理规划

专制时代强调国家在资源配置上作用的传统5年经济发展规划在金大中时期因对市场经济的强调而被取消了。1997年金融危机后，产生了对中期财政政策需求，为此，卢武铉政府引入了全国预算管理规划和中期开支框架(Mid-Term Expenditure Framework)。全国财政管理规划是一个代表财政管理总规划的基本规划，中期开支框架是一个5年财政管理规划，旨在提出中期的一个全国性政策版本和方向，以及行业开支计划。全国预算管理规划具有以下几个特征：①它是滚动规划。每年要进行调整。②在制定过程中非政府组织和专家都允许参与。③它负有向国民待会提交的义务。

(2) 自上而下制度

在采取自上而下制度前，中央预算部门享有公共开支上分配资金全部权力。中央预算部门监督职能部门要求的项目。所有项目的预算最终都是中央预算部门决定，它享有超越职能部门的权力。这就给职能部门产生道德风险

① Jong-sung You, Wonhee Lee, Budget Transparency and Participation-Korean Case Study, (2011).

② Yunwon Hwang, The Citizen Participatory Budgeting (CPB) Experience in Korea.

提供了激励。他们要求许多没有正当理由的项目，并提高总额，预见到中央预算部门会大大削减。单纯项目数字以及请求巨大数额削弱了中央预算部门的能力，另外，职能部门不大担心绩效，因为负担过重的中央预算部门没有精力对绩效进行审查和掌握反馈。

采取自上而下预算制度后，预算过程被分为两步，第一步，中央预算部门给每个行业设置上限，第二步，职能部门在上限内给每个项目分配预算。按照新程序，全国规划和预算能够在规定的权限内彼此相互呼应。

(3) 绩效管理

按照旧的预算制度，很难了解项目的详细内容。欺诈、浪费和滥用也很难被发现。预算局限于年度项目。审计主要是对总额的预估和实际执行的总额进行监督，而不是实际的绩效考核评估。因为没有绩效评估，预算只是被看成是中央政府预算部门的蓝图。

随着绩效预算引入，主要项目和计划每三年都要接受审查，职能部门实施自我监督和项目审查，这被称之为自我评估。如果职能部门发现不当或浪费开支，中央预算部门可以要求进行深度审查，中央预算部门可以直接对项目进行评估并把结果反映到次年预算中。

所有这些过程都在战略和财政部网站对公众开放。从网络上，公民可以了解预算绩效。而且在职能部门进行的项目监督和审查，以及中央预算部门进行项目评估中，专家和非政府组织都可以广泛参与。这就打破了官僚对预算过程的控制和垄断，公众可以在预算各个环节参与其中。

(4) 数字财政和会计制度

建立数字会计制度的首要目的是建立公共领域财政运营绩效管理预算会计制度，另外一个目的是通过包括资产、负债、成本信息的复式记账和权责发生制提高政府的信用。它也试图整合职能部门、地方政府和公共企业的财政信息。数字化预算使得能够对财政数据和信息进行更精确的分析，给决策者制定政策提供适时支持。同时，它也极大地提高了预算透明度，为公众参与预算提供了便利和条件。

四、民间组织在推动预算透明和参与式预算改革中的作用：韩国经验

韩国市民社会组织（Civil Society Organizations）在推动和促进财政透明

和参与式预算改革上发挥了重大作用，自 1987 年民主转型以来，许多非政府组织出现，尤其地方选举恢复促进了非政府组织在推动地方层面透明和参与。1997 年金融危机后，非政府组织把注意力集中到中央政府，包括对政府预算浪费的监督，要求提高预算透明度和参与预算制度改革。在这些新设立市民社会组织中，经济公正公民联盟（Citizen's Coalition for Economic Justices）和参与式民主人民团结（Peoples's Solidarity for Participatory Democracy，PSPD）尤其活跃和具有影响力。

经济公正公民联盟成立于 1989 年，它把推动法律和制度改革，如实名金融交易制度和信息自由法和吹哨者保护、公司治理改革作为目标。1997 年，其成员从 500 名扩大到 2 万名，整个韩国有 40 个地区分部，而 PSPD 则充当反权力滥用的看门狗。成立于 1994 年，有超过 200 名成员，致力于通过人民的参与推动公正和人权。

1997 年金融危机后，该组织把注意力转向了政府财政透明和预算改革上。它设立了一政府预算浪费公民监督委员会（Citizen Watchdog Committee on Government Budget Waste），该委员会在过去 20 年间在确保公民参与政府预算过程中发挥关键作用。它在预算过程中大多数环节都非常活跃，如行政部门预算编制，立法机关预算审议，行政部门预算实施过程和最终预算审计过程。监督委员会的使命扩大到政府各个层面，中央或地方。监督的范围包括预算浪费监督到反腐败活动。其参与范围也非常广泛，从参加立法预算委员会讨论到积极参与街头纠察和游行。委员会设立好几个奖项，如纳税人朋友奖（Friend of Taxpayer Award），10 个最佳预算做法奖（10 Best Practice Awards）、10 大最糟糕预算做法奖和预算浪费无底洞奖。每年，它都要宣布各奖项得主，以此倡导好的做法和改革，抨击不好的做法。借助其热情参与，它积累了相当高的专业知识水准，在政府预算上培养了许多专业人士。因为在政府预算上的专业知识，该组织某些成员被招募到政府部门工作。此外，反预算浪费同盟为便利公民参与，积极开展教育预算知识普及扫盲活动，通过举办政府预算过程，让普通公民和该组织有关专家一起研究预算，参与公共预算。

在地方层面上，经济公正公民联盟有 40 个地方分部，每个分部都独立管理其财务和活动，每个分部都独立管理其财务和活动，它们与当地民间组织建立了合作关系，积极推动地方层面预算公开和公民预算参与。

另外一个积极投身于预算参与运动的是公民行动网络（The Citizen's Action Network)。它成立于1999年9月，专注于在线反预算浪费，尤其是每月给那些滥用公共资金的组织颁"破罐子"(Broken Jar Award)奖。即使这些组织总是拒绝领奖，宣布本身就非常有影响力。

参与式预算的落实必须对公民参与权提供有效制度保障，建立健全公民参与的机制。

1. 政府运行透明度保障

要保障公民参与，政府运行必须首先做到公开透明。韩国在1996年通过了《信息披露法》和《行政程序法》，这为提高政府透明度，确保公民参与预算提供了法律保障。

2. 公民参与权的制度保障

2003年7月，韩国政府和国内事务部为地方政府颁布了《公民参与预算指南》。2004年2月25日，韩国光州市政府首先制定了地方条例，在它的带领下，各地迅速响应，修改了《地方财政法》。2005年8月，政府和国内事务部对地方财政法39条提出修改建议，以确保公民能够积极参与当地政府预算编制。该部随后宣布公民参与预算的具体程序，2005年12月《地方财政法》第46条列举了公民参与预算的手段：①主要项目公开听证和非正式征求意见；②主要项目官方信函和因特网调查；③项目公开招标；④通过当地规章规定的公民参与的其他手段；⑤当地政府首长可以反映当地居民和政府在当地预算编制上的讨论结果；⑥当地规章应包括进一步的信息和程序。

2006年8月，韩国政府和国内事务部颁布了《公民参与预算标准地方规章》(Standard Local Bylaw for CPB)。2006年，总共有22个地方政府将公民参与预算制度化了。

《公民预算参与预算标准地方规章》规定了地方政府负责人的职责：①披露预算信息和确保当地居民参与预算制定；②制定公民预算参与实施计划和公开告知当地居民；③建立公民参与预算委员会和公民参与预算理事会确保公民参与预算管理效率。

3. 公民参与机制的建立与健全

(1) 公民个人参与预算的机制

在2005年，卢武铉政府在每个部和部门层面都设立了预算浪费投诉中心(the Call Center for Budget Waste Claims)。它提供了热线，向每个公民开放以防止中央政府部门、地方政府办公室和公共企业忽视和违反其预算职责。

首先，该中心对每个投诉的答复迅速而充分，通过调查对每个个案进行审查并提交报告。如果投诉的案件属实，避免了预算浪费，它最高可给予检举人3000万韩元（大约3000美元）奖励。预算浪费报告中心首先根据服务章程和标准运营指南进行运营。其次，每个部都设立顾问委员会监督预算。在每个部向中央预算部门提交预算之前，每个部都要由预算顾问委员会举行一次公开听证。该制度加强了公民参与和预算透明。再次，每年2月，全国财政管理框架提出，专家和市民社会组织或政府外任何人都可参与会议。最后，引入数字系统，许多预算和审计报告，包括财政数据都向公众开放。

韩国中央政府大多数政府部门都提供了公民线上参与和线下参与预算编制和实施的渠道。在预算批准阶段，韩国国民大会立法机关把所有委员会向公众公开，它将预算浪费报告中心和预算信息披露中心线上和线下制度化。公民参与预算关键部门是战略和财政部（the Ministry of Strategy and Finance)。该部目前开启了苦衷申诉中心在线参与计划、公民服务咨询中心(投诉处理官，Ombudsman)、电子调查、民意调查和事件、讨论、公民建议、欺诈、浪费滥用案投诉、不友好、腐败报告中心。

（2）集体参与的机制

大多数韩国地方政府采纳了公民参与预算，在中央公共管理和安全部提供的示范的指导下，公民集体参与预算有以下几个渠道和机制：①地方公民参与预算委员会。地方公民参与预算委员会由邻居代表推荐的不少于10个成员代表组成和通过公开竞争超募的。该委员会在当地预算普选上、优先顺序上收集民意，并推荐当地主要公民参与预算委员会成员。②主要公民参与预算会议。它由地方预算参与委员会、公民组织代表和公开竞聘的成员共同推荐的大约100名成员组成，该地方委员会收集意见和建议，也组织各种有关当地政府预算事务和政策会议。③联合委员会会议。由不少于15名来自当地政府和主要公民参与预算委员会成员组成，该委员会决定就最终预算建议做出最后调整。它审查收集到有关地方预算意见和信息，把其纳入最终预算，地方政府负责人通常成为委员会主席。

除此之外，公民还可以通过因特网调查、在线竞标、网络论坛和在线公告、预算参与角、传真、公开听证、线下访谈、电话、学术会议等公民参与机制，全程参与从预算编制到预算最终审计等全过程。

五、预算独立审计监督：法国审计法院

审计法院是法国最高审计机构，是独立于政府和议会的司法监督机构。法国 1985 年《宪法》和《法国审计法院法》对审计法院的职权范围作出了规定。法国审计法院对政府部门、国有公益事业机构、国有企业、社会保障部门等实行强制审计，对接收政府资金的私营机构（如协会）、接收政府投资的公共部门、欧盟投资机构，以及接受附加税和其他性质税收的机构实施非强制性的审计。①

（一）审计法院的主要职能

1. 审查政府会计账目是否平衡。法国财政法典规定，审计法院审核政府的会计账目收支统计是否平衡、收入和支出是否符合现行会计规则。

2. 监督公共基金的合理使用。包括对社会保障管理机构、国有企业公共基金使用状况进行监督，还可审查公共补贴是否合理使用和接受政府投资的部门对公共基金的使用。

3. 辅助政府和议会。法国 1958 年宪法第 47 条规定："审计法院协助议会和政府监督财政法的执行。"在法国国会通过年度财政预算之后，审计法院要监督其执行。② 1996 年宪法改革后，又赋予其协助政府和议会监督《社会保障财政法》的实施。

审计法院履行职责的方式主要有两种，即现场检查和书面检查。审计法院每年都要编写年度监督结果报告，必要时还针对有关机构提出的特别问题提供特别监督报告。

（二）审计法院与议会的关系

法国审计法院既不属于政府，也不属于议会，但在预算监督方面与议会存在协作关系。一方面，审计法院首席院长可向议会的财政委员会和调查委员会提交审计法院审查结果和意见；另一方面，议会财政委员会或调查委员

---

① 程光．法国审计法院体制的启示［J］．审计月刊，2006（10）．

② 李凤鸣．法国审计法院对国家预算的监督［J］．审计与经济研究，1997（3）．

会也可要求审计法院对机构或服务部门的管理作个别调查。①

(三) 审计法院法律地位、性质及构成

法国审计法院的地位仅次于最高法院。审计法院属于司法系统，具有高度的独立性与权威性。审计法院所有成员都具有法官资格，实行终身制。其任职保障受到强有力的保护，审计官员不得随意免职或调动。审计法院院长由总统在政府现任高级官员或审计法院的检察长、庭长中遴选任免。

审计法院有 7 个分院，各自都有不同的监督对象，其中第一分院就负责监督财政部和公共资金的使用。②

① 程光．法国审计法院体制的启示［J］．审计月刊，2006（10）．

② 林玲．法国审计法院和欧盟审计法院的财政监督机制的比较和启示［J］．审计月刊，2006（5）．

第六章　政府性基金预算：问题及改进对策

一、政府性基金及政府性基金预算概况

(一) 政府性基金概念及分类

2000 年 3 月 9 日财政部发布《关于加强政府性基金管理问题的通知》，该通知将政府性基金界定为“各级人民政府及其所属部门根据法律、国家行政法规和中共中央、国务院有关文件的规定，为支持某项事业发展，按照国家规定程序批准，向公民、法人和其他组织征收的具有专项用途的资金”。2010 年财政部颁布的《政府性基金管理暂行办法》（财综〔2010〕80 号）第 2 条规定，政府性基金是指各级人民政府及其所属部门根据法律、行政法规和中共中央、国务院文件规定，为支持特定公共基础设施建设和公共事业发展，向公民、法人和其他组织无偿征收的具有专项用途的财政资金。目前，纳入政府性基金预算管理的基金有 43 项。

财政部将政府性基金按收入来源划分，分为向社会征收的基金和其他收入来源基金两类。其中向社会征收的基金 31 项目，包括铁路建设基金、民航基础设施建设基金、港口建设费、国家重大水利工程建设基金等。其他收入来源的基金 12 项，包括国有土地使用权出让收入、彩票公益基金、政府住房基金等。

根据收入归属分为属于中央收入的基金和属于地方收入的基金。其中属于中央收入的基金 9 项，属于地方收入的基金 20 项，属于中央与地方共享收入的基金 14 项。

根据基金支出用途划分为 6 类：①用于公路、铁路、民航、港口等建设的基金 9 项；用于水利建设的基金 4 项；②用于城市维护建设的基金 8 项；③用于教育、文化、体育等事业发展的基金 7 项；④用于移民和社会保障的

基金5项；⑤用于生态环境建设的基金5项；⑥用于其他方面的基金5项。①

学者将政府性基金按照用途分为工业发展基金、交通建设基金、教育文化事业基金、城市建设基金、社会福利事业基金5大类。按照筹集方式分为3大类：①附加在税收上征收的基金，如城市教育费附件。②附加在价格上征收的基金，如电力建设基金、三峡工程建设基金。③以销售（营业）收入为对象征收的基金，如文化事业建设费等。②

（二）近三年政府性基金收支（见表6-1、表6-2）

2010年全国政府性基金收入35781.94亿元，全国政府性基金支出32582.64亿元。其中中央政府性基金收入3175.57亿元，地方政府性基金本级收入32606.37亿元，其中国有土地使用权出让收入29109.94亿元。

2011年，全国政府性基金收入41369亿元，全国政府性基金支出39642.43亿元。其中国有土地使用权出让收入33166.24亿元，收入安排的支出32931.99亿元。中央政府性基金收入3125.93亿元，地方政府性基金本级收入38233.7亿元。③

2012年全国政府性基金收入37517.01亿元，支出36069.04亿元。中央政府性基金收入3313.44亿元，支出3354.63亿元。地方政府性基金本级收入34203.57亿元，下降10.5%，其中国有土地使用权收入减少，支出33893.87亿元，其中国有土地使用权出让收入安排的支出28418.19亿元。④

表6-1　2010—2012年政府性基金收入与支出汇总表　（单位：亿元）

年份	全国政府性基金		中央政府性基金		地方政府性基金		国有土地出让收支	
	收入	支出	收入	支出	收入	支出	收入	支出
2010	35781.94	32582.64	3175.57	3016.75	32606.37	30298.79	29109.94	26975.79
2011	41369	39642.43	3125.93	3103.49	38233.7	37485.56	33166.24	32931.99
2012	37517.01	36069.04	3313.44	3354.63	34203.57	33893.87	33893.87	28418.19

① 政府性基金预算编制情况［EB/OL］. http：//www. mof. gov. cn/zhengwuxinxi/caizhengshuju/201005/t20100511－291390. html.

② 王海波，汤春莲．论如何加强政府性基金管理［J］．中国城市经济，2011（3）．

③ 关于2011年中央和地方预算执行情况与2012年中央和地方预算草案的报告。

④ 同③。

表 6-2　政府性基金、土地使用权出让金收入及支出占整个财政收入与支出的比重

年份	财政收入与支出总额		政府性基金占比				土地使用权出让金收入与支出			
	收入（亿元）	支出（亿元）	收入（亿元）	占比（%）	支出（亿元）	占比（%）	收入（亿元）	占比（%）	支出（亿元）	占比（%）
2010	83080.32	89575.38	35781.94	28.76	32582.64	36.37	29109.94	35.04	26975.79	30.12
2011	103740.01	108929.67	41369	28.35	39642.43	36.39	33166.24	31.97	32931.99	30.23
2013	117209.75	125712.25	37517.01	32.01	36069.04	28.69	33893.87	28.92	28418.19	22.61

2010 年全国政府性基金收入占全国财政收入比重为 28.76%，扣除国有土地出让金之后，该比例降至 5.36%。2011 年全国政府性基金占全国财政收入的比重为 28.35%，扣除国有土地出让金之后，该比例降至 5.61%。2012 年，全国政府性基金占全国财政收入比重为 32%，扣除土地使用权出让金收入，占 3.09%。2012 年，土地出让金收入占全国财政收入比重为 28.92%左右（见表 6-3）。

表 6-3　地方政府性基金本级收入占财政收入比

年份	地方财政本级收入（亿元）	地方政府性基金本级收入			
		收入（亿元）	占比（%）	不含土地出让金（亿元）	占比（%）
2010	40609.80	32606.37	80.29	6672	16.43
2011	52433.86	38233.7	72.92	5067.46	9.66
2012	61077.33	34203.57	56.00	309.7	0.51

（三）政府性基金预算改革

2009 年，财政部按照全国人大和国务院要求，制定印发了《关于进一步完善政府性基金预算编制工作方案》，明确了完善基金预算编制的主要目标和任务，并采取了以下一些措施：①清理规范基金项目。一是将已

经失去收入来源或不适应管理体制要求的基金项目取消，二是将预算外管理的基金纳入基金预算管理。如车辆通行费、船舶港务费。②细化了基金收支预算科目。③完善中央基金收支预算报表体系。④编制 2010 年政府性基金预算。

财政部在 2010 年将中央基金预算编制纳入部门预算统一布置，并发布了《关于进一步加强地方政府性基金预算管理的意见》，指导和推动地方基金预算编制工作。

2010 年政府性基金预算编制同以往相比有较大程度的改进和提高：①完整性提高了。在编制中央基金预算的基础上，新增编制了全国和地方基金预算，更加全面地反映基金收支总量、结构和管理活动。②细化了预算编制的内容。中央基金主持的预算，全部编列到项级科目，并细化到支出项目，落实到具体事项。③提高了预算的准确性。按照“以收定支、转款占用”和“收支平衡、结余结转下年度安排使用”的原则，合理安排基金支出。④增加了预算的透明度。在全国预算草案中增加了对每项基金征收使用政策的说明①。

二、政府性基金预算存在的问题

（一）大多数政府性基金征收缺乏充分的法律依据

《立法法》第 8 条第 1 款第 8 项规定，基本经济制度以及财政、税收、海关、金融和外贸基本制度只能制定法律。《立法法》第 9 条规定：“本法第 8 条规定的事项尚未制定法律的，全国人民代表大会及常务委员会有权作出决定，授权国务院可以根据实际需要，对其中的部分事项先制定行政法规，但是有关犯罪和刑罚、对公民政治权利的剥夺和限制人身自由的强制措施和处罚，司法制度等事项除外。”财政部 2010 年《政府性基金管理暂行办法》规定，政府性基金可以依据中共中央文件和国务院文件征收，明显违反了《立法法》②。

---

① 财政部．政府性基金预算编制情况［EB/OL］．http：//www.mof.gov.cn/zhengwuxinxi/caizhengshuju/201005/t20100511—291390.html.

② 熊伟．专款专用的政府性基金及其预算特质［J］．交大法学，2012（1）．

从现行政府性基金项目来看，除少数有人大通过的法律和国务院颁布行政法规的依据外，绝大多数都是依据国务院的文件，而且不少是依据财政部和其他部委文件，甚至不符合财政部《政府性基金管理暂行办法》的要求。有学者对 2011 年 1 月 20 日财综〔2011〕4 号文公布的 2010 年 12 月 31 日前有效全国政府性基金项目目录 32 项进行统计分析，发现这 32 项中，依据法律设立的有 7 项，依据行政法规设立的有 1 项，依据国务院文件设立的有 15 项。其余 9 项都是国务院部委下文设立，这些文件或表明是根据国务院文件的精神制定，或表明是经过国务院同意及落实国务院的要求。① 也就是说，这 9 项无法从法律、行政法规和中共中央、国务院文件中找到明确的征收依据，按财政部《政府性基金管理暂行办法》第 17 条的规定，如果没有法律、行政法规、中共中央和国务院文件明确规定的政府性基金，就不能审批其征收申请。②

从财政部发布的《关于 2011 年中央政府性基金收支决算及相关政策的说明》来看，其所列的 26 项政府性基金中，明确表明有法律、行政法规依据的项目没有，依据国务院批准的部委规章的有 13 项，而没有表明依据的也有 13 项（见表 6－4）。③

① 熊伟．专款专用的政府性基金及其预算特质［J］．交大法学，2012（1）．

② 同①。

③ 关于 2011 年中央政府性基金收支决算及相关政策的说明［EB/OL］．http：//yss.mof.gov.cn/2011qgczjs/201207/t20120710－665286.html.

表 6-4　政府性基金的法律依据

法律	行政法规	中共中央文件	国务院文件共 13 项	没有交代依据 13 项
无	无	无	①中央农网还贷资金；②铁路建设基金；③民航基础设施建设基金；④民航机场管理建设费；⑤港口建设费①；⑥南水北调工程基金②；⑦大中型水库移民后期扶持基金；⑧大中型水库库区基金；⑨三峡水库库区基金；⑩国家重大水利工程建设基金；⑪核电站乏燃料处理处置基金；⑫铁路资产变现收入③；⑬电力改革预留资产变现收入	①旅游发展基金；②文化事业建设费；③国家电影事业发展专项资金④；④新增建设用地土地有偿使用费；⑤森林植被恢复费⑤；⑥中央水利建设基金；⑦中央特别国债经营基金财务收入（中投收益和所得税收入）；⑧彩票公益基金；⑨船舶港务费⑥；⑩贸促会收费；⑪长江口航道维护收入；⑫无线电频率占用费；⑬其他政府性基金

在 2012 年财政部公布的全国政府性基金项目目录（见表 6-6）中，有法律依据的 7 项，有行政法规为依据的 2 项，有国务院文件为依据的 12 项，财政部及其他部委文件为依据的 11 项（见表 6-5）。很显然，大多数政府性基金项目都是没有法律依据的。

① 以上都是经国务院批准由相关部委出台文件，故算作是国务院的文件。

② 依据 2004 年国务院办公厅印发的《南水北调工程基金筹集和使用管理办法》（国办法〔2004〕86 号）征收。

③ 依据是 2007 年《财政部关于铁路运输企业出售国有资产变现收入管理有关问题的通知》（财建〔2007〕75 号），该项收入由财政部向铁道部征收，该项资金按国务院批准的用途，用于西部铁路、煤运通道和客运专线等铁路建设项目，故也列入依据国务院文件设立项目。

④ 此项资金是根据 1996 年财政部、广电总局联合印发《国家电影事业发展专项资金管理办法》（财教〔2006〕115 号）进行征收的，没有标明，此规定经过国务院批准，故将其列为无依据一栏中。

⑤ 根据 2002 年财政部、国家林业局印发的《森林植被恢复费征收使用管理暂行办法》（财综〔2002〕73 号）征收，未标明这是经过国务院批准或所依据的国务院文件。

⑥ 依据为 1997 年原交通部、国家计委、财政部颁布的《长江干线船舶港务费征收办法》。

表 6-5　　全国政府性基金项目法律政策依据

法律	行政法规	中共中央文件	国务院文件（包括国发、国办发）	财政部及其他部委文件
①无育林基金；②森林植被恢复基金；③新菜地开发建设基金；④教育附加；⑤地方教育附加；⑥残疾人就业保障金。⑦船舶油污损害赔偿基金①	①废弃电子产品处理基金②；②山峡水库库区基金	无	①小型水库移民扶助基金；②铁路建设基金；③散装水泥专项资金；④新型墙体材料专项基金；⑤大中型水库移民后期扶持基金；⑥大中型水库库区基金；⑦南水北调工程基金；⑧文化事业建设费；⑨国家电影事业发展专项资金；⑩小型水库移民扶助基金；⑪煤炭可持续发展基金（山西）；⑫旅游发展基金	①农网还贷资金；②国家重大水利工程建设基金；③港口建设费；④民航发展基金；⑤核电站乏燃料处理处置基金；⑥水利建设基金；⑦城市公用事业附加；⑧高等级公路车辆通行附加费（海南）；⑨城市基础设施配套费；⑩可再生能源发展基金

（二）政府性基金概念缺乏严格的法律定义、定性不清晰，开征、调整、停征、使用及管理随意性大

有学者对税收和政府性基金进行了比较，认为除了专款专用外，政府性基金与税收并无二致。有学者认为政府性基金与税收性质基本相同，属于“准税收”。按照财政部的定义，政府性基金的设立是为了重大基础设施和重大工程建设而筹集资金，也就是特定用途经费不足，所以才有专门的资金

① 根据《中华人民共和国海洋环境保护法》、《防治船舶污染海洋环境管理条例》规定，经国务院批准，财政部、交通运输部联合印发了《船舶油污损害赔偿基金征收使用管理办法》（财综〔2012〕33号），自2012年7月1日起征收船舶油污损害赔偿基金，专项用于船舶油污损害及相关费用的赔偿、补偿。

② 根据《废弃电器电子产品回收处理管理条例》规定，经国务院批准，财政部、环境保护部、国家发改委、工业和信息部、海关总署、国家税务总局联合印发了《废弃电器电子产品处理基金征收使用管理办法》（财综〔2012〕34号），自2012年7月1日起征收废弃电器电子产品处理基金，专项用于废弃电器电子产品回收处理费用补贴及相关支出。

来源。①

有学者把我国现行 44 个项目的政府性基金分别按照国外非税收入分类，分为公共财产收入、公营企业收入、规费、使用费、特别课征、特许权费和罚款 7 大类。①特别课征 14 项，基本上都是以特定工程的建设为目的，与国外特别课征只对辖区范围内的居民征收不同，我国大多是全国范围内征收，也有区域性征收的，但也通常是跨省市征收。它们包括：三峡工程建设基金、农网还贷资金、山西省电源基地建设基金、铁路建设基金、福建省铁路建设附加费、新菜地开发建设基金、水利建设基金、南水北调工程基金、山西省水资源补偿费、大中型水库移民后期扶持基金、大中型水库库区基金、三峡水库库区基金、小型水库移民扶助基金、国家重大水利工程建设基金。② ②附加税类 7 项。此类按营业收入计征，或者按照电费、水费等计征，还有按照缴纳的税款计征。包括：文化建设事业费、地方教育附加、江苏省地方教育基金、国家电影事业发展专项资金、残疾人就业保障金、城市公用事业附加、城市基础设施配套费。③资源税类 5 项。此类政府性基金征收的目的是促进煤炭、地下黏土、森林等资源的有效开采和利用，应归为资源税。它包括：山西省煤炭可持续发展基金、新型墙体材料专项基金、新增建设用地土地有偿使用费、育林基金、森林植被恢复费。④环境税类 2 项。此类基金征收目的是保护环境，它包括散装水泥专项资金、核电站乏燃料处置处理基金。⑤使用费类 8 项。此类是向使用特定的设施的特定单位和个人征收的费用。包括民航基础设施建设基金、民航机场管理建设费、海南省高等级公路车辆通行附加费、转让政府还贷道路收费权收入、港口建设费、旅游发展基金、车辆通行费、船舶港务费。⑥公有财产收入类 5 项。此类是依托国有土地、公有住房的所有权征收，或者是铁路资产变现收入。包括政府住房基金、国有土地使用权出让金、国有土地收益基金、农业土地开发资金、铁路资产变现收入。⑦公营企业收入类 1 项。即中央特别国债经营基金。它来源于中国

① 朱柏铭．厘定“政府性基金”的性质［J］．行政事业资产与财务，2012（2）．

② 公有财产收入是指来自共有土地、森林、矿产、河流、股权等财产的租金、利息和变卖价款。公营企业收入是指来自公营企业的盈利，主要是垄断公营企业。规费是指公共部门为当事人提供特定的服务所收取的费用，主要是手续费和工本费。使用费为公共部门为当事人提供特定的设施所收取的费用，如公路使用费、码头使用费等。特别课征是公共部门为新建设或改良旧有营建，根据受益区域内受益者的受益程度征收的工程费用。特许权费是公共部门给予私人从事某种行为特别权利而收取的费用。罚款是公共部门对于违法行为处罚获得罚没收入。

投资有限责任公司经营收益和所得税收入。⑧捐赠收入1项。即彩票公益金。⑨规费类1项。即贸促会收费。

法学界有学者认为，我国政府性基金相当于德国法律上的特别公课。[①] 按照台湾学者的解释，特别公课具有如下几个特征：①它不仅是为了实现政府的财政目的，而且是为了追求特定的经济或社会目的，其收入不能拥有一般性的国家任务。②特别功课的负担群体因该特别任务而具有共同的利益状态。③特别功课的负担理由与其金钱给付义务之间存在特殊的法律关联，以及具有"事务密切性"及"群体责任"作为基础。④特别功课的课征，国家不需要提供相应的对等给付。[②] 也就是说，特别公课并非为满足一般财政需要而对一般国民课征，而是为了满足特定任务的财政需要而对特定群体的国民所课征，其经常流入特别基金，而不流入公共预算。[③]

由于缺乏明确的概念界定和定性，缺乏有效的法律规范与约束，我国政府性基金的创设、征收、调整及使用随意性很大，政府性基金成了一个逃避预算约束与监管的避风港和大口袋，政府可以随意把预算外收支往里装。2010年10月15日，财政部综合司有关负责人指出政府性基金存在三大问题：一是政府性基金概念和含义不明确，存在以收费名义变相设立政府性基金的现象。二是越权设立政府性基金问题屡禁不止。三是政府性基金征收不规范。

除这些问题外，政府性基金征收还存在以下几个问题：①多数政府性基金无明确征收期限。财政部2011年公布的29项目政府性基金中，仅有5项规定了明确的征收期限，其他多为"在法律未作调整的情况下继续保留"。②本应到期的政府性基金，常常以下发文件的方式延长征收期限，或者改头换面继续征收。如2010年12月31日到期的民航机场管理建设费（已与民航基础设施建设基金合并为民航发展基金）、旅游发展基金和水利建设基金，通过财政部财综〔2010〕123号和财综〔2011〕2号两个文件，分别延长至2015年12月31日和2020年12月31日。[④] ③期限过长。现有的政府性基金中，大多征收时间已超过10年，其中城市公用事业附件可以追溯到1964年的

① 熊伟．专款专用的政府性基金及其预算特质［J］．交大法学，2012（1）．

② 辜仲明．公课法制与水资源管理——财税法学发展之新兴课题［M］．台北：台湾翰芦图书出版有限公司，2009．转引自熊伟．专款专用的政府性基金及其预算特质［J］．交大法学，2012（1）．

③ 陈清秀．税法总论［M］．台北：台湾元照出版社，2010．

④ 冯俏彬，郑朝阳．规范我国政府性基金的运行管理研究［J］．财经科学，2013：4（301）．

《财政部关于征收城市公用事业附加的几项规定》，征收期限已近50年，违反了政府性基金临时性筹集资金的初衷。④收入来源畸重畸轻。土地使用权出让收入在政府性基金中占绝大部分，而贸促会收费收入在2011年仅为0.27亿元。⑤政府性基金财力部门化特设非常明显。[①] 目前大部分仍用于补充部门经费。许多执收部门把征收的基金收入视为本部门的收入，基本上维持“谁收谁用、多收多用”的局面。⑥编制不够细化，基金预算编制普遍沿用基数加增长，列收列支的编制方法，未细化到具体项目，预算难以科学、准确地反映政府性基金收支状况，更难以反映基金支出结构与方向。

（三）长期游离于人大监督之外

直到2011年1月1日《政府性基金管理暂行办法》生效后，政府性基金预算才正式被要求提交同级人大审议通过。

1990年《中共中央、国务院关于坚决制止乱收费、乱罚款和各种摊派的决定》提出，设立各项基金的审批权集中到财政部，由财政部会同有关部门审批，重要的报国务院批准。

根据国务院1996年《关于加强预算外资金管理的规定》（国发〔1996〕29号）要求，征收政府性基金必须严格按照国务院规定统一报财政部审批，重要的报国务院审批。

《政府性基金管理暂行办法》规定：凡附加在税收、价格上征收，或者按照销售（营业）收入、固定资产原值等的一定比例征收的政府性基金项目，都属于国务院审批的对象。

从1996年起，将养路费、车辆购置附加费、铁路建设基金、电力建设基金、三峡工程建设基金、新菜地开发基金、养路建设基金、民航基础建设基金、农业教育附加、邮电附加、港口建设费、市话初装基金、民航机场管理建设费等13项数额较大的政府性基金（收费）以下统称“基金”纳入财政预算管理。之后，财政部陆续出台了一系列文件，逐步将更多政府性基金纳入预算管理，到2007年，政府性基金全部纳入预算管理。从2008年起，土地出让金和彩票公益金也全额纳入政府性基金预算管理。

① 冯俏彬，郑朝阳．规范我国政府性基金的运行管理研究［J］．财经科学，2013：4（301）．

三、改进对策

1. 对政府性基金进行清理，逐项甄别，分别采取取消、改为税收或保留等分类处理措施。① 政府性基金主要有两大类，一类是附着于“税”收取，如教育费附加，由于其征收的长期性和使用上的公共性，与税收无异；二类是各类“费”，包括三种情况，一是依附于价格加收，二是因为使用特定设施而收取（如机场建设费），属于使用者付费，三是部门因提供了特定服务而收取的费用，这属于一般意义上的收费。凡是具有税的性质的，纳入税收整体管理体系之中，对于价外收取的“费”和具有使用者付费性质的“费”则应归并到价格之中，通过价格来体现②。

2. 政府性基金设立及征收应作为特别课税进行规范和监管，采取比税收更为严格的管控标准。政府性基金设立与征收与税收一样都是政府强制性参与分配，政府性基金的负担最终转嫁到纳税人头上，因此，应该采取比税收更为严格的管控标准。

3. 收支上，应与公共预算采取同一管控标准。

4. 开征、停征、改变用途、使用以及延长开征年限等都必须经过人大听证，通过人大特别法案，不能让其游离于人大监督之外。

表 6-6　　2012 年全国政府性基金项目目录

项目名称	征收依据	入库	期限
农网还贷资金	财企〔2001〕820 号，财企〔2002〕266 号，财综〔2007〕3 号，财综〔2012〕7 号	中央和地方国库	随一省一贷体制建立取消
国家重大水利工程建设基金	财综〔2009〕90 号，财综〔2010〕97 号，财税〔2010〕44 号	中央和地方国库	2019 年 12 月 31 日
新型墙体材料专项基金	国发〔1992〕66 号，财综〔2007〕3 号，财综〔2007〕77 号	缴入地方国库	2020 年 12 月 31 日

① 贾康．非税收入规范化管理研究［J］．财政监督，2006（19）．

② 冯俏彬，郑朝阳．规范我国政府性基金的运行管理研究［J］．财经科学，2013（4）．

续 表

项目名称	征收依据	入库	期限
港口建设费	财综〔2011〕29 号，财综〔2011〕100 号，财综〔2012〕40 号	中央和地方国库	向旅客征收至 2015 年 12 月 31 日
民航发展基金	财综〔2012〕17 号	中央国库	
船舶油污损害赔偿基金	财综〔2012〕33 号	中央国库	
铁路建设基金	国发〔1992〕37 号，财工字〔1996〕371 号，财综〔2007〕3 号	中央国库	
散装水泥专项资金	国函〔1997〕8 号，财综〔2002〕23 号，财综〔2007〕3 号	地方国库	
育林基金	《森林法》，经重〔1988〕122 号，林财字〔1991〕74 号，(91) 财农字第 333 号、(93) 财农字第 144 号，财综〔2009〕32 号	中央和地方国库	
核电站乏燃料处理处置基金	财综〔2010〕58 号	中央国库	
森林植被恢复费	《森林法》，财综〔2002〕73 号	中央和地方国库	
水利建设基金	财综〔2011〕2 号，财综函〔2011〕33 号，财办综〔2011〕111 号	中央和地方国库	至 2020 年 12 月 31 日
大中型水库移民后期扶持基金	国发〔2006〕17 号，财综〔2006〕29 号，监察部、人事部、财政部令第 13 号，财企〔2011〕303 号，财企〔2012〕315 号	中央国库	

续 表

项目名称	征收依据	入库	期限
大中型水库库区基金（含跨省大中型水库库区基金，青海、广东、重庆、四川、吉林、山西、河北、陕西、甘肃、江西、安徽、湖北、湖南、贵州、海南、福建、广西、辽宁、云南、黑龙江、宁夏、浙江、河南）	国发〔2006〕17 号，财综〔2007〕26 号，财综〔2008〕17 号，财综〔2008〕29 号、30 号、31 号、32 号、33 号、34 号、35 号、64 号、65 号、66 号、67 号、68 号、85 号、86 号、87 号、88 号、89 号、90 号，财综〔2009〕51 号、59 号，财综〔2010〕15 号、16 号、43 号、113 号，财综函〔2010〕10 号、39 号	中央和地方国库	
三峡水库库区基金	国务院令第 299 号，国发〔2006〕17 号，财综〔2007〕69 号	缴入中央国库	
南水北调工程基金（北京、天津、河北、江苏、山东、河南）	国函〔2002〕17 号，国办发〔2004〕86 号，财综〔2009〕21 号	缴入中央国库	
新菜地开发建设基金	《土地法》，《国家建设征用土地条例》，〔1985〕农（土）字第 11 号	缴入地方国库	
城市公用事业附加	(64) 财预王字第 380 号，(78) 财预 26 号，(78) 建发城 584 号，财综〔2007〕3 号	缴入地方国库	
文化事业建设费	国发〔1996〕37 号，财税字〔1997〕95 号，国办发〔2006〕43 号，财综〔2012〕68 号，财综〔2012〕96 号	缴入中央和地方国库	

续 表

项目名称	征收依据	入库	期限
国家电影事业发展专项资金	国办发〔2006〕43号，财教〔2006〕115号	缴入中央国库	
教育费附加	《教育法》，国务院令第60号，国发〔1986〕50号，国发明电〔1994〕2号、23号，国发〔2010〕35号，财税〔2010〕103号	缴入中央和地方国库	
地方教育附加	《教育法》，财综函〔2003〕2号、9号、10号、12号、13号、14号、15号、16号、18号，财综〔2001〕58号，财综〔2004〕73号，财综函〔2005〕33号，财综函〔2006〕9号，财综〔2006〕2号、61号，财综函〔2007〕45号，财综函〔2008〕7号，财综函〔2010〕2号、财综函〔2010〕2号、3号、7号、8号、11号、71号、72号、73号、75号、76号、78号、79号、80号，财综〔2010〕98号，财综函〔2011〕1号、2号、3号、4号、5号、6号、7号、8号、9号、10号、11号、12号、13号、15号、16号、17号、57号	缴入地方国库	
旅游发展基金	国办发〔1995〕57号，旅办发〔1991〕124号，财外字〔1996〕396号，财行〔2001〕24号，财综〔2007〕3号，财综〔2010〕123号	中央国库	2015年12月31日
残疾人就业保障金	《残疾人保障法》，财综字〔1995〕5号、财综〔2001〕16号	缴入地方国库	
煤炭可持续发展基金（山西）	国函〔2006〕52号，财综函〔2007〕3号，发改办能源〔2007〕1805号，晋财煤〔2007〕8号，财综函〔2011〕18号	缴入地方国库	

续　表

项目名称	征收依据	入库	期限
高等级公路车辆通行附加费（海南）	财综〔2008〕84号	缴入地方国库	
城市基础设施配套费	计价格〔2001〕585号，财综函〔2002〕3号	缴入地方国库	
小型水库移民扶助基金	国发〔2006〕17号	缴入地方国库	
可再生能源发展基金	财综〔2011〕115号，财建〔2012〕102号	缴入中央国库	
废弃电器电子产品处理基金	财综〔2012〕34号，财综〔2012〕48号，财综〔2012〕80号	缴入中央国库	

第七章　地方政府性债务预算管理

一、我国地方政府性债务的产生、演变及现状

（一）地方政府性债务的定义

《国务院办公厅关于做好地方政府性债务审计工作的通知》（国办发明电〔2011〕6号）将地方政府性债务划分为三类。第一类是政府负有偿还责任的债务，即由政府或政府部门等单位举借，以财政资金偿还的债务；第二类是政府负有担保责任的或有债务，即由非财政资金偿还，地方政府提供直接或间接担保形成的或有债务，债务人出现偿债困难时，地方政府要承担连带责任；第三类是其他相关债务，即由相关企事业等单位自行举借用于公益性项目，以单位或项目自身收入偿还的债务，地方政府既未提供担保，也不负有任何法律偿还责任，但当债务人出现偿债困难时，政府需给予一定救助。

目前我国官方文献都采纳了此定义，审计署在对地方政府性债务进行审计时也采用了国务院办公厅文件对地方政府性债务的定义，本书所称地方政府性债务，也沿用这一定义。

（二）地方政府性债务的产生及演变

1. 分税制后地方政府性债务的产生及发展

自1994年采取分税制后，地方政府负债一直受到严格限制，1995年《预算法》第28条规定，地方各级预算按照量入为出，收支平衡原则编制，不列赤字。同时，还规定，除法律和国务院另有规定，地方政府不得发行地方政府债券。1995年《中国人民银行法》第29条禁止人民银行对政府财政透支，第30条禁止人民银行向地方政府、各级政府部门提供贷款。1995年颁布的

《担保法》第 8 条，禁止国内政府机关为保证人。同样，第 9 条也禁止学校、幼儿园、医院等以公益目的事业单位、涉及团体作为保证人。不仅如此，第 37 条也禁止以学校、幼儿园、医院等以公益为目的的事业单位、社会团体的教育设施、医疗卫生设施和其他社会公益设施，同一年生效实施的《商业银行法》也只允许商业银行发放商业贷款，并对信用贷款加以严格限制。因此，在这样的法律环境下，地方政府直接通过发行债券和银行贷款获得融资受到了法律严格限制，几乎没有任何可能。要进行融资，地方政府只能采取绕开这些法律限制的变通办法，通过发起设立承担政府投融资的职能的国有企业作为地方政府融资平台，通过该平台发行企业债券和获得银行贷款就成为各级地方政府解决融资，解决财力不足的共同选择。

按 2010 年《国务院关于加强地方融资平台公司管理有关问题的通知》的规定，地方政府融资平台是指地方政府及其部门和机构等通过财政拨款或注入土地、股权等资产设立，承担政府投资项目融资功能，并拥有独立法人资格的经济实体。地方融资平台的产生始于分税制改革之后。分税制改革导致的"财权上移，事权下移"，造成地方政府财权与事权不匹配，中央与地方财权、事权错配。① 为解决财力不足问题，地方政府以国有企业形式设立各种地方融资平台。这些融资平台设立一般是地方政府通过财政资金拨付、土地划拨、规费注入、特许经营权、股权投资等方式出资成立。这些公司通常都冠以城投、建投、资产经营或资产管理的名称。成立后，通过财务上的包装，从银行申请贷款和发行企业债券等方式进行融资，将融入的资金用于投资政府敲定的基础设施和其他项目。比较典型的运作模式有上海模式、重庆模式和天津模式。② 上海模式的特点是建立一个全面管理政府所属资产的投资公司，如上海城市建设投资开发总公司来履行地方政府融资与投资事务。重庆模式则是按照一体化职能将分散的国有资产整合，组建成立城投、开投、水投、水务、渝富、交旅、高发、地产八大政府主导的投资集团（简称八大投）。天津模式是以土地和城市基础设施增值收益作为还款来源进行融资，运作模式与上海模式类似③。

2008 年金融危机后，我国中央政府启动了 4 万亿元规模一揽子经济刺激

---

① 余子良．地方融资平台的来龙去脉与风险规避［J］．区域经济，2013（1）．

② 同①。

③ 同①。

计划，该计划同时要求地方政府在许多项目给予资金配套。为解决地方政府财力不足问题，2009 年中央政府启动了允许地方政府通过财政部发行地方政府债券的计划，这标志着对中央地方政府举债的政策出现了松动。受到此种政策导向的影响，各地地方政府融资平台纷纷设立，蜂拥而上，地方政府性债务大规模激增，从而引发地方性政府债务危机。

有统计显示：2008 年年初，全国地方融资平台负债规模约 1 万亿元。2009 年年末，突升到 5 万亿元规模，融资平台约 3800 家，其中 70%以上为县区融资平台公司。2009 年新增 9.59 万亿元贷款中，流向政府融资平台的就达到 3.8 万亿元，占比达 40%。2010 年 6 月底，全国地方融资平台的贷款余额达到 7.66 万亿元，融资平台超过 8000 家。2011 年 8 月中国人民银行公布出具，地方性债务到 2011 年 6 月已经达到 10.7 万亿元。①

审计署 2011 年公布地方政府性债务审计结果报告显示：截至 2010 年年底，有 78 个市级和 99 个县级政府负有偿还责任债务的债务率高于 100%，分别占两级政府总数的 19.9%和 3.56%。由于偿债能力不足，部分地方政府只能通过举借新债偿还旧债，截至 2010 年年底，有 22 个市级政府和 20 个县级政府的借新还旧率超过 20%。还有部分地区出现了逾期债务，有 4 个市级政府和 23 个县级政府逾期债务率超过了 10%。而且债务逾期的状况仍然在恶化，2013 年审计署公布对 36 个地方政府债务审计结果显示：36 个地方政府本级 2012 年政府负有担保责任的债务和其他相关债务的逾期债务率分别为 0.59%和 0.75%，分别比 2010 年上升了 0.16 个和 0.48 个百分点。

2. 地方性融资平台清理与规范

欧债危机的爆发和蔓延引起了我国中央政府对国内地方政府债务风险的警觉，从 2010 年开始，中央政府开始着手对地方政府性债务进行清理、规范。一方面，中央政府密集出台了系列政策文件，对导致政府隐性负债的地方政府融资平台进行清理规范；另一方面，开始进行地方政府直接发行债券的试点，试图将地方政府负债从不透明的、没有纳入政府预算的、难以管控的地方政府融资平台逐步转移到更加透明的、纳入政府预算、易于管控的地方政府债券发行渠道上来。

2010 年《国务院关于加强地方融资平台公司管理有关问题的通知》（以下简称通知）对地方融资平台进行清理。清理对地方融资平台债务采取分类处

① 余子良．地方融资平台的来龙去脉与风险规避［J］．区域经济，2013（1）．

理，区别对待。《通知》将地方融资平台产生的债务分为三类：一是承担公益性项目建设举借、主要依靠财政性资金偿还债务的融资平台公司；二是因承担公益性项目建设举借、项目本身有稳定经营性收入并主要依靠自身收益偿还的债务的融资平台公司；三是因承担非公益性项目建设举借的债务的融资平台公司。

对于第一类融资平台进行清理，不允许再承担融资职能。对于第二类融资平台，进行市场化改革，充实资本金，完善治理结构，实行商业化运作，也不再保留融资平台职能。《通知》还明确，将来设立地方融资平台，必须严格按照有关法律法规办理，足额注入资本金，学校、医院、公园等公益性资产不得作为资本注入融资平台公司，而且，融资平台公司融资按照商业化运作，禁止政府以财政性收入、行政事业等单位的国有资产或其他任何直接、间接形式为融资平台公司融资行为提供担保。

为落实国务院的要求，银监会《关于加强融资平台贷款风险管理的指导意见》（银监发〔2010〕110号）加强了对商业银行的监管。它明确了清理规范后融资平台贷款纳入一般公司贷款管理的贷款，以及清理后保留融资平台公司只发放的商业性贷款，按照商业贷款条件和标准进行操作。2011年银监会《关于切实做好2011年地方政府融资平台贷款风险监管工作的通知》（银监发〔2011〕34号），对地方融资平台的贷款发放提出以下几个明确要求：①对融资平台采取“名单制”管理系统，将平台贷款审批权统一收至总行。②不得再接受地方政府以直接或间接形式为融资平台提供的任何担保和承诺。不得向“名单制”管理系统以外的融资平台发放贷款。

与此同时，发改委办公厅2010年也发布了《关于进一步规范地方政府投融资平台公司发行债券行为有关问题的通知》（发改办财经〔2010〕2881号），加强对地方政府投融资平台发行企业债券的规范管理。①明确了地方投融资平台发债的条件。申请发债，偿债资金来源70%以上（含70%）必须来自公司自身收益，且公司资产构成必须符合国发〔2010〕19号文的要求。②不接受各级政府及其所属部门、机构和主要依靠财政拨款的经费补助事业单位，均不得以财政性资金、行政事业单位等的国有资产，或其他任何直接、间接方式，为投融资平台公司发行债券提供担保或增信。以资产抵（质）方式为投融资平台公司发债提供增信的，其抵（质）资产必须是可依法合规变现的非公益性有效资产。③公司资产真实有效，必须具备真实足额的资本金注入，不得将公立学校、公立医院、公园、事业单位资产等公益性资产作为资本注入投融资平台公司。

2013年财政部、发改委、人民银行、银监会《关于制止地方政府违法违规融资行为的通知》，针对地方融资平台清理规范后地方政府采取的一些规避行为作出了回应。①禁止采用集资、回购（BT）等方式举债建设公益性项目，违规向融资平台公司注资或提供担保，通过财务公司、信托公司、金融租赁公司等违规举债政府性债务等。②禁止地方各级政府及所属事业单位、社会团体以委托单位建设并承担逐年回购（BT）责任等方式举借政府性债务。③地方政府将土地注入融资平台公司必须经过法定的出让或划拨程序，以出让方式注入土地的，融资平台公司必须以出让方式注入土地的，融资平台公司必须及时足额缴纳土地出让收入并取得国有土地使用证；以划拨方式注入土地的，必须经过有关部门依法批准并严格用于指定用途。融资平台公司经依法批准利用原有划拨土地进行经营性开发建设或转让原划拨土地使用权的，应当按照规定补缴土地价款。地方各级政府不得将储备土地作为资产注入融资平台公司，不得承诺将储备土地预期出让收入作为融资平台公司偿债资金来源。④地方各级政府必须严格按照有关规定规范土地储备机构管理和土地融资行为，不得授权融资平台公司承担土地储备职能和进行土地储备融资，不得将土地储备贷款用于城市建设以及其他与土地储备业务无关的项目。符合条件的融资平台公司因承担公共租赁住房、公路等公益性项目建设举借需要财政性资金偿还的债务，除法律和国务院另有规定外，不得向非金融机构和个人借款，不得通过金融机构中的财务公司、信托公司、基金公司、金融租赁公司、保险公司等直接或间接融资。⑤地方各级政府及所属机关事业单位、社会团体，要继续严格按照《担保法》等有关法律法规规定，不得出具担保函、承诺函、安慰函等直接或变相担保协议，不得以机关事业单位及社会团体的国有资产为其他单位或企业融资进行抵押或质押，不得为其他单位或企业融资承诺承担偿债责任，不得为其他单位或企业的回购（BT）协议提供担保，不得从事其他违法违规担保承诺行为。

从中央政府关于地方融资平台清理的政策立场来看，中央政府是要将地方融资平台的债务与政府债务从法律上区分开来，让地方融资平台负债完全市场化，具备独立承担债务能力，政府不再承担连带责任或担保责任，把融资平台的债务风险与政府完全割裂开，不让融资平台债务风险扩散到地方政府。与此同时，禁止政府采取不公开、不透明的隐蔽方式进行举债。

3. 地方政府债券发行改革试点

2009年2月，十一届全国人大常委会第18次会议听取了《国务院关于安排发行2009年地方政府债券的报告》。同年3月5日，温家宝在《政府工作报告》中宣布“国务院同意地方发行2000亿元债券”。2009年2000亿元债券由财政部代理发行，列入省级预算管理。财政部发布了《关于发行2009年地方政府债券有关问题的通知》及《财政代理发行2009年地方政府债券发行兑付办法》、《2009年地方政府债券预算管理办法》、《关于做好报送2009年地方政府债券发行计划建议有关问题的通知》。2009年地方债方案规定“由财政部代理发行并由中央财政统一代办偿还，并将发行利率保持与3年期的国债利率持平”。实际上是将地方公债转化成了另一种实质意义上的国债。①

2011年和2012年经国务院批准，上海、浙江、广东、深圳开展了地方政府自行发债试点。试点仍然采取地方政府自行组织发债、中央财政代办还本付息（即自发代还）的方式。2011年，上海、广东、浙江、深圳分别完成71亿元、69亿元、67亿元和22亿元债券的发行任务，发债总额229亿元。从期限结构看，3年期、5年期债券各发行114.5亿元；3年期债券利率分别为3.1%、3.08%、3.01%和3.03%，5年期债券利率分别为3.3%、3.29%、3.24%和3.25%，利率水平与同期限国债市场收益率大体相当。债券投资需求旺盛，3年期、5年期投标比率（投标额占招标额比）均在2倍以上。②

试点省市在全国人大审议通过的地方债券总规模内，按照国务院批准在本地区发债规模进行试点。债券资金按照中央有关要求用于中央投资公益性项目地方配套项目。债券收入纳入省政府预算，报同级人大常委会审查批准。试点省市自行组织债券承销团，自行选择债券发行机制。发行遵循了市场化发债原则，采用招标机制通过债券承销团向投资者发行。

（三）地方政府性债务现状

2011年审计署发布地方政府性债务审计结果公告显示：截至2010年年底，31个省（自治区、直辖市）和5个计划单列市本级及所属市（地、州、

① 华国庆．中国地方公债立法研究［J］．安徽大学学报（哲学社会版），2010（4）．

② 李凯．研究建立地方政府债券市场［J］．中国金融，2013（2）．

盟、区)、县(市、区、旗)三级地方政府的债务状况。审计范围:25590个政府部门和机构、6576个融资平台公司、42603个经费补助事业单位、2420个公用事业单位、9038个其他单位、373805个项目,共1873683笔债务。① 全国地方政府性债务余额107174.91亿元,其中:政府负有偿还责任的债务67109.51亿元,占62.62%;政府负有担保责任的或有债务23369.74亿元,占21.80%;政府可能承担一定救助责任的其他相关债务16695.66亿元,占15.58%。从举借主体看,2010年年底地方政府性债务余额中,融资平台公司、政府部门和机构举借的分别为49710.68亿元和24975.59亿元,占比共计69.69%。从借款来源看,2010年年底地方政府性债务余额中,银行贷款为84679.99亿元,占79.01%。

2013年6月,审计署公布的36个地方政府本级政府性债务审计结果公告显示:截至2012年年底,36个地方政府本级政府性债务余额38475.81亿元(政府负有偿还责任的债务18437.10亿元、政府负有担保责任的债务9079.02亿元、其他相关债务10959.69亿元),比2010年增加4409.81亿元(其中12个地方政府本级减少1417.42亿元,24个地方政府本级增加5827.23亿元),增长12.94%。如果按照这个增幅推算,截至2012年年底,全国地方政府债务大约在121043.34亿元(见表7-1~表7-3)。

表7-1　各类地方政府性债务构成　(单位:%)

政府性债务种类	2012年	2010年
政府负有偿还责任的债务	47.92	62.62
政府负有担保责任的债务	23.4	21.80
其他类债务	28.68	15.58

资料来源:根据审计署2011年对31个省市地方政府性债务审计结果公告和2013年对36个地方政府政府性债务审计结果公告整理。

① 审计署2011年第35号《全国地方政府债务审计结果》。

表 7-2 负债主体负债占地方政府性债务的比重 (单位:%)

负债主体	2012 年*	2010 年
地方融资平台	45.67	46.83
政府部门或机构	25.73	23.3
其他	28.6	30.31

*2012 年审计对象为 36 个地方政府本级政府性债务。

资料来源：根据审计署 2011 年、2013 年发布的地方政府债务审计结果公告中数据整理。

表 7-3 债务来源构成 (单位:%)

债务来源	2012 年	2010 年
银行贷款	78.07	79.01
发行债券	12.06	—

资料来源：根据审计署 2011 年、2013 年发布的地方政府债务审计结果公告中数据整理。

二、地方政府性债务预算管理上面临的问题

(一) 大量地方政府负债是通过各种地方融资平台通过发行企业债券或商业银行的商业贷款形成的，属于没有纳入政府预算管理的隐性负债

2011 年审计署公布地方政府性债务审计结果显示：除地方政府债券和各种财政转贷外，大部分地方政府性债务收支未纳入预算管理和监督，相关管理制度也不健全。至 2010 年年底，在 36 个省级政府中，有 7 个未出台地方政府性债务管理规定，8 个未明确债务归口管理部门，14 个未建立政府性债务还贷准备金制度，24 个未建立风险预警和控制机制。市级和县级政府债务管理制度不健全的问题更为突出，一些地方长期存在债务规模底数不清、偿债责任未落实等问题。

2011 年审计结果公告显示：至 2010 年年底，全国省、市、县三级政府共设立融资平台公司 6576 家，其中：省级 165 家、市级 1648 家、县级 4763 家；有 3 个省级、29 个市级、44 个县级政府设立的融资平台公司均达 10 家以上。

从这些公司的经营范围看，以政府建设项目融资功能为主的 3234 家，兼有政府项目融资和投资建设功能的 1173 家，还进行其他经营活动的 2169 家。融资平台公司政府性债务余额 49710.68 亿元，占地方政府性债务余额的 46.38%。

审计还发现，除地方政府债券和各种财政转贷外，大部分地方政府性债务收支未纳入预算管理和监督，相关管理制度也不健全。至 2010 年底，在 36 个省级政府中，有 7 个未出台地方政府性债务管理规定，8 个未明确债务归口管理部门，14 个未建立政府性债务还贷准备金制度，24 个未建立风险预警和控制机制。市级和县级政府债务管理制度不健全的问题更为突出，一些地方长期存在债务规模底数不清、偿债责任未落实等问题。①

（二）地方政府直接发行债券融资还处在试点阶段，地方政府债券市场形成有一个培育期，短期内难以成为地方政府举债主要手段

我国 2009 年开始启动地方政府债券发行，并且从一开始就将其纳入了政府预算管理。目前，正在进行地方政府直接发行债券的试点。从地方政府债券发行规模来看，与地方政府性债务庞大规模相比，其占的比重还非常小。目前试点也只局限在非常小的范畴，总的来说，我国地方政府债券市场还处在培育过程中，在今后相当长一段时期内，发行地方政府债券还难以取代目前地方政府融资平台，成为地方政府举债的主要手段和渠道。

（三）法律制度缺失

目前关于地方融资平台的清理规范依据都是红头文件，地方政府债券发行依据的也是政府的红头文件，没有按照《预算法》的要求，由国务院制定和颁布行政法规。这些红头文件零碎、内容粗糙，对于地方政府债务预算管理如何改革，中央甚至没有一个完整的构思和改革方案，究竟如何将地方政府债务纳入预算管理，在学界和决策层并没有形成成熟的解决方案，在许多问题上也缺乏共识。此次《预算法》修订，一审稿就地方政府债务作出了一些规定，但二审稿将其全部删除了，退回到现行《预算法》的状态（详细见

① 审计署 2011 年第 35 号《全国地方政府债务审计结果》。

第一章叙述）。这表明，地方政府债务如何纳入预算管理，在《预算法》上如何加以规范还是没有形成定论。

三、地方政府性债务预算管理的对策建议

（一）治标之策

1. 地方政府政府性债务必须去隐性化，做到公开透明

这必须要做到两点，一是政府举债的主体必须是公开透明的；二是政府举债的手段和渠道必须是公开透明。

要确保政府举债主体公开透明，现阶段可以采取以下几个措施：①在清埋整顿基础上，要求所有承担政府性债务地方政府融资平台都必须进行申报登记，并予以公示；②所有地方融资平台资产负债都应合并到政府资产负债表，其收支纳入政府预算管理；③除了进行公益事业投融资外，这些地方政府融资平台不得从事任何营利性的商业活动。

政府举债手段和渠道要做到公开透明，一是逐步取缔政府通过融资平台进行举债，并且禁止政府或机构通过关系性融资渠道举债（即不得通过银行贷款进行举债）；二是建立培育地方政府债券市场，只允许政府通过公开发行债券和政府间的贷款方式进行举债。①

2. 所有政府性债务必须公开透明的，而且其规模和风险必须是适当的和可控的

这需要采取以下几个措施：①禁止土地财政，鉴于地方政府性债务泛滥一个主要根源就是地方政府可以利用其掌握的土地资源进行担保融资，所以，必须首先遏制土地财政的滥用。一是禁止地方政府以土地作为举债的担保或作为偿还债务的资金来源，要求政府用于偿还债务的资金来源必须是纳入预算的收入；二是禁止金融机构接受未进入流通领域或不能进入流通领域土地使用权作为担保，给地方融资平台发放贷款。②对地方政府债务设置上限，

① 刘煜辉、沈可挺二位学者提出了现阶段的解决地方政府债务的方案，即一是彻底改变当前以地方融资平台为主体、以土地储备作为抵押支持、以银行信贷作为主要资金来源的地方融资模式，构建以市政债券市场为基础的多元化地方政府公共资本融资模式，促进地方债务显性化和透明化；刘煜辉、沈可挺．中国地方政府公共资本融资：问题、挑战与对策——基于地方政府融资平台债务状况的分析［J］．金融评论，2011（3）．

并对突破政府债务上限的政府负责人课以严厉法律制裁。③要求地方政府必须公开其资产负债表，对地方政府承担偿还责任所有债务都必须在资产负债表进行披露，包括地方政府融资平台资产负债表。实践证明，法律上对债务设置上限，上级政府对债务管制都不能有效抑制地方政府的债务风险，最有效的约束还是债务市场和社会监督，这就要求政府债务必须是充分公开透明的。

在现阶段预算法修订上，可以对以下几个方面做出明确规定：

(1) 地方政府必须将地方政府融资平台收支纳入政府预算。对于地方融资平台的界定应将所有承担公共职能，由政府最终承担责任和风险的实体、公司或其他机构涵盖在内，要求其收支编入政府预算，其资产负债表合并到政府资产负债表。

(2) 对地方政府债务做出上限的规定。

(3) 明确突破地方政府债务上限的法律责任和问责程序。

(4) 作为过渡性安排，授权国务院研究制定规范地方政府债务，包括地方政府债券发行的行政法规，待条件成熟时，再制定《政府公债法》和修改与政府债券发行与交易有关的《证券法》。

(二) 治本之道

导致我国目前地方政府债务问题的根源表面上来看，是中央与地方事权与财权不匹配，但究其本质还是在中央与地方权责法律关系上存在问题。通俗一点说，我国《宪法》和《组织法》确立的中央与地方之间的关系是总公司与分公司的关系，而不是母子公司的关系，分税制改革对事权与财权的划分并没有改变中央对地方政府债务承担的隐性担保责任，正是中央对地方这种隐性担保给地方政府不负责任的举债提供了激励，导致地方政府预算软约束，因此，在当前体制下，唯一能够对地方政府债务进行有效控制只能是中央政府，现阶段中央政府采取改革措施的核心目的也就是确保中央政府能够实施监控。但中央政府对地方政府债务管控的目标时常与中央政府要求地方政府承担的职责是矛盾的，如 2008 年金融危机后，中央政府就要求地方政府在刺激经济增长上有更多的投入，但同时又无力解决地方政府面临的财力困境，其结果就是中央政府默认甚至放任地方政府融资平台进一步泛滥。这一事实表明，中央政府对地方政府债务管控往往因为中央政府的短期化行为而具有很大的随意性，是不可靠的，市场会出现失灵。因此，从长远来看，要从根本上解决地方政府债务问题，单是政府内部进行事权和财权调整是不够的，更重要的是要找到让中央政府和地方政府都必须负责的一种体制和机制。这种体制与机制安排必须能够产生如下效力：地方政府负债必须是基于政府的财政信用，而不是上级政府的信用、更不是非财政的商业信用；债务负担是不可能转嫁的，所有制度安排不会给债权人、债务人转嫁债务风险提供激励。

要取得上述成效，就必须对中央与地方关系进行改革，修订《宪法》和《政府组织法》，让中央与地方债务责任连带责任的总分公司关系变成各自独立对选民负责、独立对债权人负责的母子公司关系，对地方政府债务的约束不是来自上级政府，而是来自资本市场和因地方政府举债受益或受损的当地选民。

第八章　域外教训：预算外纳税人承担无限责任的美国政府资助企业

要解决我国公共预算对政府的软约束问题，就必须将国有企业纳入《预算法》调整范畴，不能让国有企业成为政府可以规避《预算法》约束，随意支配的新财源。如果《预算法》改革不能解决国有企业预算软约束问题，政府就可能将利用国有企业财力来突破公共预算的约束，实现其政治利益和个人利益最大化。在这方面，美国公共预算外特殊政策目的企业——美国政府资助企业的教训值得我们认真研究和吸取。

一、美国政府资助企业

美国政府资助企业（Government Sponsored Enterprises，GSEs），美国2013财年预算中将GSE定义为“是由邦政府基于公共政策目的特许设立的企业”。根据该文件的解释，美国政府资助企业并不包括在联邦预算中，因为它们是私人公司（Private Companies），联邦政府也不对其发行的证券提供信用支持，不过因为其承担公共职能，其财务信息披露按照政府机构的做法和标准执行。它包括：①联邦全国按揭协会（The Federal National Mortgage Association）和联邦住房贷款按揭公司（The Federal Home Loan Mortgage Corporation），为二级住房按揭市场提供支持。②联邦住房贷款银行。为那些给住房和社区开发提供融资的银行、保险公司、储蓄机构和信用社提供资助。③农业信用体系中的机构。包括农业信贷银行（The Agriculture Credit Bank）、农场信贷银行，它们为农业提供资助，受农场信贷管理局（The Farm Credit Administration）监管。④联邦农业按揭公司，也属于农场信贷管理局监管的农场信贷系统金融机构，为农村不动产、农村房屋贷款、某些农村公用设施贷款以及美国农业部担保的农场和企业贷款提供二级市场。本书将这些企业均称之为“特殊政策目的企业”。

从上述美国官方文献关于美国政府资助企业的定义和描述可以看出，它们是金融服务领域的一些公司，由美国国会特许设立，其主要职能是增加关系国计民生特定行业的信贷，促进这些领域的民间投资。政府资助企业相当于我国政策性金融机构，最早出现在农业、教育领域。国会1916年开始设立农场信贷体系（Farm Credit System），其中国内所指的“两房”，即房利美和房地美就是最具有代表性也是资产规模最大的两家政府资助企业，它们属于联邦全国按揭协会中住房政府资助企业。两房因为2007年、2008年金融危机而闻名全球。现行房利美和房地美监管机构——美国住房金融署官网上是这样介绍两房的，即“房利美和房地美是国会创设，在全国住房金融系统中发挥重要作用——给按揭市场提供流动性、稳定性（Stability）和买得起（Affordability）支持。”因为两房在住房按揭市场的地位与作用，它们就与2007年和2008年的金融危机结下了不解之缘。

二、美国政府对两房的接管及国有化：纳税人的无限责任

2008年美国次贷危机全面爆发，住房按揭经历了自20世纪30年代以来最高的违约率，前3个财务季度，两房损失达600亿美元，资本金损失殆尽，公司股票大幅度下跌，摇摇欲坠。2008年根据《住房和经济恢复法》（The Housing and Economic Recovery Act），设立了联邦住房金融署（The Federal Housing Finance Agency，FHFA）。2008年9月7日，美国联邦住房融资署接管两房，解雇了两房的首席执行官和董事会所有董事，强制公司向美国财政部发行79.9%的股份以获得财政部现金注资，信用担保。不仅如此，财政部和美联储还另行收购其持有的证券和发行的债券，2008年11月，联储同意收购两房担保按揭担保证券5000亿美元，以及两房发行的1000亿美元债券。到年底，联储承诺增加1025亿美元按揭担保证券和2000亿美元债券的收购。政府整个接管接收的资产如果按照账面值高达1.1万亿美元。①

两房当时持有、担保和发行支持证券总价值5万多亿美元，几乎占到全美住房按揭的一半以上。外国投资者和政府持有两房发行按揭资产支持证券

① Dale Arthur Qesterle. The Collapse of Fannie Mae and Freddie Mac: Victims or Villains? [EB/OL]. http: //moritzlaw. osu. edu/students/groups/oseblj/files/2013/04/5—17. pdf.

高达5.4万亿美元。实际上所有美国住房按揭贷款人都仰仗两房给住房按揭市场提供流动性。它们拥有或担保了整个国家56%的独栋房屋。接管时第一季度损失就高达331亿美元。2008年，单房利美损失587亿美元，超过该企业过去7年全部净收入。在2007年7月到2009年7月间，两房损失总额高达1650亿美元，最大损失来自两房收购或担保的2006年、2007年间发起的住房按揭。大部分是因为四个州，即亚利桑那州、加利福尼亚州、佛罗里达州、内华达州的房价下跌和按揭违约所到导致的损失，这些损失耗尽了股东权益。截至2009年年底，两房拥有或担保了3100万笔住房贷款，价值5.5万亿美元，其中有500万笔贷款已经处于违约状态，砸在两房手里的住房达到131000套。①

2007年中期，房利美普通股为85美元/股，2010年时下降到40美元/股。

2008年9月，美国政府决定由联邦住房金融署对房利美进行接管，房利美与美国财政部签订了优先股认购协议，后者承诺出资1000亿美元认购优先股。2009年5月，财政部将出资承诺提高，增加到200亿美元。后财政部修改出资承诺，改为出资2000亿美元或2000亿美元加上2010—2012年期间累积的净赤字，二者中取较大者。2011年12月31日，房利美获得了1116亿美元注资，给财政部分红198亿美元。房利美仍然保持为非联邦政府预算实体（即其收入与开支不纳入联邦政府预算）。不过目前政府提供给房利美的所有资助，包括优先股认购安排都纳入了联邦政府的预算。②

2008年9月，联邦住房金融署将房地美接管，房地美与财政部签订优先股认购协议，作出认购1000亿美元优先股的出资承诺。2009年5月，财政部将出资承诺提高到2000亿美元。后财政部把出资承诺修改为，在2000亿美元或2000亿美元加2010—2012年累积净赤字两者中取较大者。2011年12月31日，房地美实际获得财政部712亿美元出资，而给财政部分红165亿美元。房地美仍然不属于政府预算实体，但提供给房地美的资助，包括财政部优先股认购协议都放映在政府预算上。③

接管后的2009年第一季度，两房对该季度发起的按揭贷款收购占市场份

① Elyse Boyle, Eliminating the Risk to Taxpayers: Privatizing Fannie Mae and Freddie Mac, 43 Suffolk U. L. Rev. 178 (2009).

② The Budget For Fiscal Year 2013.

③ 同②。

额的73%，加上联邦住房局和老兵管理局（两机构的由来见后述）合计占所有新增按揭贷款份额超过85%，政府实际上把整个住房按揭二级市场都国有化了，对按揭二级市场的国有化实际上将整个按揭融资市场国有化了，也就是说，实际上是联邦政府承担了按揭贷款6万亿美元的信贷风险，这相当于所有住房按揭贷款余额的55%。如果把联邦存款保险公司保险的银行、储蓄机构和其他实体持有按揭贷款资产算上，该比例上升到84%。

接管后，两房接管者对两房采取了以下改进措施：①提高承销标准，回到了1992年前的标准（收购按揭贷款的标准）。②两房经营活动更加政治化。联邦所有权加大其追究政府目标的政府压力。FHFA推出了一个住房买得起变更计划（The Home Affordable Modification Program），两房宣布将合格借款人的月供限制借款人税前月收入的31%水平上。另外一个与之相关的是住房买得起再融资计划（The Home Affordable Refinance Program），帮助住房拥有者通过再融资解决其还款问题，以便能够获得现行市场更低按揭利率。①

奥巴马政府上台后，承诺要在2010年3月拿出处置两房的最终改革方案。但到目前为止，奥巴马政府也没有能够拿出任何解决方案。②

2013年7月，美国众议院住房金融服务委员会宣布将《保护美国纳税人和住房拥有者法》纳入立法议程。该法案提出终止对两房的救助（Bailout），让两房今后5年间逐步退出。此外，该法还终止了联邦政府在按揭金融系统上的支配地位，给消费者更多选择最适合自己的按揭产品的机会。该法案将首先在委员会举行听证。该法通过将联邦住房管理局首套房首付从3.5%提高到5%。③ 但该法并未列入2013年众议院金融服务委员会9月会期听证和立法辩论的议程中。总之，到目前为止，两房仍然处于接管状态，美国的决策者对其未来仍然无法拿出一个最终解决方案。

美国有学者认为，两房是恶棍，是美国国内不动产泡沫的主要推手，是导致2008年金融危机的肇事者。因此建议将两房和所有政府资助机构都撤销，在政府财政计划中不再使用此类载体。④ 美国住房稽查总长美国联邦住房

---

① Charles Duhigg, Cloudy Future for Fannie and Freddie, 5 Entrepreneurial Bus. L. J. 754 (2010).

② Charles Duhigg, Cloudy Future for Fannie and Freddie, 5 Entrepreneurial Bus. L. J. 734 (2010) [EB/OL]. http://www.nytimes.com/2010/02/02/business/economy/02fannie.html。2014年2月4日登录。

③ Lawmakers propose PATH Act to Create housing sustainability [EB/OL]. http://www.housingwire.com/articles/lawmakers—propose—path—act—create—housing—sustainability.

④ Charles Duhigg, Cloudy Future for Fannie and Freddie, 5 Entrepreneurial Bus. L. J. 737 (2010).

金融署办公室（Federal Housing Finance Agency Office of the Inspector General）官方网站题为“美国政府资助企业历史”的文章开篇就这样写道：“住房政府资助企业（Government Sponsored Enterprise）具有悠久的历史。了解这些组织在按揭市场历史上发挥的作用对于了解金融危机、其原因和将来要吸取的教训是很重要的。”① 到底两房与美国2007年、2008年金融危机有什么关系呢？为防范将来金融危机爆发，我们应从两房身上吸取哪些教训呢？

股份制改革、上市一直被认为是实现政资分离、政企分开的最有效手段，也是实现“两分”最有效的改革模式。但无论是在政策上，还是在理论上，有几个非常关键的问题一直没有弄清楚。那就是，政资分离、政企分开真的分了吗？“两分”真正解决了“没分”所导致的低效率的问题了吗？通过美国两房案例的研究，本书认为，政资分离关键是要解决资本软约束问题，政企分开则是要解决企业特权寻租的问题。目前国有资产管理体制改革（在政府层面设立一个专门国有资产监督管理机构，集中行使国有出资人权利）和国企股份制改革（产权改革）并没有从根本上解决政资分离、政企分开，让国有企业称为真正的市场主体的改革目标。在政府职能没有彻底转变和权力没有受到有效约束情况下，国企依靠其特殊地位（主导地位、保障国家安全和国计民生）仍然保持着与政府的特殊关系，而这种特殊关系让国企仍然能够维持其垄断和特权地位，获得非市场化的收益。尽管国有企业在法律上属于全民所有制企业，但具体到单个国有企业时，企业经营收益和预算的支配权实际上是掌握在少数人手中的。当国企获得非市场化收益时，这部分收益并没有纳入政府公共预算，公众无从得以分享。由于没有纳入公共预算，因此，这部分收益的收入与支出都是极其不透明的，缺乏有效的监督，其滥用也就不可避免。而当国有企业亏损时，政府作为出资人却是最终的风险承担者。当国有企业濒临倒闭时，政府通常选择不是让国有企业破产，而是用公共预算资金去救赎濒临倒闭的国有企业。政府这样的理由就是，国有企业肩负着公共政策目标，必须保留，不能破产关闭，因此，就国有企业经营收入与支出而言，国有企业也存在类似美国政府资助企业“盈利私有化而风险社会化”的现象，尤其是国有企业改制为公司制企业后，国有企业虽绝大多数已经成为股份制企业，主要通过资本市场和银行获取资本和运营资金，但这些都离

① A Brief History of the Housing Government－Sponsored Enterprises［EB/OL］. http：//fhfaoig.gov/Content/Files/History%20of%20the%20Government%20Sponsored%20Enterprises.pdf. 2014年2月4日登录。

不开政府给予的特权资助，因为有政府给予特权资助，政府信用的隐含担保，因此，无论是在资本市场和银行，国有企业，尤其央企都能够非常低成本甚至不受限制募集到其需要资金。随着公共预算改革，公共预算约束的强化，国有企业资本预算软约束与公共预算硬约束鲜明对比将越来越突出，这就预示着，我国各地政府将会越来越多选择国有企业作为地方政府融资平台，最大限度利用这个融资平台获得无法从公共预算渠道取得的财力和利用国有企业这个预算外平台来规避公共预算的约束。

国内许多学者在进行国企比较研究时，通常错误地与美国的政府公司（Government Corporation）进行比较，实际上，相对于我国股份制大国企所承担职能和所面临的问题，美国政府资助企业更具有可比性，二者比较，更能弄清楚问题的实质。

三、两房的诞生及演变

（一）产生的历史背景

如前所述，美国服务于政府住房融资的政府资助企业包括房利美（The Federal National Mortgage Association Fannie Mae）、房地美（the Federal Home Loan Mortgage Corporation Freddie Mae）和联邦住房贷款银行系统（The Federal Home Loan Bank System），这个系统是由 12 家联邦银行构成的。

在 20 世纪 30 年代大萧条之前，住房融资专属于私人领域的事情，住房融资一般是短期并可展期的贷款。这些贷款的特点是：高首付（一般大约占购房款的一半）、期限较短（10 年或以下）、巨大的尾款（Large Balloon Payments），这种按揭贷款产品对于中、低收入的美国家庭而言是很难接受的，不利于推广住房消费。提供住房贷款的金融机构主要是人寿保险、商业银行和储蓄机构。由于没有全国性的住房融资市场，全国范围内按揭贷款发放条件和定价千差万别。[①]

① A Brief History of the Housing Government—Sponsored Enterprises [EB/OL]. http://fhfaoig.gov/Content/Files/History%20of%20the%20Government%20Sponsored%20Enterprises.pdf. 2014 年 2 月 4 日登录。

为应对大萧条带来的住房危机，1932年联邦政府通过了《联邦住房贷款银行法》（以下简称银行法）。根据该法创建了联邦住房银行体系和该银行体系监管机构——联邦住房贷款董事会（the Federal Home Loan Bank Board），联邦政府还设立了住房所有者贷款公司（The Home Owners' Loan Corporation），联邦住房管理局（The Federal Housing Administration）和房利美。

联邦住房银行系统被设计成支持住房融资和给陷入困境的住房所有者提供救助和贷款机构的储备信贷系统（Reserve Credit System）。成员机构包括建筑和贷款协会（Building and Loan Association）、合作银行（Cooperative Banks）、家庭协会、保险公司和储蓄银行，成员必须认购区域性联邦住房贷款银行的股份才能加入。《银行法》规定，联邦住房贷款银行可从财政部获得2.15亿美元的贷款，并发行免税债券以筹集资金用于支持成员金融机构。

住房所有者贷款公司构成罗斯福新政的一部分。它是根据罗斯福总统1933年签署的《住房所有者贷款法》（The Home Owner's Loan Act）设立。该公司由联邦住房贷款银行董事会管理，其职能是为按揭提供再融资以降低取消赎回权率。[①] 它首创了长期、固定利率按揭融资先例，尤其是自助式的分期还款固定利率按揭。该公司在1936年停止贷款活动，并最终于1951年彻底停业。[②]

另外一个新政措施就是1934年颁布的《全国住房法》（The National Housing Act），根据该法设立了联邦住房管理局（The Federal Housing Administration），它为该局核准的贷款人住房按揭提供保险支持。如果住房按揭金融机构发放按揭贷款受到损失，联邦住房管理局负责赔付。住房管理局获得借款人支付保费收入和保费产生投资收益收入。住房管理局扩大了固定利率和长期按揭的融资。

上述联邦政府创立的联邦住房按揭保险体系解决了一级市场住房按揭贷款风险分散的问题，但未能解决影响住房按揭市场发展的住房按揭贷款流动性问题。解决住房按揭贷款流动性需要一个变现能力强的住房按揭二级市场，只有让住房按揭流动性解决了，发放住房按揭贷款的金融机构才能不断地通

① 取消赎回权是指借款人违约后，用于担保的房屋就归贷款人，贷款人可将房屋拍卖，拍卖的价款用于偿还拖欠的贷款，因此，取消赎回权就意味着借款人丧失对房屋的权益。

② A Brief History of the Housing Government-Sponsored Enterprises［EB/OL］. http：//fhfaoig.gov/Content/Files/History%20of%20the%20Government%20Sponsored%20Enterprises.pdf. 2014年2月4日登录。

过按揭市场释放出沉淀的资金，持续地提供住房按揭贷款。为此，房利美和房地美等政府资助企业就应运而生。

（二）房利美的诞生

房利美于1938年由美国国会特许设立。起初，房利美是复兴金融公司（The Reconstruction Finance Corporation）的子企业，设立房利美的初衷是帮助低收入家庭能够买得起和拥有住房，同时通过住房消费刺激美国尽快恢复，摆脱大萧条。房利美主要经营活动就是从私人银行手里收购由联邦住房管理局担保的按揭贷款，然后在二级市场出售给其他机构和个人投资者，以此来促进和稳定住房按揭信贷资金的供给，提高美国住房拥有率。

（三）房利美改制、上市及从联邦政府预算中剥离

房利美成立初始并未给住房按揭市场流动性带来实质性的改观，直到1944年《服役人员重新调整法》（The Servicemen's Readjustment Act）通过。该法创设了老兵管理局（Veterans Administration）按揭保险计划，给美国参与“二战”的退役老兵提供低成本长期按揭贷款。房利美自1948年开始购买老兵管理局保险的贷款，业务迅速增长。

1954年，美国国会通过了《联邦全国按揭协会特许法》（The Federal National Mortgage Association Charter Act）重组房利美，将其改制为公私混合所有制的公司。1954年改制重组一个重要动因就是房利美耗费了巨大的联邦基金，国会不想继续使用公共财政资金来维持该机构的运转，希望通过重组吸收私人资本。① 该法授权房利美通过发行股票和债券募集资金收购按揭资产，还给予了房利美免除除物业税（不动产税）外所有州及地方税。因为不再受年度国会预算设置的融资上限约束，其发行新债只需要财政部核准，重组后的房利美很快实现了爆炸性增长。②

因美国联邦政府陷入越战泥潭，公共开支急剧攀升，为彻底让房利美的债务不包括在公共债务中，从联邦政府资产负债表中移除，1968年，美国联邦国会通过了《住房和城市开发法》（The Housing and Urban Development Act of 1968），把房利美私人出资部分（Privately - financed Part）从混合所

① Charles Duhigg，Cloudy Future for Fannie and Freddie，5 Entrepreneurial Bus. L. J. 736（2010）.
② 同①。

有制公司中剥离出来，改制为政府资助企业，一个私人出资的按揭二级市场机构，营利性质的股东所有的公司（For-profit，Shareholder-owned Company）。联邦出资部分则剥离出来部分装进了一个新的机构——政府全国按揭协会，即珍妮美（The Government National Mortgage Association，Ginnie Mae）。

此次改组彻底把房利美从联邦预算中撇出去了，其债务不再在联邦政府资产负债表上反映。房利美通过发行股票募集资金赎回了财政部持有的优先股，彻底成为了私人所有企业。1968 年法还授权房利美发行按揭担保证券。同时修改特许状，允许其收购非联邦住房管理局担保的住房按揭贷款，后房利美在纽交所上市。至此，房利美不再依靠政府预算渠道筹集资金，而是通过股票和债券市场募集运营所需要资金。1968 年《住房和城市开发法》还授权联邦住房与城市开发部对房利美进行监管，并给予要求房利美必须将住房按揭贷款收购合理份额用于中低收入住房按揭贷款收购。①

根据《住房和城市开发法》，珍妮美承担了房利美部分政策职能，它是住房和城市开发部所属的政府所有公司。该公司是为私人发行的由联邦住房管理局、老兵管理局及其他政府保险和担保按揭的按揭担保证券提供本息偿付提供担保，并取得费用收入。

（四）房地美的诞生

房地美是根据 1970 年国会通过《紧急住房融资法》特许设立的。1970 年，国会通过《紧急住房融资法》（The Emergency Home Finance Act of 1970）。它的设立是为了帮助储蓄管理与利率风险有关的风险。最初，房地美是由联邦住房贷款银行出资 1 亿美元设立。

（五）两房的扩张和房地美上市

1970 年《紧急住房融资法》极大地扩大了两房经营活动范围。它们可以同时收购政府保险的或担保的按揭，同时收购常规的证券化按揭。联邦住房局（FHA）不再限制两房资产组合。1971 年，房地美首次发行了普通的贷款按揭担保证券。

20 世纪 70 年代和 80 年代，房利美和房地美各自战略定位有所不同。房

① A Brief History of the Housing Government-Sponsored Enterprises.

地美集中从储蓄机构收购合格按揭，通过按揭担保证券把与这些按揭有关的利率风险转移给按揭担保证券投资者，而不是持有按揭。相反，房利美坚持其传统收购按揭贷款并持有的战略，这增加了利率风险。

20世纪70年代末80年代初通胀和衰退导致利率急升，随之给房利美和许多主要依靠短期负债维持其长期按揭持有的储蓄机构带来巨大压力，当银行因资金短缺不能充分满足住房按揭需求时，两房充当了经纪和承销住房按揭担保证券，即被称之为“住房按揭证券化”的重任。但房利美因为利率上升而蒙受巨大损失，为此，联邦政府给房利美通过放松监管和税收减免提供财务支持，帮助其弥补损失，而房地美则因为通过发行按揭担保证券而不受影响。此外，《1982年加恩圣日耳曼存款机构法》允许储蓄机构分散其投资，能够投资更盈利、风险更大投资和贷款活动。这导致许多储蓄机构因更大风险投资或贷款而蒙受更大损失。1984年，房利美获得了购买和认购次级担保按揭［Subordinate Lien（Second）Mortgage］的授权。

20世纪80年代储贷协会危机导致住房市场几十亿美元的损失，到1989年，负责给储贷协会存款提供保险的联邦储贷保险公司（The Federal Savings and Loan Insurance Corporation）破产。为此，国会通过了《1989金融机构改革、恢复、实施法》（The Financial Institutions Reform，Recovery and Enforcement Act 1989）。该法撤销了联邦储贷保险公司，将其资产、债务和运营转移到新设立的联邦储贷处置基金，并设立了一个新的储蓄协会保险基金（The Savings Association Insurance Fund）。该法还创设了处置信托公司（The Resolution Trust Corporation）通过接管解决所有陷入困境的金融机构。

《金融机构改革、恢复和实施法》也对房地美公司架构进行了重组，将其改制为类似房利美的营利、私人股东所有而不是联邦住房贷款银行所有的公司。该法还改组了联邦住房贷款银行的监管体制，撤销了联邦住房贷款银行董事会，将其职责转移到新设的联邦住房融资董事会（The Federal Housing Finance Board），成员资格向贷款资产组合中住房按揭相关资产超过10%以上的所有存款机构开放（包括合格商业银行、信用社）。因此，尽管有大量储蓄机构关闭，联邦住房贷款银行成员从1989年的3200家增加到2005年的8000家，总资产从1750亿美元增加到1万亿美元。

1989年，房地美改制为私人拥有的公司，并在纽交所挂牌上市。

（六）两房对住房按揭二级市场的垄断及强化

用美国学者的话来说，1968 年法把房利美创造成一个两面神（Janus）。①这之后，1970 年成立的房地美又复制了房利美的模式。一方面，两房特许状（章程）（Charter）有一个免责声明，它们发行的所有证券产生的负债不是美国政府的债务。两房利用该免责安抚国会和联邦监管者，公司的债务不会牵连到政府。它们同时还鼓吹选举公司的董事的私人股东监督公司，这些说辞麻痹了其监管者——美国住房和城市开发部，它放松了对两房的监督。另一方面，两房又利用其政府资助企业的特殊身份，竭力让公众相信它们是政府银行，并从中获益，可以以更低利率出售债券。因为有美国联邦政府隐性担保，资本市场那些厌恶风险但又期望获得比国债更高回报的养老基金、外国政府蜂拥追捧两房发行的债券，从而让两房获得了取之不竭的廉价资金来源②。

当住房按揭二级市场变得越来越有利可图时，两房获得的特权也引起住房按揭二级市场私人竞争者的不满，并出现了许多要求取消两房特许及相关特权的呼声。要求取消两房特许地位的压力主要来自共和党和信奉自由市场的经济学家。他们主张废除两房的联邦特许地位，将其私有化为营利的普通公司。如果两房丧失了联邦特许身份，特许派生出来的许多特权，尤其是联邦政府隐含担保也就必然丧失，两房就不能利用政府信用从资本市场比私人竞争者以更低利率获得融资。为此两房展开强大政治游说攻势，游说国会维持两房特许地位。两房游说的主要卖点就在于其作为二级按揭市场的流动性提供者在解决中低收入买得起房上发挥了不可替代的作用。它们的宣传赢得了社区集团和民主党的支持。配合国会的游说，两房也抛出了巨大的足以吸引公众眼球的刺激中低收入社区发展的庞大投资计划。1991 年房地美首席执行官吉姆·约翰逊（Jim Johnson）就宣布了一个 100 亿美元“为首次购房的人打开买得起房之门”计划。在 1992 年立法时，他说服国会把买得起房的目标写进立法。1992 年，联邦国会通过了《1992 年联邦住房企业金融安全和稳健法》（The Federal Housing Enterprise Financial Safety and Soundness Act of 1992）。根据该法设立了联邦住房企业监督办公室（The Office of Federal

① Charles Duhigg, Cloudy Future for Fannie and Freddie, 5 Entrepreneurial Bus. L. J. 750（2010）.

② 同①。

Housing Enterprise Oversight)，作为联邦政府和城市开发部内设的一个独立监管机构，负责房利美、房地美审慎监管和执法。但联邦住房企业监督办公室的预算来源于两房的缴费。同时该法也规定住房和城市开发部可以向两房下达在中心城市、农村和其他低收入地区买得起住房融资目标任务。1992 年法还对两房章程也进行了修改，要求其承担“中、低收入家庭便利买得起住房融资的积极义务”。1995 年，住房和城市开发部要求房利美和房地美每年都必须满足按揭收购目标。

为保证两房落实特许所确立公共政策目标，国会有关立法授权美国总统拥有任命两房 18 名董事会成员中的 5 名董事成员的权力。同时立法也要求总统任命的 5 名董事中至少 1 名来自住房建设行业、1 名来自按揭借贷行业；1 名来自不动产行业以及 1 名来自代表消费者或社区利益的不少于 2 年的代表或 1 名从事低收入家庭住房拥有事业的人。

表面上看，1992 年法案似乎是加强对两房监管的立法，但其实质是捍卫和保障两房特权地位的立法。虽然两房已经成为私人股东所有的上市公司，但 1992 年立法却维持了两房国会特许的政府资助企业的法律地位，这实际上是捍卫了两房作为特许企业享有一切特权，确保其不会因为其私有化而发生改变，不仅如此，在原来特权基础上，它们又获得了更多特权，即作为私人企业可以不受限制地从事与住房按揭有关的营利性经营活动。因此，美国学者认为，1992 年法案成为两房发展的分水岭。① 1992 年法让两房与先前的联邦住房管理局处于直接竞争地位。受此立法的鼓舞，两年后，房地美约翰逊将原来 100 亿美元计划翻了 100 倍，提出了一个 1 万亿美元的计划。在两房强有力的竞争下，联邦住房管理局贷款保险业务陷入困境挣扎中，2000 年后开始下滑（政府接管两房后 2009 年，联邦住房管理局又复活了）。② 最终，两房逐步垄断了美国住房按揭二级市场，其垄断地位一直保持到危机爆发前。

两房共同创造一个全国性的住房按揭二级市场，随着美国资本市场的国际化，两房发行债券和按揭担保债券销售到全球机构投资者，把全球资本市场与美国住房按揭市场连接在一起，形成了一个规模庞大的国际化住房按揭二级市场。

---

① Charles Duhigg, Cloudy Future for Fannie and Freddie, 5 Entrepreneurial Bus. L. J. 739 (2010).

② 同①。

四、两房作为特殊政策目的企业享有的特权及滥用

（一）与执政党形成了相互间进行利益输送的裙带关系

改制上市后，两房成为纯正的私有企业，但由于其特殊特许地位和特许赋予的公共职能，两房成为兼具公共性与私有性的公私混血公司。其“公共性”主要表现在公司的使命是为全国住房按揭二级市场提供流动性并确保其稳定，鼓励银行金融机构增加对中低收入家庭住房贷款，买得起房，提高居民住房拥有率。1989 年《金融机构改革、恢复和实施法》更新了两房的目的是“为住房按揭二级市场提供稳定性”“对私人资本市场作出适当回应”“对住房按揭二级市场提供持续资助”，让更多中低收入美国家庭能够买得起的住房。

“买得起房”是美国众多中产阶级的梦想，在动员民众选票上具有很强的感召力，因此，无论是民主党，还是共和党都把其两房作为其政治选举的重要工具，想尽各种办法推动两房投放更多资金到中低收入社区，以便获得这些社区更多的选票。而两房也利用其巨大经济影响力影响公共决策，以便获得更多特殊政策的支持。两房因此与执政政党之间形成了相互进行利益输送的裙带关系。

政治上推动买得起房刺激了两房在金融危机前 20 多年间不受限制地增长。如克林顿政府给房利美施加压力，扩大中低等收入美国人的按揭。两房照办了，利润显著增加。与此类似，2001 年，布什总统建议增加更多住房拥有，极大促进按揭业增长，并号召两房协助实现美国布什政府后面推动一个“所有社会”（Ownership Society）。① 在两房人事任免上，总统对两房董事会的任命变成了裙带关系。如 Rahm Emanuel，目前奥巴马总统幕僚长，曾在 2000 年、2001 年担任房地美董事，离开后成为总统克林顿的资深顾问。②

（二）政府隐含担保为两房过度冒险提供了激励

两房主要从事两类经营活动，一是帮助按揭发起人将按揭打包成住房按

---

① Elyse Boyle，Eliminating the Risk to Taxpayers：Privatizing Fannie Mae and Freddie Mac，43 Suffolk U. L. Rev. 163（2009）.

② Charles Duhigg，Cloudy Future for Fannie and Freddie，5 Entrepreneurial Bus. L. J. 739（2010）.

揭支持证券，为该证券提供担保，获得担保费用收入。二是两公司通过发行债券筹集资金收购住房按揭贷款资产，然后包装成按揭担保债券出售，从中赚取利差收入。其中利差收入让两房获利巨大。

两房经过政府批准的章程对收购的按揭贷款的标准施加了严格限制，通常，只允许收购价值与贷款比例在80%或更少的按揭贷款，除非该按揭有按揭保险或其他信用支持。符合其收购标准被称之为“合规贷款（Conforming Loan）”，否则即为“不合格贷款”。在合格按揭贷款二级市场，两房处于无可争议的垄断地位，其发行按揭担保债券占了几乎一半以上，其他金融机构企业无法与两房竞争。

两房获得的竞争优势及最终对住房按揭贷款二级市场的垄断源于其联邦政府对其提供隐含担保和法律给予的特权。虽然国会通过两房特许状明确规定：它们的“债务，以及利息，美国并不提供担保，不构成美国债务或任何机构的债务，而是公司债务”。而且两房的注册章程和发行证券免责条款也明确了这一点。但这并不妨碍两房和整个华尔街都宣称美国政府对两房的债务提供了暗含担保。当美国监管机构对外作出澄清时，两房就立即进行阻击。房利美在1998年在一封给货币监理署的信函中指出：“所有政府资助企业发行证券在联邦银行机构风险资本标准中都获得比AAA级（非政府资助）资产担保证券更优惠对待。”2000年3月22日，美国财政部部长金赛尔（Gensler）在美国国会作证时说，联邦政府对政府资助企业发行证券不提供担保。两房立即回应说，财政部部长的言辞是“不负责任和不专业的”。美国一位知名的教授就指出：“在经营与联邦政府关系上，政府资助企业非常成功地玩了一个两面派游戏。它们断然否认它们拥有任何正式的、法律上可强制执行的政府担保，给人以它们没有任何政府担保的印象。同时，它们却致力于强化市场暗含政府担保这种感性认识。实际上，政府资助企业告诉国会和新闻媒体，‘不要担心，政府并没有被套住’，然后又转身告诉华尔街，‘不用担心，政府实实在在被捆绑在一起’。”①

值得注意的是，美国华尔街似乎也根本不把美国联邦政府无担保责任声明当真。穆迪就公开对政府提出挑战说：“政府在治理和监管控制上对政府资助企业越强，其暗含担保和在必要时提供资助的道义上义务就越大。”两房发行的证券也享受的信用评级一直介于AAA级的公司债和美国国债之间。当两

① Charles Duhigg, Cloudy Future for Fannie and Freddie, 5 Entrepreneurial Bus. L. J. 739 (2010).

房规模达到顶峰时，其资本金只有832亿美元，但却拥有5.2万亿美元的债务和担保，融资杠杆率高达65倍，但两房发行债券和按揭担保证券都毫无例外地被华尔街评级机构评为AAA级，对此标准普尔解释说，因为两房与政府的特殊关系，有政府特别支持。

国会预算办公室在提交给美国国会一份报告中指出："政府资助企业证券在联邦法上享受的特殊待遇向投资者发出信号：这些证券是相对安全的。投资者可能会推导出，如：如果这些证券有风险，政府也就不会豁免其不受防止公众或私人基金遭受损失保障性保护的约束了。"这里所说的特殊待遇就是指国会特许状赋予两房诸多的特权。①两房发行证券享受美国国债的待遇，不仅豁免美国严厉的《证券法》约束，也无须向证交会注册。这不仅节约了注册费用，而且无须履行信息披露等合规义务。②税收豁免。两房豁免大多数州与当地税收。除不动产税外，大部分州和地方税被豁免。③州法适用豁免。特许状基本上排除了州法对两房经营活动的适用。[①]

此外，国会还给予了两房在经济上诸多财政部、联储理事会才享有的特权。包括：①授权财政部可以购买两房发行的债券。财政部可以购买22.5亿美元的房地美债券。②所有信托、公共基金、投资或存款机构投资两房债券均为合法投资，不受任何限制，一如美国政府债券。而且，联储和依美国法律设立存款保险公司成员银行，无论是国民银行和州银行，信托公司和其他银行组织，都可以认购房利美的普通股。③货币市场基金投资多元化的要求不适用于两房债券，也就是投资两房债券不受任何法律上的限制。④联储充当两房的财政代理，享受联邦政府同等待遇。

不仅如此，在审慎监管方面，两房还享有诸多其他金融机构部享有的特权，两房不受《联邦存款保险银行持股公司法》旨在确保金融机构偿付能力3%资本/资产比例要求的约束。[②]

不仅如此，美联储对两房也出奇的善待。①联储理事会将两房证券当作是政府证券对待。给予其两大特殊待遇，一是联储银行接受两房债券作为贴现窗口的担保。而按照联储规则，只有美国担保本息的直接债务才能作为贴现窗口的担保。二是联储公开市场业务操作中买卖的证券就包括两

---

① Elyse Boyle，Eliminating the Risk to Taxpayers：Privatizing Fannie Mae and Freddie Mac，43 Suffolk U. L. Rev. 173（2009）.

② Charles Duhigg，Cloudy Future for Fannie and Freddie，5 Entrepreneurial Bus. L. J. 738（2010）.

房发行的债券。而按照《联储法》，联储只能在公开市场买卖美国国债或美国联邦政府充分担保本息的债券。联储在 2007 年一个解释中说，两房债券包括在美国联邦政府充分担保本息的债券范畴。②联储监管下的银行对两房债券的投资不受任何限制，包括国民银行，联邦储蓄协会和联邦信用联社。而与此形成强烈对比的就是，如投资其他上市公司发行的债券，则受到严格限制。国民银行除非获得货币监理署的批准，否则不能以自己账户投资上市公司发行的债券。③对两房资本充足率的要求也比联储监管的其他金融机构要低得多。两房只需持有其按揭或按揭担保证券组合的 2.5%资本充足率即可。

正因为两房享有上述特权和特殊的待遇，所以，美国资本市场参与者普遍把两房发行债券看作是暗含政府担保的债券，与美国国债一样风险极其小。因此，两房能够以远比其他上市公司债券低得多的利率发行债券筹集资金，事实上，两房发行债券的利率也只比国债略高一点点。正是有这样的优势，所以，两房在按揭二级市场的垄断地位无人能撼动。而且，几乎所有人都坚信，多少年来，许多人预测联邦政府不会允许政府资助企业倒闭，因为它们的规模和地位，即便是立法没有政府担保企业债务的强制性规定。

政府隐含担保为两房过度冒进和冒险提供了激励。在危机前 20 多年间，住房按揭二级市场和住房按揭担保证券市场急剧发展，越来越多的投资银行和机构加入到了住房按揭二级市场，争抢按揭担保债券发行所带来的巨大利润，全球机构投资者也疯狂加入按揭担保债券和其衍生证券的投资，从 1984 年到 21 世纪初，住房按揭担保证券该市场增长了 500%。而为人们所忽视的事实是，在提高中低收入住房拥有率政治压力下和出于暴利的贪婪，两房也一再降低了其住房按揭收购标准。虽然，法律授权两房收购经过合格按揭，但两房收购不合格按揭（价值比很高的高风险按揭）构成按揭担保证券不受任何限制。1997 年，两房开始投资分层（Tranched）按揭担保证券，此类分层按揭担保证券通常完全或部分是由次级贷、无分期或称之为 ALT－A 贷款（缺乏标准文件的贷款）构成的。初始是以对冲短期利率上升风险，后来则以增加住房拥有作为借口。[①] 在 2006 年和 2007 年，两房把次级按揭贷款也纳入

① Tim Mathews, Likely Impact of The Dodd - Frank Wall Street Reform and Consumer Protection Act on Future Government Sponsored Enterprise Activities in the Secondary Residential Mortgage Market.

其收购范畴，并最终将其推向崩溃的边缘。尽管如此，销售两房发行按揭担保证券的经纪人仍然把两房证券看所是低风险投资，信用评级机构照常发布非常有利的信用评级。[①] 经历了持续疯狂的扩张之后，两房成长为美国资产规模最大的公司，但却是一个早已危机四伏的危楼。

（三）两房对监管的瓦解与俘获

规模急剧膨胀让两房大到了不能管的地步。早在20世纪90年代，就不断有人提出，两房利用其垄断地位和政府银行担保可能会给联邦政府带来无限的风险，要求加强监管的呼声也日渐高涨。虽然美国国会在1992年通过了《联邦住房企业财务稳健法》授权联邦住房企业财务安全和稳健办公室专门负责两房的审慎监管。它规定，联邦住房企业财务安全和稳健办享有以下监管权力：制定资本充足率要求、进行财务检查和必要时任命接管人对两房进行接管。但美国学者普遍认为，该办公室监管权力和权威根本不足以抗衡两房在华盛顿的巨大政治影响力。2003年6月，联邦住房企业财务安全和稳健法办公室对房地美财务进行审查发现，该公司存在严重会计违规和盈利操纵的问题。随即在10月，房利美就公开承认第三季度因会计错误多计10亿美元利润。在随后证交会和联邦住房财务安全和稳健办公室2004年和2005年系列调查中发现，这只是冰山一角。房利美不仅多计利润，而且隐匿了24亿美元的损失，公司内部控制也非常不健全，董事会对管理团队唯命是从，公司一直在从事非常危险的商业做法，资本储备严重不足，高管从业绩操纵中中饱私囊。最终，房利美和证交会达成支付4亿美元罚款的和解，同时增加40亿美元到50亿美元的资本储备，将董事会主席与CEO分开，采取新的会计政策等纠正措施。

2003年两房暴露出来的严重财务欺诈问题让加强监管的呼声再次高涨，有国会议员提出了加强监管立法草案。但这些草案在众议院专门委员会上就被阻击了，这与这之前诸多旨在加强两房监管立法尝试所遭受的命运完全相同。对此，《纽约时报》评论说，房利美在政治上是不可触犯的（untouchable），有权力巨大游说者军团，董事和高管混迹于华盛顿的各种政治势力的权力经纪人，上万亿美元的资产组合，这个巨大的苹果派担负着帮助人们能够

① Elyse Boyle, Eliminating the Risk to Taxpayers: Privatizing Fannie Mae and Freddie Mac, 43 Suffolk U. L. Rev. 163 (2009).

买得起住房的核心使命就足以阻止任何对其怀有敌意的立法尝试。

（四）两房特权产生的收入中饱了两房股东和管理团队

承担着保障美国中低收入拥有住房的政治使命成为两房为自己的特权、垄断地位和进行政治上游说，逃避监管最强有力的说辞。但事实证明，两房在提高美国中低收入家庭住房拥有上并没有起到美国决策者期望的作用。统计表明，美国住房拥有率在1960年到1980年持续增长，在1980年达到最高峰，拥有率达到65.6%。全国住房拥有率随后停滞，也就是在两房急剧扩张的里根和布什政府时期，拥有率反而下降，到1992年下降到64.1%。在过去整个20年间，美国住房拥有率也仅仅上升了3.4%，在危机前达到67.3%。

尽管两房在实现公共目标上发挥的作用微乎其微，但依靠美国联邦政府隐含担保和借此获得垄断地位和特权所获得大量补贴收入却中饱了两房的管理团队、股东以及华尔街各个利益集团。因为有政府隐性担保，所以两房每年能够节省20亿美元的借贷成本。美国预算办公室的一份研究报告揭示：美国政府暗含担保和两房的享有的特权地位使其能够从以下三个方面获得实际的联邦财政补贴。①能够不受限制地以更优惠利率发行债券，获得融资，同时能够以更低收益率发行按揭担保证券，获得比其他金融机构发行按揭担保证券更高的收购与转让的利差收入。政府资助企业能够以每100美元获得41个基点利率优势发行债券筹集收购按揭贷款的资金，同时又因为其发行按揭担保债券高的信用评级，能够在债券利率上获得30个基点的优势。②减少的合规成本和税收。因为享受诸多监管豁免和免税待遇，两房发行的证券节省了证交会注册费用和每年支付的评级费用，同时又获得了税收优惠待遇，这些每年也可以为其获得很大一笔收入。据美国学者研究，两房从上述担保和特权中获得的补贴收入高达1500亿美元。其中90%是联邦政府暗含担保提供的。由于主要依靠政府信用担保获得补贴收入，因此，两房资产规模越大，获利就越多，而给联邦政府增加的风险就越大。

两房等政府资助企业辩称其资金优势主要来自流动性，不过，国会预算办公室把他们证券更大流动性归功于其暗含担保，相当于美国国债的政府担保。虽然，国会给予两房这些特权和特殊待遇是期望通过按揭贷款优惠利率转移支付给美国中低收入购房者，但美国国会预算办公室提供的报告显示，转移支付到购房者身上最多不超过一半，其他一半以上的补贴收入都被两房截留，在两房股东、管理团队和华尔街之间进行了分配。而且国会预算办公室报告还表明，两房之所以把补贴大部分截留，关键就在于其在按揭二级市场上的垄断地位，该市场缺乏有效竞争。从历史数据来分析，将补贴转移给按揭借款人的比例与市场竞争程度呈正相关关系，竞争程度越激烈，转移比例就越高，反之则低。对此，有美国学者痛斥说，两房实际上把“利润私有化但风险社会化”（Privatizing Profit But Socializing Risk），两房设立初始目的是要为美国公民提供持续不断按揭供给，但它们实际上却只是在为股东持续不断创造利润和董事提供高薪。[①] 联邦隐含担保给其带来较低利率负债所产生收益中，有67亿美元让消费者获益了，占106亿美元中的64%，而其余39亿美元则流向了股东和高管。[②]

（五）不负责任地迎合政客们的政策目标导致金融风险积聚，为危机埋下了隐患

两房管理团队有两个很难协调的相互冲突的职责，一是对政府的，二是对股东的。它们必须在追求国会、政府确定的政策目标的同时也兼顾到股东价值最大化的目标，为此，两房通过任命更能管理政治风险而不是金融或运营风险管理人员，通过游说和政治捐款解决两者之间产生的冲突，而不是通过加强风险管理来解决。因此，两房管理团队把主要精力集中在降低监管监督，维持其特权，保持竞争优势，影响确定其政策目标的立法上。[③]

当房地产价值被高估，有了泡沫，投机进一步推高泡沫时，两房本应该严格执行住房按揭收购标准，发挥阻挡泡沫形成的堤坝的作用。但事实恰好相反，两房为了牟取暴利，却一再降低按揭收购的标准，成了推高泡沫的主要推手。2008年危机爆发时，美国处于履行状态的住房按揭中有49%属于高风险、违约风险很高的按揭，两房持有其中大多数。也就是说，从1992年到2008年，两房就成为需求方的主要推动力，它刺激了一级市场高风险贷款的发放。[④] 需求的推动导致贷款的标准一再下降。传统上，安全的按揭贷款的贷

---

① Elyse Boyle, Eliminating the Risk to Taxpayers: Privatizing Fannie Mae and Freddie Mac, 43 Suffolk U. L. Rev. 180 (2009).

② Tim Mathews, Likely Impact of The Dodd－Frank Wall Street Reform and Consumer Protection Act on Future Government Sponsored Enterprise Activities in the Secondary Residential Mortgage Market.

③ 同②。

④ Charles Duhigg, Cloudy Future for Fannie and Freddie, 5 Entrepreneurial Bus. L. J. 748 (2010).

款与担保物市场价值比（Loan-to-market Value of the Property，LTV）都控制80%。而到1992年，LTV90%也可接受。在1992年到2007年，两房收购了1.3万亿美元LTV为95%的按揭资产，在此期间发放的按揭贷款中此种高风险按揭占62%。到2005年前后，零首付到3%的首付成为住房按揭主要贷款形式，而两房成为此类贷款主要买家。此类贷款目前违约水平比LTV90%及更低水平的贷款要高出7～8倍。房利美在1994年开始购买LTV高达97%的贷款，2000年开始购买LTV100%的贷款。自1997年到2007年，政府资助企业购买了2.2万亿美元的次级贷款。这是其他私人持有次级贷资产的1.5倍。次级贷违约率是传统贷款违约率的8～9倍。政府资助企业也陷入ALT－A市场（风险介于普通按揭与次级贷之间一个市场），在2002年到2007年期间，政府资助企业收购了7730亿美元此类贷款资产（包括私人发行此类ALT－A贷款支持证券），占此类贷款的55%。此类贷款违约率也是传统贷款的9～10倍。①

导致两房陷入高风险按揭资产始于1992年联邦住房和城市开发部买得起住房使命，自1977年始，因为《社区再投资法》，私人银行需要履行中低收入社区贷款考核目标，而自1992年开始，这些考核目标也开始适用于两房。为急于达标，就只能降低欠发达社区的贷款标准，使用灵活的、创新的、宽松的贷款标准，接受价值比超过97%的按揭贷款。贷款发起银行降低了社区再投资贷款的放贷标准，将此类贷款计入其买得起房的考核指标，在2000年到2007年间将，它们又将此类贷款的近50%出售给了两房，两房则用此类资产来满足政府下达给它们的买得起房的考核指标。而且，两房还购买私人发行的用于满足社区再投资指标次级贷款支持的证券。与其他私人银行或金融机构所不同是，对于两房而言，它们是情愿参与买得起住房目标计划的，因为这有助于它们在国会游说维持其联邦特许给予的特权。②

2009年6月18日，联邦住房金融部（FHFA）首任主任就称，买得起住房目标导致不该发生的事发生了。如果不降低贷款标准，社区再投资贷款标准不降低，按揭危机就不会发生。美国住房拥有率30年以来一直维持在64.2%，而在2004年达到顶峰，达到69.2%。贷款发放标准也降到了极致，出现了所谓“骗子贷款”（Liar's Loans），无须借款人提供文件，也不对发起

① Charles Duhigg, Cloudy Future for Fannie and Freddie, 5 Entrepreneurial Bus. L. J. 748 (2010).
② 同①。

人提供信息作任何核实。两房股东把对两房监督寄托在联邦监管者身上，而两房债权人则把赌注押在了联邦政府对两房债务隐含担保上。而两房管理团队则设法俘获了主要监管机构——OFHEO（危机发生后布什政府有些气恼地将该机构予以撤销），并成功游说国会维持其特权特许。①

五、吸取的教训

两房也经历了从国有到股份制改革并上市，成为上市公司，但一直都没有能够彻底摆脱作为实现政府政策目标特殊目的公司的地位，美国联邦政府也因此没有办法与两房实现政资分开、政企分开，美国联邦政府承担了全部经营风险和债务，并再次进行国有化。

而从最终结局来看，房利美私有化改制后，虽然联邦政府没有实际投入资本，两房资本为私人投资者提供，但联邦给予两房大量特权和垄断地位实际上是给予其无限制的授信额度，两房实际上就拥有了一张透支不受限制白金信用卡，两房可以随时进行透支消费，而参与透支消费还包括购买选票的政客，两房无节制的透支创造了“华尔街”虚假繁荣，也不断推高了美国不动产市场的泡沫，危机爆发，泡沫破裂，数万亿美元的财富随着危机烟消云散，随之而来的是无数美国中低收入家庭的拥有住房“美国梦”的破灭，不仅如此，两房负债表上 5.5 万亿美元的债务还得留给美国纳税人在未来慢慢地消化。

两房获得特权原是为保障中低收入家庭住房拥有的住房的公共目的而服务的，但事实证明，两房垄断和特权地位产生主要受益者并非美国中低收入家庭，而是两房的股东、管理团队、政客和华尔街，但两房造成亏损和美国房地产市场泡沫破裂所造成一切损失却最终仍然要美国公共财政来背负，这一切都表明：政企勾结和政资之间利益同盟关系并不完全依托的是资本纽带，也并非是某一方面一厢情愿就可形成的，而是双方相互利用，相互进行投桃报李的利益输送的结果，也就是说，从公平与效率角度上讲，这既是政府的失败，也是企业的失败。反之，政资分离，政企分开也并不是简单地通过私有化就可以实现的。只要特权和垄断不能得到有效监管和约束，无论是掌握在政府手中，还是在企业手中，它都一样滋生腐败和导致资源配置无效率。

① Charles Duhigg, Cloudy Future for Fannie and Freddie, 5 Entrepreneurial Bus. L. J. 751 (2010).

从美国国会创设政府资助企业初衷和赋予其法定职能上而言，美国政府资助企业同我国国企一样承担着在国民经济中的主导作用，保障国计民生的公共职能。两房中的房利美也经历了国有独资，私有化、上市改制过程，这与我国国企改革历程与模式也极其类似。与我国大国企改革所不同的是，房利美产权更为彻底，完全实现了私有化。而房地美也采取同样模式，改制成了私人所有的上市公司。两房完成了股份制改革，并上市，按理说，两房在政资分离、政企分开上做得还是非常彻底的。但最后还是美国联邦政府为其承担了无限责任，说到底是美国纳税人为其承担了无限责任。

尽管美国联邦政府法律上完全与两房没有任何资本上的联系，尽管美国政府通过各种途径明确向外界声明，两房不是美国政府公司，美国不对两房债务提供任何担保，也不承担任何法律责任。但华尔街似乎根本就不信这个邪？只要是两房出售的证券，美国信用评级机构毫不犹豫地给予其最高的信用级别（仅次于美国国债），华尔街总能把它们销售一空，而且，耐人寻味的是，美联储也是两房债券的主要买家，不仅如此，其监管下的银行等金融机构持有的两房债券，一律作为无风险次级资本对待。

综上所述，本书认为，在处理公共预算与国有资本经营关系上，我们可以从美国两房倒闭事件上吸取以下几个教训：

1. 两房虽然改制上市了，但是其特殊政策目的企业的地位仍然未发生改变，仍然维持着特许公司的地位。

2. 两房私有化后，虽然从联邦政府预算中剥离出来，但因为政府隐含担保等特权，让其仍然能够以政府信用从资本市场不受限制获得资金。

3. 两房作为联邦政府机构时，其支出受到联邦政府预算约束，预算为融资额度及其目的设置了上限，私有化后这些约束也就不存在了。但因为承担了特殊政策职能，利用政府隐性担保获得了巨大的市场竞争优势，赚得了巨大的利润，巨大利润分配给了股东和管理团队，但公司冒险累积的风险却留给了政府承担。当危机到来时，两房私人股东享受到了有限责任的保护，而联邦政府却承担了无限责任，并最终要为两房全部债务买单。

我国国有企业改革历史也证明了这一点，无论国有企业如何改革，政资分离、政企分开都是不可能实现的，2004 年中航油新加坡公司倒闭、2008 年香港中信泰富倒闭都再次验证了这一点。当国有企业盈利时，国有企业的盈利分配上就充分显示出了其私有性的一面，从中获益的总是少数人，而当国有企业亏损或濒临倒闭时，国有企业就恢复到了其公有性的一面，需要公共财政来兜底。换句话说，股份制改革、产权改革都解决不了国有企业效率低下的根本问题，只要存在政府无限责任的隐含担保，市场化国有企业就能够非常便利地从资本市场和银行以更低成本募集到资金，资本对企业预算约束就不可能是硬的。这样企业注定就不可能成为一个真正市场化的企业。同时，企业一旦沦为政府实现其政策目标的工具，政企就不可能分开，政资就不可能分离，政企关系就会扭曲，作为代理人的政府官员和同样作为代理人的企业管理团队就有可能合谋追求自我利益最大化，而损害公共利益。同样，如果国有企业资本预算约束是软的，公共预算对履行国有企业出资人的政府的约束就不可能是硬的，因为掌握巨大财力的国有企业可以轻易地就瓦解和克服公共预算对政府的财政约束。

第九章　国有企业利润上缴及资本经营预算制度演变

一、国有企业利润上缴制度的演变

我国国有企业利润上缴制度演变经历了以下几个阶段：

(一) 统收统支时期（1949—1977 年）

自新中国成立到 1978 年改革开放，国有企业在财务上一直就是统收统支。按照其演变过程，有学者将其分为四个阶段①：

1. 国民经济恢复和“一五”计划时期（1949—1957 年）。国有企业除按规定缴纳税款外，还须将折旧资金和利润一部分也上缴，解交的总数和按期上缴的数额由政务院财务经济委员会、地方政府视情况分别规定。国营企业只分别提取计划利润的 2.5%～5%和超计划利润的 12%～20%的企业奖励金。“一五”计划期间，为调动企业和职工的积极性，对国有企业还实行了利润分成制度，其中 40%的留归各主管部门使用，60%上缴国库。②

2. 大跃进时期（1958—1960 年）。1958 年开始改革财政管理体制，取消奖励基金制度，实行企业留成，留成比例由主管单位计算确定，1958 年企业留成比例为 13.2%，随后逐年增加，留成利润大部分用于生产性支出，少部分用于职工福利。③

---

① 朱珍．国企财政分配关系的 60 年嬗变——制度变迁与宪政框架构建［J］．地方财政研究，2010（3）．

② 朱珍．新中国 60 年国家与国有企业财政分配模式：历史演进与现实选择［EB/OL］．http：//cks. mof. gov. cn/crifs/html/default /caizhengshihua/－history/380. html，2010－4－25.

③ 同①。

3. 国民经济调整时期（1961—1965 年）。1961 年 1 月，中共中央转发财政部《关于调低国有企业利润留成比例加强企业留成资金管理的报告》，将国营企业留成利润的比例从 13.2%降低到 6%，并对留成利润的用途严格加以限制。①

4. 文化大革命时期（1966—1977 年）。从 1967 年开始，国营企业不再向国家上缴折旧基金，财政部原用于固定资产更新和技术改造财政预算拨款改由折旧基金承担。1969 年，将企业综合奖改为附加工资，固定发放，废除了企业奖励基金制度。从 1970 年起，对国营企业只征收工商税。“文革”结束后，1977 年开始一些恢复性调整，国有企业折旧基金重新纳入财政预算，50%上缴财政，50%留给企业。②

（二）国有企业放权让利改革时期（1978—1992 年）

这一时期有两个大的改革，一是承认国有企业独立法人人格地位和利益主体地位，让国有企业通过留存形式分享利润；二是实行利改税，区分了所有者权益收益与国家作为公共服务主体获得的财政收益，国有企业取得利润部分以所得税形式上缴国家，税后利润按规定的比例上缴和留存。

这一时期又分为两个阶段：

1. 利改税阶段（1983—1987 年）。从 1978 年开始，我国开始对国有企业进行放权让利的改革，在下放自主权的同时，也让国有企业能够参与部分利润的分享，以调动国有企业的积极性，放权让利改革一直持续到 1992 年。1978 年 11 月，国务院批转了《关于国营企业试行企业基金的规定》，对独立核算的国营企业、基本建设单位和地质勘探单位试行企业基金制度，但基金提取不与企业经营成果和贡献挂钩。1979 年 7 月，国务院下发《关于国营企业实行利润留成的规定》，1980 年 1 月，国务院批转国家经委、财政部《关于国营工业企业利润留成试行办法》，规定利润增长的 40%留企业，60%缴国家。

1983 年 4 月，国务院批转财政部《关于国营企业利改税试行办法》，决定从 1983 年开始对国营企业进行第一步“利改税”。对国有企业保持原有工商

---

① 朱珍．新中国 60 年国家与国有企业财政分配模式：历史演进与现实选择［EB/OL］．http：//cks. mof. gov. cn/crifs/html/default /caizhengshihua/—history/380. html，2010 - 4 - 25.

② 同①。

税（按销售收入计征）的基础上，有盈利的国营大中型企业实现的利润按55%的税率缴纳所得税；有盈利的国营中小型企业，实现的利润按八级超额累计税率缴纳所得税。根据中央17个部门和27个省、市、自治区统计，到1983年年底，实行第一步“利改税”的国有企业共有26500家，占盈利企业总户数的94.2%。①

1984年10月1日起，国务院同意财政部《关于在国营企业推行利改税第二步改革报告》和《国营企业第二步利改税试行办法》，开始进行利改税的第二步改革。改革主要内容是：将国营企业应当上缴的财政收入按11个税种向国家交税，逐步实现“税利共存”到“以税代利”的过渡，税后利润归企业自主安排使用。一是改革工商税，将原工商税一分为四，按性质划分为产品税、增值税、营业税和盐税，对某些采掘企业开征资源税，恢复和开征房产税、土地使用税、车船使用税和城市维护建设税四种地方税，对盈利的国营企业征收所得税。二是对国营大中型企业的盈利按55%的比例税率征收所得税，按一户一率核定税率征收调节税。三是对小型国营企业，按新的八级超额累进税率征收所得税，税后企业自负盈亏，国家不再拨款。四是对企业留用利润的分配办法也做了调整。职工奖励基金占企业留利的比例，由财政部与各省、自治区、直辖市和企业主管部门商定，并由各地区、各部门层层核定到所属企业。企业从增长利润中留用的利润，一般应将50%用于发展生产，20%用于职工集体福利，30%用于职工奖励。

“工商税制改革以及利改税是我国处理国家与国营企业分配关系的一种新型方式，但因过分强调税收的作用，也只是一种过渡方式。”但其留下的后遗症就是，夸大了税收的作用，完全以税代利，忽视了国家作为所有者和公共服务提供者税利并存的必要性，同时也过分夸大了税收杠杆的调节作用。②

2. 承包经营责任制阶段（1987—1992年）。利税改革仍然没有解决国有企业搞活的问题，为此，中央从1986年起开始对国营大中型企业实行承包经营责任制试点，对税后企业利润留成与上缴制度进行了调整。1987年承包经营责任制开始全国推广。承包经营责任制采取以下形式上缴利润：在缴税的

---

① 徐江琴．工商税制改革及国营企业“利改税”：从利润上缴到税利分流［J］．财政改革与财政监督三十年，2008（2）．

② 同①。

基础上，盈利企业实行上缴利润递增包干；基数包干；超收分成；微利企业上缴利润定额包干；亏损企业减亏包干。①

1988 年进行利税分流试点，国家作为社会管理者向内资企业征收 33%的所得税，然后再以国有资产管理者身份参与国有企业税收利润分配。

（三）暂停利润上缴时期（1993—2006 年）

1993 年，随着中央提出发展社会主义市场经济，我国企业税制和国有企业也相应进行了改革。一是统一企业税制。1993 年 12 月，国务院《关于试行分税制财政管理体制的决定》，规定国有企业统一按国家规定的 33%税率交纳所得税，增设 27%和 18%两档照顾税率。取消对国有大中型企业征收的调节税和对国有企业征收的能源交通重点建设基金和预算调节基金。1993 年以前注册的多数国有全资老企业实行税后利润不上缴的办法，并逐步建立国有资产投资收益按股分红、按资分成或税后利润上缴的分配制度。

对于暂停上缴利润，财政部的解释是，1994 年实行税制改革，考虑到当时国有企业承担离退休职工费用、办社会职能等历史包袱沉重，所以，将应上缴利润全部留在企业，用于改革和发展。②

虽然暂停了国有企业利润上缴，但中央却一直在探讨建立国有资本经营预算制度，酝酿在国有资产经营预算体制下重新构建国有企业利润上缴方案。1993 年《中共中央关于建立社会主义市场经济体制若干问题的决定》中提出，“改进和规范复式预算制度，建立政府公共预算和国有资产经营预算，并可根据需要建立社会保障预算和其他预算”。1995 年《预算法》颁布后，国务院于同年颁布并实施的《预算法实施条例》第 20 条规定，“各级政府预算按照复式预算编制，分为政府公共预算、国有资产经营预算、社会保障预算和其他预算”。明确了政府公共预算与国有资产经营预算分开编制的方针。1998 年，国务院印发的财政部“三定”方案中再次提出“要改进预算制度、强化预算约束，逐步建立起政府公共预算、国有资本金预算和社会保障预算制度”。2003 年，《中共中央关于完善社

---

① 朱珍．国企财政分配关系的 60 年嬗变——制度变迁与宪政框架构建［J］．地方财政研究，2010（3）．

② 财政部有关方面负责人就试行国有资本经营预算相关问题答中国政府网问［EB/OL］．http：//www.gov.cn/zwhd/2007－09/14/content－749523.htm.

会主义市场经济体制若干问题的决定》提出“建立健全国有资产管理和监督体制”，“建立国有资本经营预算制度”。2005 年 10 月 8 日，党的十六届五中全会通过的《中共中央关于制定国民经济和社会发展第十一个五年规划建议》再次提出“坚持和完善基本经济制度，加快建立国有资本经营预算制度，建立健全金融资产、非经营性资产、自然资源资产等监管体制”，新的国有资本经营预算制度进入了酝酿阶段。

（四）试行国有资本经营预算，利润分类按比例上缴（2007—2010 年）

2007 年国务院颁布《关于试行国有资本经营预算的意见》（以下简称《试行意见》）。它宣布：中央国有资本经营预算从 2007 年起试行，地方试行国有资本经营预算的时间、范围和步骤由各省、自治区、直辖市及计划单列市人民政府决定。它还规定，中央本级国有资本经营预算从 2008 年开始实施，2008 年收取实施范围内企业 2007 年实现的国有资本收益。2007 年进行国有资本经营预算试点，收取部分企业 2006 年实现的国有资本收益。《试行意见》还对国有资本经营预算的意义、预算编制、实施各部门职责分工作出了规定，并授权财政部商国资委制定国有资本收益收取具体办法。随即财政部和国务院国资委联合颁布了经国务院批准的《中央企业国有资本收益收取管理暂行办法》。对国务院国资委、中国烟草总公司和中央管理企业如何落实国务院有关规定，编报国有资本经营预算作出了具体明确的规定。2007 年 11 月，财政部发布了《中央国有资本经营预算编报试行办法》，对预算编制提出了具体要求。《试行意见》及配套文件的颁布标志着我国国有资本经营预算初步建立。①

根据《中央企业国有资本收益收取管理暂行办法》（以下简称《办法》）（财企〔2007〕309 号），采取区别不同行业适用不同比例的方式，即将企业划分为三类，第一类是具有资源性特征行业企业，上缴比例为净利润的 10%；第二类为一般竞争性行业企业，上缴比例为净利润的 5%；第三类为国家政策性企业，暂缓 3 年上缴或者免缴。另外，《办法》还对中央企业国有资本收益的申报、核定、上缴等事项进行了明确规定。

① 财政部《关于〈改革国有企业利润分配体制　建立国有资本收益管理制度〉提案的答复》（摘要）。

2008年通过的《企业国有资产法》专章规定了国有资本经营预算。主要内容包括：①明确国有资本经营预算制度建立的目标是为了对国有资本收入及其支出试行预算管理。②明确国有资本预算编制覆盖的范围。即包括从出资企业分得的利润、国有资产转让收入、从国家出资企业取得的清算收入和其他国有资本收入。③国有资本预算编制与批准的程序。国有资本经营预算按年度编制，纳入同级人民政府预算，报本级人民代表大会批准。④负责编制部门及职责分工。财政部门负责编制，国资委参与编制，提出资本经营预算建议草案。⑤预算管理与监督。国务院负责制定国有资本经营预算管理的具体办法和实施步骤，通过报备的方式接受人大常委会监督。

2007年中央国有资本经营预算试行只限于国务院国资委管辖下的央企，2008年扩大到中国烟草总公司，2009年又将中国邮政集团纳入试行范围。

（五）中央国有资本经营预算进一步完善（2010年以后）

2010年12月30日，经国务院批准，财政部发布《关于完善中央国有资本经营预算有关事项通知》（财企〔2010〕392号），对中央国有资本经营预算进一步完善，主要包括以下两个方面：一是扩大中央国有资本经营预算范围。从2011年起，将教育部所属623户企业，中国国际贸易促进委员会所属21户企业，国家广播电视总局直属中国电影集团公司、文化部直属中国东方演艺集团公司、中国动漫集团公司、中国文化传媒集团公司，农业部所属广东农垦集团公司、黑龙江北大荒农垦集团公司，中央直管的中国出版集团公司和中国对外文化集团公司纳入中央国有资本经营预算实施范围。2010年，全国国有企业实现利润总额13202.85亿元，净利润9905.02亿元，其中国务院国资委监管企业实现利润总额11301.9亿元，实现净利润8479.5亿元，2011年新增纳入预算范围的教育部、中国烟草总公司等其他预算企业2010年分别实现利润总额900.95亿元，净利润1425.52亿元。[①] 二是提高利润上缴的比例，原来资源型、机电类和军工院所类上缴比例分别提高到5个百分点，将上缴利润比例分别提高到15%、10%、5%。免缴类只保留了中国储备粮管理总公司、中国储备

① 财政部《关于2011年中央国有企业经营预算的说明》。

棉管理总公司等非营利的国企。

2012年1月13日，经国务院批准，财政部发布《关于扩大中央国有资本经营预算实施范围的有关事项的通知》（财企〔2012〕3号），将工信部、体育总局所属企业、中央文化企业国有资产监督管理领导小组办公室履行出资人职责的中央文化企业，卫生部、国资委所属部分企业、民航局直属首都机场集团公司，纳入中央国有资本经营预算实施范围。新纳入实施范围的国有独资企业按照中央国有资本收益收取政策第三类企业归类，上缴利润比例为税后利润的5%。此外，自2012年起，中国烟草公司税收利润收取比例提高到20%。

2013年2月，国务院发布了《关于深化收入分配制度改革的若干意见》，提出未来三年中央企业国有资本收益上缴比例继续提高，十二五期间，将在现有比例上再提高5个百分点，新增部分的一定比例将用于社会保障等民生支出。

2013年十八届三中全会通过的《关于全面深化改革若干重大问题的决定》提出："完善国有资本经营预算制度，提高国有资本收益上缴公共财政比例，二〇二〇年提到百分之三十，更多用于保障和改善民生。"

二、恢复利润上缴前国有企业利润上缴情况

从1950年到1994年，国有企业上缴利润贡献给财政的收入总计9768.73亿元。而从1985年到2008年，国家财政用于弥补企业亏损的总计就达到了8313.26亿元（见表9-1）。

表 9－1　　历年全国国有企业上缴利润、财政补贴统计表　　（单位：亿元）

年份	税收收入	企业收入	亏损补贴	年份	税收收入	企业收入	亏损补贴
1950	49.98	8.69		1980	571.70	435.24	
1951	81.13	30.54		1981	629.89	353.68	
1952	97.69	57.27		1982	700.02	296.47	
1953	119.67	76.69		1983	775.59	240.52	
1954	132.18	99.61		1984	947.35	276.77	
1955	127.45	111.94		1985	2040.79	43.75	507.02
1956	140.88	124.26		1986	2090.73	42.04	324.78
1957	154.89	144.18		1987	2140.36	42.86	376.43
1958	187.36	189.19		1988	2390.47	51.12	446.46
1959	204.7	279.10		1989	2727.40	63.60	598.88
1960	203.65	365.84		1990	2821.86	78.30	578.88
1961	158.76	191.31		1991	2990.17	74.69	510.24
1962	162.07	146.22		1992	3296.91	59.97	444.96
1963	164.31	172.68		1993	4255.30	49.49	411.29
1964	182	212.93		1994	5126.88		366.22
1965	204.30	264.27		1995	6038.04		327.77
1966	221.96	333.32		1996	6909.82		337.40
1967	196.63	218.47		1997	8234.04		368.49
1968	191.56	166.73		1998	9262.80		333.49
1969	235.44	286.74		1999	10682.58		290.03
1970	281.20	378.97		2000	12581.51		278.78
1971	312.56	428.40		2001	15301.38		300.04
1972	317.02	445.69		2002	17636.45		259.60
1973	348.95	457.02		2003	20017.13		226.38
1974	360.40	407.26		2004	24165.68		217.93
1975	402.77	400.20		2005	28778.54		193.26
1976	407.96	338.06		2006	34804.35		180.22
1977	468.27	402.35		2007	45621.97		277.54
1978	519.28	571.99		2008	54223.79		157.17
1979	537.82	495.03					

数据来源：《中国财政年鉴》。

从财政统计数据上来看，随着利改税，国有企业上缴利润在财政收入的比重急剧下降，而从 1985 年开始，配合国有企业改革，为帮助国有企业脱困，国家财政开始大量对国有企业给予亏损补贴，截止到整个十五结束，国家给予国有企业亏损补贴达到了 7698.33 亿元，而新中国成立以来，至 1994 年国有企业暂停利润上缴，国有企业上缴财政的利润累计也只有 9923.45 亿元（详见表 9-2）。①

表 9-2　　历年上缴财政的国有企业利润及财政支付亏损补贴　　（单位：亿元）

时期	财政收入	税收收入	企业收入	亏损补贴
经济恢复时期	361.07	227.80	96.5	
一五期间	1291.07	675.07	566.68	
二五期间	2108.64	916.55	1171.66	
1963—1965	1215.11	550.61	649.88	
三五期间	2528.98	1126.79	1384.23	
四五期间	3919.71	1741.70	2138.57	
五五期间	5089.61	2504.03	2242.67	
六五期间	7402.75	5093.64	1211.19	507.02
七五期间	12280.06	12170.82	277.92	2325.43
八五期间	22442.10	21707.30	184.15	2060.48
九五期间	50774.39	47670.75		1608.19
十五期间	115050.69	105899.36		1197.21
合计			9923.45	7698.33

资料来源：《财政年鉴 2008》。

三、国有资本经营预算试行以来国有企业恢复利润上缴的情况

据财政部新近公布数字，截止到 2010 年，自 2007 年试行国有资本经营

① 笔者自行根据《财政年鉴》数据进行统计与财政部统计结果存在一些差异，但无法解释差异产生原因。

预算以来，收取中央企业国有资本收益（上缴利润）1572.2 亿元。从实际征收情况看，2008 年上缴数占企业收益总额的 7.9%；2009 年上缴数占企业收益总额的 9.5%。① 2007—2009 年财政年度，中央国有资本经营预算支出达 1553.3 亿元，经国务院批准，主要用于国有经济和产业结构调整、中央企业灾后恢复生产重建、中央企业重大技术创新、节能减排、境外矿产资源权益投资以及改革重组补助支出等（见表 9 - 3）。

表 9 - 3　全国国有及国有控股企业 2007—2010 年利润及上缴情况　（单位：亿元）

年度	利润总额	上缴利润
2007	17441.8	139.9
2008	13335.2 11843.5②	443.6
2009	13392.2	988.7（包括电信重组专项资本收益 600 亿元）
2010	19870.6	预算收入 440

资料来源：《中国财政年鉴 2009》，财政部网站公布国有及国有控股企业主要经济指标数据整理。

根据财政部披露的数据，2010 年中央企业实际执行预算收入（国有资本经营收入）558.70 亿元，预算支出（国有资本经营支出）563.43 亿元（见表 9 - 4）。

表 9 - 4　2010 年实际执行收入及 2011 年预算收入　（单位：亿元）

	2010 年执行	2011 年预算
上年终结转入	18.19	14.17
收入	558.70	844.39
支出	563.43	858.56

① 中央国资收益 3 年逾 1500 亿元［EB/OL］. 财政部网站，http：//qys. mof. gov. cn/zhengwuxinxi/gongzuodongtai/201004/t20100427－289398. html.

② 2008 年 1—12 月国有及国有控股企业经济运行情况［EB/OL］. 财政部网站 .

表 9-5 **2010 年、2011 年国有资本经营支出** （单位：亿元）

项目	2010 年执行数	2011 年预算数	预算数占上年执行数的比例（%）
教育		5.00	
文化体育与传媒		25.00	
社会保障和就业	148.54	50.00	33.7
补充全国社会保障基金	148.54	50.00	33.7
农林水事务	5.51	13.53	245.6
农业	5.51	13.53	245.6
交通运输	45.14	21.90	48.5
公路水路运输	5.14	5.55	108.0
民用航空运输	40.00	13.08	32.7
邮政业支出		3.27	
资源勘探电力信息等事务	274.59	611.53	222.7
资源勘探开发和服务支出	11.71	107.56	918.5
制造业	138.45	218.26	157.6
建筑业	3.44	13.44	390.7
电力监管支出	11.53	165.93	1439.1
工业和信息产业监管支出	14.77	27.84	188.5
其他资源勘探电力信息等事务支出	94.69	78.50	82.9
商业服务业等事务	70.33	90.10	128.1
商业流通事务	34.82	74.94	215.2
旅游业管理与服务支出	1.50	15.00	1000.0
涉外发展服务支出	34.01	0.16	0.5
地震灾后恢复重建支出	9.32	1.50	16.1
工商企业恢复生产和重建	9.32	1.50	16.1
转移性支出	10.00	40.00	400.0
调出资金	10.00	40.00	400.0
中央国有资本经营支出	563.43	858.56	152.4
结转下年支出	14.17		

2011年中央企业税后利润收入预算数为788.35亿元，比2010年执行数增长83.1%，主要是根据2010年净利润和核定的上缴比例测算。按照财政对国有企业的类型划分：第一类企业628.76亿元，占中央企业税后利润收取额的79.8%；第二类企业139.26亿元，占中央企业税后利润收取额17.7%；第三类企业20.33亿元，占中央企业税后利润收取额2.6%。按行业划分：烟草企业利润收入155.1亿元，石油石化企业利润收入264.24亿元，电力企业利润收入49.62亿元，电信企业利润收入112.29亿元，煤炭企业利润收入47.51亿元，钢铁企业利润收入16.72亿元，运输企业利润收入14.22亿元，机械制造企业利润收入28.65亿元，投资服务企业利润收入6.62亿元，贸易企业利润收入24.95亿元，建筑施工企业利润收入19.81亿元，境外企业利润收入21.15亿元，军工企业利润收入16.95亿元，其他行业企业利润收入10.52亿元（见表9-6）。

表9-6　　2010年上缴利润预算执行数及2011年预算数　　(单位：亿元)

项目	2010年执行数	2011年预算数	预算数占上年执行数的比例（%）
利润收入	430.61	788.35	183.1
烟草企业利润收入	117.22	155.10	132.3
石油石化企业利润收入	123.37	264.24	214.2
电力企业利润收入	5.03	49.62	986.5
电信企业利润收入	82.72	112.29	135.7
煤炭企业利润收入	26.07	47.51	182.2
有色冶金采掘企业利润收入	0.41	1.39	339.0
钢铁企业利润收入	6.43	16.72	260.0
化工企业利润收入	0.03	0.10	333.3
运输企业利润收入	3.08	14.22	461.7
电子企业利润收入	0.09	0.82	911.1
机械企业利润收入	10.06	28.65	284.8
投资服务企业利润收入	2.67	6.62	247.9
纺织轻工企业利润收入	0.11	0.68	618.2
贸易企业利润收入	9.92	24.95	251.5

续 表

项目	2010 年执行数	2011 年预算数	预算数占上年执行数的比例（%）
建筑施工企业利润收入	11.19	19.81	177.0
房地产企业利润收入			
建材企业利润收入	0.90	2.35	261.1
境外企业利润收入	8.62	21.15	245.4
对外合作企业利润收入	0.08	0.21	262.5
医药企业利润收入	0.86	1.42	165.1
农林牧渔企业利润收入	0.06	0.17	283.3
邮政企业利润收入			
转制科研院所利润收入	1.24	1.56	125.8
地质勘查企业利润收入	0.10	0.22	220.0
教育文化广播企业利润收入		1.60	
机关社团所属企业利润收入			
其他国有资本经营预算企业利润收入	20.35	16.95	83.3
股利、股息收入	0.99	6.04	610.1
产权转让收入	127.10	50.00	39.3
其他国有股减持收入	5.25	25.00	476.2
金融类国有股减持收入	121.85	25.00	20.5
清算收入			
其他国有资本经营收入			
中央国有资本经营收入	558.70	844.39	151.1
上年结转收入	18.90	14.17	75.0

资料来源：财政部《2011 年中央国有资本经营预算支出预算表》。

2010 年，纳入中央国有资本经营预算编制范围的中央企业资产总额 221229.7 亿元，比上年增长 18.2%，占全国国有企业资产总额的 55%；负债总额 129186.5 亿元，比上年增长 21.7%，所有者权益 92043.2 亿元，比上年增长 13.6%，占全国国有企业所有者权益的 56%。

2011 年纳入中央国有资本经营预算编制范围的中央企业资产总额 291166.21 亿元，比上年同期（下同）增长 15.9%，占全国国有企业资产总额的 54.9%。所有者权益 105472.41 亿元，比上年增长 13.5%，占全国国有企业所有者权益的 53.9%。①

2012 年纳入中央国有资本经营预算中央管理一级企业 963 户，资产总额为 338144.5 亿元，比上年同期增长 15.5%，占全部中央国有企业资产总额的 89.7%。2011 年中央国有企业实现利润总额 14943.9 亿元，实现净利润 11115 亿元，分别增长 11.3%和 9.7%。2012 年中央国有资本经营收入预算为 875.07 亿元，其中利润收入 823 亿元，股利、股息收入 1 亿元，国有股减持收入 20 亿元，上年结转 31.07 亿元。2012 年中央国有资本经营预算支出安排 875.07 亿元，其中资本性支出 744.72 亿元；费用性支出 55.25 亿元；其他支出 75.1 亿元。875.07 亿元预算支出安排中，调入公共财政预算用于社保等民生支出 50 亿元。实际执行结果是，中央国有资本经营收入 970.83 亿元，完成预算的 115%，增长 26.9%，超过预算主要是提高烟草行业国有资本经营收益收取比例 5 个百分点，以及 2011 年部分行业企业经济效益较好（收入按上年国有企业利润的一定比例收取）。加上 2011 年结转收入 31.07 亿元，收入总额为 1001.9 亿元。中央国有资本经营支出 929.79 亿元，完成预算的 106.3%，增长 20.8%。其中调入公共财政预算用于社会保障等民生支出 50 亿元，增长 25%。中央国有资本经营预算超收收入部分安排用于五大发电集团补充资本金。

2013 年中央国有资本经营预算收入 1011 亿元，增长 4.1%。加上上年结转收入 72.11 亿元，中央国有资本经营收入总量为 1083.11 亿元。中央国有资本经营支出 1083.11 亿元，增长 16.5%，其中调入公共财政预算用于社会保障等民生支出 65 亿元，增长 30%。地方国有资本经营收入 558.4 亿元，地方国有资本经营支出 558.4 亿元。汇总中央和地方预算，全国国有资本经营收入 1569.4 亿元，加上上年结转收入 72.11 亿元，全国国有资本经营收入总量为 1641.51 亿元；全国国有资本经营支出 1641.51 亿元。

在地方层面，截至 2009 年年底，全国已有 20 个地区出台试行了国有资本经营预算的实施意见、办法和制度。2010 年，又有两个省市开始了国有资本经营预算草案编制工作。截至 2009 年年底，地方国有资本经营预算收入历年累计达到 250 亿元，而预算支出历年累计达到 236 亿元②（见表 9-7、表 9-8）。

---

① 财政部.《关于 2010 中央国有资本经营预算的说明》、《关于 2011 年国有资本经营预算的说明》。

② “十二五”：国有资本经营预算将四处发力 [N]. 中国财经报，2011-1-11.

表 9-7　地方省市国有企业利润上缴

省市	开始年份	预算编制	上缴办法
上海市	2005 年开始，2007 年后随中央政策调整	国有资本经营预算按年度单独编制，纳入政府预算，报人民代表大会批准。试行期间，报市人民政府批准	2005 年开始利润上缴是由市国资委负责收缴，2009 年实施新的国有资本经营预算制度后，国有独资具体上缴比例由市财政局会同市国资委，在综合考虑全市重大项目投入、企业承受能力和自身发展等因素的基础上，报市政府确定。国有控股、参股股利、股息全额上缴
海南省	2009 年	国有资本经营预算草案由财政商国资委编制，然后报政府批准后实施	国有独资 5%～30% 控股、参股全额上缴
广东省	2005 年开始，2009 年调整	省级国有资本经营预算草案由省财政厅组织编制，经省政府审定，报省人大批准	国有独资区分不同类型分别按 0～10%比例上缴，具体比例由省属预算单位根据所监管企业实际情况提出方案，经省财政厅审核后，报省政府审定国有控股、参股全部上缴
河南省	2011 年省属国有企业开始实施	各级财政部门编制国有资本经营预算草案，纳入本级政府预算，报本级人民代表大会批准后下达各预算单位	国有独资企业上缴年度净利润的比例，根据不同企业的情况，分四类执行：第一类 15%，主要包括产能过剩、房地产开发、垄断行业以及政府限制性行业的企业。第二类 10%，主要包括资源类、投资类、交通运输和商贸服务等领域的企业。第三类 5%，主要包括先进装备制造、社会公益等领域的企业。第四类免缴，主要包括监狱劳教、民政福利等特殊行业的企业。免缴部分作转增国家资本处理。 国有控股、参股企业应付的股利、股息，按照股东会或股东大会决议通过的利润分配方案执行。国有控股、参股企业应当依法分配年度净利润。国有参股企业当年不予分配的，应当说明暂不分配的理由和依据，并出具股东会或股东大会的决议

续 表

省市	开始年份	预算编制	上缴办法
浙江省	2008 年	试行期间，各级财政部门负责布置国有资本经营预算编制工作，商国有资产监管机构、发展改革等部门编制国有资本经营预算草案，报经本级人民政府批准后下达各预算单位	国有独资企业上缴年度净利润的比例，区别不同行业，分以下五类执行，第一类 100%、第二类 10%；第三类 5%，第四类暂缓上缴，第五类免缴。 国有控股、参股股息、股利全额上缴
四川省	2009 年	试行期间，各级财政部门商国资监管、发展改革等部门编制的国有资本经营预算草案报经本级人民政府批准后下达各预算单位	对电力、煤炭、航空等垄断性行业按净利润的 10%收取；对军工、化工、机械等一般性行业按净利润的 5%收取；对转制院所等，3 年内暂不收取
陕西省	2008 年	各级财政部门商国资监管、发展改革等部门编制国有资本经营预算草案，报经本级人民政府批准后下达各预算单位	国有独资企业税后利润在弥补以前年度亏损后，资源类、投资类企业按 10%上缴（淮南矿业、淮北矿业、皖北煤电），竞争类企业按 5%上缴，特殊行业暂缓上缴； 国有控股、参股企业应付国有投资者的股利、股息，按照股东会或者股东大会决议通过的利润分配方案执行，国有股应分得的股息、红利，全额上缴
辽宁省	2008 年	各级财政部门商国资部门编制国有资本经营预算草案，报经本级政府批准后下达各预算单位	

续 表

省市	开始年份	预算编制	上缴办法
安徽省	2008 年	试行期间，各级财政部门商国资监管、发展改革等部门编制国有资本经营预算草案，报经本级人民政府批准后下达各预算单位	国有独资企业上缴年度净利润的比例，区别不同行业，分以下二类执行，第一类为 10%；第二类为 5%。省属金融企业和文化企业在试行期间暂不上缴。 国有控股、参股企业应付国有股股利（股息），按照股东会或者股东大会决议通过的利润分配方案执行。国有控股、参股企业应当依法分配年度净利润。当年不予分配的，应当说明暂不分配的理由和依据，并出具股东会或者股东大会的决议
贵州省	2008 年	试行期间，各级财政部门商国资监管、发展改革等部门编制国有资本经营预算草案，报经本级人民政府批准后下达各预算单位	国有独资企业上缴年度净利润的比例统一按 8%执行，2010 年起上缴比例另行确定。 国有控股、参股企业应付国有投资者的股利、股息，按照股东会或者股东大会决议通过的利润分配方案执行。国有控股、参股企业应当依法分配年度净利润。当年不予分配的，应当说明暂不分配的理由和依据，并出具股东会或者股东大会的决议
云南省	2008 年		①省属国有独资企业按照当年可供投资者分配利润的 8%上缴国有资本收益。 ②省属国有控股企业按照股东会或股东大会审议批准的利润分配方案上缴国有股股利（息），其中：上缴股利（息）超过同口径按照省属独资企业标准核定的国有资本收益部分，经企业申请，可采用转增国有资本金或企业新增项目投资补助等方式，支持企业技术改造和生产发展。 ③省属参股企业按照股东会或股东大会审议批准的利润分配方案全额上缴国有股股利

续 表

省市	开始年份	预算编制	上缴办法
湖北省	2008年	试行期间，各级财政部门商预算单位，编制国有资本经营预算草案，报经本级人民政府批准后下达各预算单位所监管（或所属）企业执行	国有独资企业按可供投资者分配利润10%～30%的比例征收。具体比例由各级财政部门会同有关部门根据不同行业的利润水平及国有经济结构调整的政策提出意见，报同级人民政府审批［湖北省省属国有独资公司按10%～20%比例上缴，拥有全资子企业、子公司或控股子公司的，按集团公司（母公司、总公司）年度合并财务报表反映的归属于母公司所有者的净利润10%～20%上缴］。 国有控股、参股企业中国有股应分得的股息、红利和股利全额上缴
山东省	2008年	各级财政部门商国资监管机构等预算单位编制国有资本经营草案，报经本级政府批准后下达各预算单位	省属国有独资企业按10%的比例上缴。国有独资企业拥有全资子公司或者控股子公司、子企业的，应当由集团公司（母公司、总公司）以年度合并财务报表反映的归属于母公司所有者的净利润为基础，按10%的比例计算。 国有独资企业盈利水平不高，年度应缴利润不足10万元的，在按规定据实申报的同时，由企业向省国资委提出书面申请，经省国资委审核，报省财政厅批准后，可以减缴、缓缴或免缴。 国有控股、参股企业应付国有投资者的股利、股息，按照股东会或者股东大会决议通过的利润分配方案执行。国有控股、参股企业应当依法分配年度净利润。当年不予分配的，应当说明暂不分配的理由和依据，并出具股东会或者股东大会的决议

续 表

省市	开始年份	预算编制	上缴办法
广西壮族自治区	2009 年	试行期间，由各级国有资产监管机构以及其他有国有企业监管职能部门和单位编制国有资本经营预算草案，经同级财政部门审核汇总并报经本级人民政府批准后下达各预算单位	国有独资企业上缴年度净利润比例为 6%。 国有控股、参股企业应付国有投资者的股利、股息，按照股东会或者股东大会决议通过的利润分配方案执行。 国有控股、参股企业应当依法分配年度净利润。当年不予分配的，应当说明暂不分配的理由和依据，并出具股东会或者股东大会的决议。 应缴利润不足 20 万元的，经自治区国有资产监管部门和单位审核，自治区财政厅批准后，可以减缴、缓缴或免缴
内蒙古自治区	2008 年	试行期间，由各级财政部门商同级国有资产监管机构编制国有资本经营预算草案，报经同级人民政府批准后下达各预算单位	国有独资企业年度净利润按一定比例上缴。国有独资企业拥有全资公司或者控股子公司、子企业的，应当由集团公司（母公司、总公司）以年度合并财务报表反映的归属于母公司所有者的净利润为基础申报国有股股利、股息，国有产权转让收入，国有企业清算收入以及公司制企业清算时国有股权、股份分享的清算收入，按全额上缴。 国有控股、参股企业应当依法分配年度净利润。当年不予分配的，应当说明暂不分配的理由和依据，并出具股东会或者股东大会的决议文件

续 表

省市	开始年份	预算编制	上缴办法
江苏省	2002 年开始利润上缴 2009 年调整①	省财政厅将国有资本经营预算草案随同省部门预算报省政府，经省政府批准后，下达收入预算指标，批复省国资委编制的国有资本经营预算支出建议草案	2002 年规定，省级国有资产经营公司收益收缴基数在作上述扣除后，余额部分按 30％的比例上缴省财政。 2006 年规定，省属企业国有资本收益按企业可供分配利润一定比例，由省国资委、省财政厅核定收取。从 2007 年度起，省属企业资本收益资金收取比例为 15％
黑龙江省	2008 年		2008 年对省国资委出资企业 2007 年实现的净利润，按 10％的比例收取国有资本收益。国有独资企业当年应缴利润为上一年度净利润的 10％。国有独资企业拥有全资公司或者控股子公司、子企业的，应当由集团公司（母公司、总公司）以年度合并财务报表反映的归属于母公司所有者的净利润为基础申报。 国有控股、参股企业应付国有投资者的股利、股息，按照股东会或者股东大会决议通过的利润分配方案执行。国有控股、参股企业应当依法分配年度净利润。当年不予分配的，应当说明理由和依据，并出具股东会或者股东大会的决议。 省级企业根据国家政策进行重大调整，或者由于遭受重大自然灾害等不可抗力因素造成巨大损失，需要减免应缴利润的，应当向省财政厅、省国资委提出申请，由省财政厅商省国资委并报省政府批准后，将减免的应缴利润直接转增国家资本或者国有资本公积金

① 江苏省财政厅关于印发《江苏省省级国有资产经营公司国有资产收益收缴管理办法》的通知（苏财国资〔2002〕149 号）。

续 表

省市	开始年份	预算编制	上缴办法
福建省	2007年	省国资委编制的国有资本收益收支计划草案，商省财政厅后，报省政府批准	国有独资企业、国有独资公司应当按照省国资委批准的利润分配方案执行。国有控股公司在利润分配前，国有产权代表应当按省国资委对国有资本收益计划的批复意见，依法在企业董事会、股东（大）会等会议上表达意见和行使表决权，并将最后通过的利润分配方案及表决结果报省国资委备案。国有参股公司按股东会或类似权力机构批准的利润分配方案执行。 省国资委按所出资企业年度生产经营情况、赢利能力、现金流量，以及企业发展战略、国有经济布局结构战略性调整等具体情况，确定所出资企业年度净利润上缴比例。所出资企业应当上缴利润比例原则上不得低于当年度企业可分配利润的20%直至全额。可分配利润是指按经审计的会计报表计算并弥补以前年度亏损、计提法定盈余公积金后的企业净利润。 所出资企业按规定上缴国有资本收益，由省国资委监缴，缴入收益专户。因特殊原因需延期上缴的，应当经省国资委批准。对未按规定期限上缴的，应按同期银行贷款利率收取资金占用费。所出资企业按规定进行利润分配后剩余的未分配利润可留待以后年度进行分配。所出资企业不得擅自调整未分配利润余额。 所出资企业应当加强对盈余公积、未分配利润等留存收益的管理，留存收益用于弥补亏损、转增资本的，国有独资企业（公司）应当报省国资委批准；国有控股、参股公司报股东会批准，国有产权代表应事先报经省国资委同意，并按省国资委确定的意见行使表决权
天津市	2011年	授权市财政局、国资委共同研究制定国有资本收益收缴、使用管理办法	从2011年起，对市属企业按净利润10%收缴国有资本收益，在“十二五”期间，上缴比例原则上每年递增一个百分点。 对文化教育、医疗卫生、新闻出版、监狱劳教等享受减免税政策的企业净利润，在五年内暂免收缴国有资本收益

表 9-8　　各地国有资本收益预算性支出比较

省市	预算收入范围	预算支出范围
上海市①	国有预算收入包括： 1. 国有资本收益。国有资本收益是指：①应缴利润，即国有独资企业按规定应上缴的利润。②国有股股利、股息，即国有控股、参股企业国有股权（股份）获得股利、股息收入。③国有产（股）权转让收入，即转让国有产权、股权（股份）获得的净收入。④企业清算收入，即国有独资企业清算收入（扣除清算费用），按国有控股、参股企业国有股权（股份）比例应分得的企业清算收入（扣除清算费用）。⑤其他国有资本经营收益 2. 政府补助收入 3. 其他国有资本经营收入	预算支出，包括三个项目，一是资本性支出，二是费用性支出，三是其他国有资本经营预算支出。 资本性支出是指根据产业发展规划、国有经济布局和结构调整、国有企业发展要求，以及本市经济发展的需要安排的资本性支出。主要包括：①市政府确定的重大项目支出。②实施重点发展产业战略项目的支出。③对重点发展企业的国有资本投资支出，包括初始投资和追加投资。④实施战略性收购的支出，包括直接收购支出和通过企业实施的收购支出。⑤其他支出。 所谓费用性支出，是指用于弥补国有企业改革成本等方面的费用性支出。主要包括：①人员安置资金扶持。②债务清理资金扶持。③对其他历史遗留问题的资金扶持。 其他国有资本经营预算支出，是指依据国家和本市宏观经济政策以及不同时期国有企业改革发展的任务等，统筹安排确定的支出。必要时可用于社会保障等支出。 预算资本性支出采取对出资企业注资形式的，形成的权益授权预算单位持有。费用性支出，采取补贴、补助、贴息等形式，并应当明确具体用途和项目

① 2010 年上海市人民政府《关于批转市财政局、市国资委制定的〈上海市企业国有资本经营收益收缴管理试行办法〉的通知》（沪府发〔2010〕33 号）。

续 表

省市	预算收入范围	预算支出范围
湖北省①	国有资本预算收入是指省出资企业上缴的国有资本收益，主要包括：①国有独资企业、国有独资公司按规定上缴的利润；②国有资本控股公司、国有资本参股公司国有股权（股份）应分得的股息、股利；③省出资企业国有产权（含国有股份）转让净收入；④国有独资企业、国有独资公司清算净收入，国有资本—控股公司、国有资本参股公司国有股权（股份）应分享的公司清算净收入；⑤其他收入。包括其他应上缴的国有资本收益、省人民政府批准的其他预算调入收入、中央财政补助收入等	省级国有资本经营预算支出主要包括：①资本性支出。根据国家和全省产业发展规划、国有经济布局和结构调整、省出资企业发展等要求安排的支出。主要包括下列项目：第一，省人民政府新设立企业或投资项目的资本金投入；第二，省出资企业或省人民政府投资项目需追加的资本金投入；第三，购买企业股权、股份支出；第四，其他资本性支出。②费用性支出。主要用于弥补省属国有独资企业改革成本等方面的支出。主要包括下列项目：第一，企业职工安置费（或经济补偿金）的支出；第二，企业欠缴社会保险费的支出；第三，企业分离办社会职能支出；第四，其他费用性支出。③其他支出。包括其他国有资本经营预算支出、经省人民政府批准补助下级政府支出、向政府其他预算调出支出等
重庆市②	市级国有资本经营预算收入包括以下项目：①利润收入，即国有独资企业按规定上缴国家的税后利润；②股利、股息收入，即国有控股、参股企业国有股权（股份）享有的股利和股息；③产权转让收入，即国有独资企业产权转让收入和国有控股、参股企业国有股权（股份）转让收入；④清算收入，即扣除清算费用后国有独资企业清算收入和国有控股、参股企业国有股权（股份）享有的清算收入；⑤其他国有资本经营收入；⑥上年结转收入	预算支出按照资金使用性质划分为资本性支出、费用性支出和其他支出。①资本性支出，即向新设企业注入国有资本金，向现有企业增加资本性投入，向公司制企业认购股权、股份等方面的资本性支出；②费用性支出，即弥补企业改革成本和企业产业发展等方面的支出；③其他支出，即经市政府批准，用于社会保障、环境保护等方面的专项支出

① 湖北省人民政府办公厅《关于印发〈湖北省省级国有资本经营预算管理暂行办法〉的通知》（鄂政办发〔2010〕115号）。

② 重庆市人民政府《关于印发重庆市市级企业国有资本经营预算管理办法（试行）的通知》（渝府发〔2007〕121号）。

续 表

省市	预算收入范围	预算支出范围
天津市①	市属企业纳入国有资本收益预算的净利润主要包括：①企业经营净利润，即国有独资企业按规定上缴国家的利润；②国有股股利、股息，即国有控股、参股企业国有股权（股份）获得的股利、股息收入；③国有产权转让收入，即转让国有产权、股权（股份）获得的收入；④清算收入，即国有独资企业清算收入（扣除清算费用），以及国有控股、参股企业国有股权（股份）分享的公司清算收入（扣除清算费用）；⑤其他国有资本收益	市属企业预算支出主要包括：①资本性支出，即向新设企业注入国有资本金，向现有企业增加资本性投入，向公司制企业认购股权（股份）等方面的资本性支出；②费用性支出，即用于解决国有企业历史遗留问题，弥补企业改革成本等方面的支出；③其他支出，主要用于社会保障等项支出
江苏省②	资本收益范围包括：①省属国有企业、国有独资公司按规定比例应上缴的利润；②省属国有控股、参股企业中国有股权应分得的股利、红利收入；③应由省属企业国有资本出资人享有收益权的其他收益	预算支出包括省属企业国有资本性支出、省属企业改革成本支出、国有资产监管专项支出和省政府确定的其他支出。 所谓资本性支出，是指以实现国有资产保值增值为目标，根据市场经济原则和国有经济布局结构战略性调整规划等要求所进行的省属企业国有资本投入。具体包括以下项目：①新设企业的注册资本金投入；②现有企业增加注册资本金；③购买企业股权；④其他资本性支出。 企业改革成本支出，是指为符合条件的改制企业人员安置提供的部分资金支持。具体包括以下支出项目：①支付职工安置费和经济补偿金；②支付欠缴的社会保险费；③支付所欠工资；④其他资金支持。 国有资产监管专项支出，是指省国资委为履行国有资产监管职能，在行政办公经费以外直接发生的费用。具体包括以下项目：①审计、资产评估费用；②清产核资费用；③其他费用

① 《天津市人民政府关于我市市属企业试行国有资本经营预算意见》（津政发〔2010〕54号）。

② 2006年江苏省财政厅、江苏省人民政府国有资产监督管理委员会《关于印发〈江苏省省属企业国有资本经营收益管理暂行办法〉的通知》（苏国资〔2006〕73号）。

续　表

省市	预算收入范围	预算支出范围
浙江省①	省级国有资本经营预算收入是省政府非税收入的组成部分，包括：①利润收入，即国有独资企业按规定应上缴国家的税后利润；②国有股股利、股息收入，即国有控股、参股企业国有股权（股份）获得的股利、股息收入；③国有产权转让收入，即转让国有产权、股权（股份）获得的收入；④清算收入，即国有独资企业清算收入，以及国有控股、参股企业国有股权（股份）分享的公司清算收入（扣除清算费用）；⑤其他国有资本收益收入；⑥上年结转	省级国有资本经营预算支出包括：①资本性支出，即向新设企业注入国有资本金，向现有国有企业增加资本投入，收购其他企业股权（股份）等支出；②费用性支出，即补偿国有企业改革成本、分离办社会、消化历史挂账、解决历史包袱、人才队伍建设以及加强国企监管等方面的费用支出；③研发性支出，即补助国有企业自主创新、产品研发、节能减排等科技活动的支出；④其他支出，即用于补充社保基金等方面的支出。 省财政按省本级国有资本经营预算支出总额的1%～3%设置预备费，用于当年预算执行中难以预见的特殊开支，使用时按规定报省政府审批
广东省②	省属国有企业预算收入范围包括：①利润收入；②股利、股息收入；③产权转让收入；④清算收入；⑤其他国有资本经营收入	国有资本预算支出范围包括：①资本性支出。包括向新设省属企业注入国有资本金，向现有省属企业增加资本金，向公司制企业认购股权（股份）等方面的支出。②企业改革费用性支出。弥补省属企业改革成本、处理历史遗留问题等方面的费用性支出。③国有资产监管费用支出。按国家和省政府的有关规定，用于监事会工作经费等国有资产日常监管费用的支出。④其他支出。省政府统筹安排的其他支出，包括必要时用于社会保障等方面的支出

① 浙江省财政厅《关于印发浙江省省级国有资本经营预算管理试行办法的通知》（浙财企字〔2009〕116号）。

② 广东省人民政府印发《广东省省级国有资本经营预算试行办法的通知》（粤府〔2009〕13号）。

续 表

省市	预算收入范围	预算支出范围
海南省①	上缴的国有资本收益，主要包括：①国有独资企业按规定上缴国家的利润；②国有控股、参股企业中国有股应分得的股息、红利和股利；③企业国有产（股）权转让净收入；④国有独资企业清算净收益，以及国有控股、参股企业清算净收益中国有股应分享的净收益；⑤其他按规定应上缴的国有资本经营收益	国有资本预算支出主要包括：①资本性支出，即向新设立的企业注入国有资本金，向现有的企业增加资本性投入，向公司制企业认购股权、股份等方面的资本性支出；②费用性支出，即用于弥补国有企业改革成本和国企改制经费等方面的费用性支出；③其他支出，依据国家和省宏观经济政策、产业发展规划以及不同时期国有企业改革和发展的目标任务，统筹安排确定，必要时可部分用于社会保障等项支出
四川省②	预算收入主要包括：①国有独资企业按规定上缴国家的利润。②国有控股、参股企业国有股权（份）获得的股利、股息。③企业国有产权（含国有股份）转让收入。④国有独资企业清算收入（扣除清算费用）以及国有控股、参股企业国有股权（股份）分享的公司清算收入（扣除清算费用）。⑤其他收入	预算支出主要包括：①资本性支出。根据产业发展规划、国有经济布局和结构调整、国有企业发展要求以及国家战略、安全等需要安排的资本性支出。②费用性支出。用于弥补国有企业改革成本等方面的费用性支出。③其他支出

① 海南省人民政府《关于试行国有资本经营预算的意见》（琼府〔2009〕48号）。

② 四川省人民政府《关于试行国有资本经营预算的实施意见》（川府发〔2008〕41号）。

续 表

省市	预算收入范围	预算支出范围
陕西省①	国有资本经营预算收入是指企业上缴的国有资本收益，主要包括：①国有独资企业按规定上缴国家的利润。②国有控股、参股企业国有股权（股份）获得的股利、股息。③企业国有产权（含国有股份）转让收入。④国有独资企业清算收入（扣除清算费用），以及国有控股、参股企业国有股权（股份）分享的公司清算收入（扣除清算费用）。⑤其他收入	国有资本经营预算支出主要包括：①资本性支出。根据产业发展规划、国有经济布局和结构调整、国有企业发展要求，以及省经济发展的需要，安排的资本性支出。主要包括：对新设企业注入国有资本金，向现有企业追加资本金投入，向公司制企业认购股权、股份等方面的资本性支出。②费用性支出。用于弥补国有企业改革成本等方面的费用性支出。③其他支出。支出范围依据国家宏观经济政策以及不同时期国有企业改革和发展的任务，统筹安排确定，必要时，经省政府批准，可部分用于社会保障等方面的支出

① 陕西省人民政府办公厅《关于印发陕西省国有资本经营预算管理办法（试行）》的通知（陕政办发〔2008〕114号）。

第十章　现行国有资本经营预算制度存在的问题

国有企业资本经营预算同时兼顾着多重目标，从微观层面上来说，要确保出资人收益最大化，国有企业公司治理水平的改善，国有企业实现可持续发展；从宏观层面上来说，则是要发挥国有经济的主导作用，推动和促进整个社会经济的发展，让国有企业终极所有者全体公民都能公平、公正地从国有企业创造利润中得到分红，同时让全社会能够从国有经济发展中受益。但目前，现行国有资本经营预算下国有企业利润上缴制度安排距离这两个目标都还十分遥远，现行制度安排还存在诸多缺陷。

一、经营预算未体现全民性质

国有资本经营预算忽视国有企业全民性质、国有企业在国民经济主导地位，模糊了国有企业利润上缴方案目标定位和设计思路。

2007 年《国务院关于试行国有资本经营预算意见》（国发〔2007〕26 号）（以下简称《试行意见》）从增强政府调控能力、完善国有企业收入分配制度、推进国有经济布局和结构战略性调整、集中解决国有企业发展中体制性、机制性问题四个方面强调了资本经营预算的意义。2008 年 8 月 28 日财政部在《关于〈改革国有企业利润分配体制建立国有资本收益管理制度〉提案的答复》中将国有企业利润分配体制建立要实现的目标归纳为以下 3 个方面：①规范国家与企业的分配关系。②增强政府宏观调控能力，促进国有经济布局和结构调整。③改革财政预算管理体制。①

上述国务院关于国有资本经营预算的意义阐述过于原则和含糊，而财政部关于国有企业利润分配体制的目标定位也只限于解决政府财力和国有经济自身的问题。从目前实际实施的情况来看，收入分配制度完善、政府调控能力、国有经济布局和结构调整基本上都只是局限于国有经济的范围，而不是着眼于整个社会经济发展。从实际执行的效果来看，通过国有资本经营预算收入、支出的调控和调节，国有经济系统内职工的工资收入、福利待遇及国有企业之间的贫富差异得到了调整，但就整个社会经济发展而言，国有企业职工存在过高工资收入、福利待遇，行政性垄断行业国有垄断、市场经济体制改革所面临的“国进民退”、国有企业预算软约束等问题并没有得到有效改进，而且，按照目前国有资本经营预算作法发展下去，很有可能会偏离试行国有资本经营预算的初衷和目的，而且更严重的是，这种在国有经济系统内预算转移支付最终只能导致国有经济系统内的“均贫富”，国有企业及企业职工再次陷入吃整个国有经济的大锅饭的局面，国有经济改革将再次陷入倒退。

问题的症结就在于：一是现行国有资本经营预算忽视了国有经济或国有企业在整个国民经济中主导地位所赋予的公共责任和社会责任；二是忽视了国有企业的全民性质。这就导致了以下 3 种弊端：①国有企业上缴利润比例压得过低，而且不恰当地根据国有企业盈利水平分类按不同比例上缴。②国有资本经营预算收入经过财政部的手全部用于国有企业资本性、费用性支出使上缴的利润又基本上全部回到了国有企业，与上缴利润前所不同的是，通过预算支出在国有经济系统内部摊得更均匀了，平均化了，让国有经济系统内所有企业和职工利益均沾。③国有资本经营预算一个基本目标应当是实现出资人资本收益最大化，而作为国有企业真正的出资人只从上缴利润获得微乎其微的分配，而且还是间接的，只能通过财政转移支付间接受益。

从国务院《试行意见》关于国有资本经营预算的意义阐述中我们可以看到，国有资本经营预算目标定位是要解决这四个方面的问题，缺失了国有企业存在最根本一个问题，那就是没有明确把作为终极所有者的全体人民分享从国有企业取得的分红。尽管增强政府调控能力、完善国有企业收入分配制

① 财政部．关于《改革国有企业利润分配体制建立国有资本收益管理制度》提案的答复［EB/OL］．http：//www.mof.gov.cn/mof/zhuantihuigu/2008lianghuitiandafuzhaiyao /zhengxiezhaiyao08/200904/t20090424－136791.html.

度、推进国有经济布局和结构调整和解决国有企业发展中体制性、机制性问题四个方面问题可能会让全民间接受益，但这不应该是国有资本经营预算全部意义所在。作为全民所有的企业，全体民众不仅应该从企业发展中间接受益，更应该从国有企业上缴利润中获得直接收益，否则，作为全民所有的国有企业和非国有企业就别无二致。

国务院《试行意见》含糊地提到"完善国有企业收入分配制度"，而按照目前国有资本经营预算实际做法，所谓完善国有企业收入分配制度就是通过国有资本经营预算，通过收取盈利水平高的国有企业上缴利润，通过预算支出（资本性支出、费用性支出）转移支付给盈利水平差或陷入财务困境的国有企业，平衡国有企业之间贫富差异，缩小国有经济系统内部企业之间职工收入分配上的差距。借助国有资本经营预算的调控和调节，那些本应该按照市场优胜劣汰机制淘汰的国有企业，可能因为有国有资本经营预算支出的持续输血进补而得以苟且维持，资源型、垄断性行业产生的暴利在国有经济内部实现了利益均沾，而且国有控股企业非国有股东也可以分得一杯羹，而真正的所有者——全体民众却被撇在了一边（见表 10-1 及说明）。

表 10-1　国有经济系统内部企业、职工如何实现利益均沾渠道

国有企业收益分配渠道	工资、奖金、福利	红利	资本经营预算支出	上缴税费	财政转移支付
国有企业内部职工	×	×	×	×	×
国有企业外①部职工			×	×	×
企业非国有股东		×	×		
其他民众				×	×

说明：企业内部职工参与分配的渠道有：①职工（包括高管）从利润增长获得工资、奖金、福利增加，以及目前国有企业相对于社会平均收入水平高收入、高福利。②资本经营预算支出（包括资本性支出和费用性支出，弥补企业亏损、发生财务困境时，国有企业职工工资、福利因此可以获得无风险的保障）。③作为全民中一员，这些职工同样可以同其他民众一样享受国有资本预算中部分转移到公共财政支出的部分（无论是弥补社会保障基金还是用于其他公共财政开支）。④股权激励安排还让国

① 按照国资委官员的解释，截至 2009 年年底，央企共有离退休人员 500 万人，每年负担统筹外费用近 400 亿元。国资委详解愈万亿央企利润流向［EB/OL］. http://news.xinhuanet.com/fortune/2011-03/10/c-121169733.htm.

有企业内部职工，尤其是高管，通过股权激励安排享受到国有企业红利分配。

国有经济系统内非企业职工参与分配的渠道：①集团内部垄断行业与非垄断行业之间通过集团内部关联交易参与垄断租金所产生红利的分配（详见后述）。②国有资本经营预算支出所产生的补贴收益。③作为全民一份子从财政转移支付中获益。

国有企业非国有股东：①作为股东参与企业红利分配；②国有资本经营预算支出所产生的补贴收益。③具有中国公民身份的居民从财政转移支付中受益。

其他民众在不能分享红利的情况下，就只能间接从财政转移支付中受益。

从目前实际执行的预算收入与预算支出来看，其结果证实了上述推论。2010年，央企实现利润总额11315亿元，上缴所得税25%，约2825亿元，税后净利润8490亿元，归属少数股东约2869亿元，属于国有股东的净利润5621亿元。企业提取法定公积金、任意公积金等留存收益25%，约2800亿元，剩下2800亿元[①]。

从2010年央国有资本经营预算支出实际执行结果和2011年中央国有资本经营预算支出来看，国有资本预算支出中（上缴利润的支出）的只有10亿元用于财政转移支付，2011年只有40亿元用于财政转移支付，用以解决全国人民的民生问题。而2010年用于央企改革脱困补助就高达120亿元，2011年也有26亿元用于困难央企补助，而且每年还有5亿元用于困难企业离退休干部医药费。而根据国资委官员在两会期间向社会公布的数据，央企留存利润中，用于安置厂办大集体人员支出在1000亿元左右，用于离退休人员统筹外费用500亿元（见表10-2、图10-1、图10-2）。[②]

① 国资委官员在谈到企业提取25%的法定公积金和任意公积金时，提出了一个非常奇怪的说法，说这是国家法律规定的，据笔者所了解，国家根本就没有这样的法律。就是按照1993年《公司法》的规定，也只规定公司提取10%税收利润作为法定公积金。见国资委详解愈万亿央企利润流向[EB/OL]．http：//news. xinhuanet. com/fortune/2011—03/10/c—121169733. htm.

② 国资委详解愈万亿央企利润流向［EB/OL］．http：//news. xinhuanet. com/fortune/2011—03/10/c—121169733. htm.

表 10－2　　2010—2011 年中央国有资本经营预算支出

2010 年预算支出	2011 年预算支出
2010 年中央国有资本经营预算支出安排 440 亿元。具体项目安排情况如下： ①按照《汶川地震灾后恢复重建总体规划》，安排中央企业地震灾后恢复重建资金 20 亿元，重点用于电网、电信等基础设施行业和异地重建任务较重的企业。 ②国有经济和产业结构调整支出 183 亿元，包括向新设企业注入国有资本 52.5 亿元、对实施联合重组的中央企业补充国有资本 130.5 亿元。 ③中央企业改革脱困补助支出 120 亿元，包括企业产业和股权调整等支出 68 亿元、企业培育新兴产业支出 13 亿元、企业应对金融危机支出 30 亿元和困难企业改革补助支出等 9 亿元。 ④中央企业重大技术创新项目支出 32 亿元，用于支持企业实施技术创新能力建设，落实国家有关重点技术研发任务，改善研发条件。 ⑤中央企业重大节能减排项目支出 30 亿元。 ⑥中央企业境外投资支出 30 亿元。 ⑦中央企业社会保障支出 5 亿元，用于支付困难企业离休干部医药费。 ⑧调出资金 10 亿元纳入公共财政预算，用于社保等民生支出。 ⑨预留资金 10 亿元，用于应对突发事项	国有资本经营预算支出安排 858.56 亿元。 ①中央企业兼并重组专项资金 80 亿元。主要用于支持中央企业为兼并主体的兼并重组工作。 ②国有经济和产业结构调整支出 495.5 亿元。主要用于中央企业股权、产业结构调整以及产业升级发展性支出。包括：中央企业内部资源整合 72.5 亿元，支持中央企业增资扩股支出 163 亿元，产业升级发展性支出 260 亿元。 ③中央企业重大科技创新项目支出 35 亿元。主要用于支持中央企业技术创新能力建设和重大技术研发活动。 ④中央企业重大节能减排项目支出 35 亿元。主要用于支持中央企业节能减排工作。 ⑤中央企业境外投资支出 30 亿元。主要用于支持中央企业通过新设、并购等方式在境外设立非金融企业或取得既有非金融企业的所有权、控制权、经营管理权等权益行为。 ⑥中央企业安全生产保障能力建设支出 10 亿元。主要用于支持重点行业企业安全生产保障能力建设。 ⑦中央企业改革脱困补助支出 30.5 亿元。主要用于支持企业改革脱困，帮助企业解决改革中的重点难点问题。包括：困难中央企业改革补助支出 26 亿元；中央企业民口军品配套生产线（设备）维持维护补助支出 3 亿元；甘肃舟曲特大泥石流中央企业灾后恢复重建 1 亿元；青海玉树地震中央企业灾后恢复重建 0.5 亿元。 ⑧国有资本经营预算补充社保基金支出 50 亿元。反映用国有股减持收入等国有资本经营预算收入补充全国社会保障基金的支出。 ⑨中央企业社会保障支出 5 亿元。专项用于补助困难中央企业离休干部医药费。 ⑩新兴产业发展支出 45 亿元。主要用于支持相关产业的发展。包括：教育部、文化部等预算单位产业发展支出 35 亿元，新疆兵团产业发展资金支出 10 亿元。 ⑪调出资金 40 亿元，纳入公共财政预算，用于支持社保等民生事业发展。 ⑫预留资金 2.56 亿元。主要用于应对中央企业突发事项等

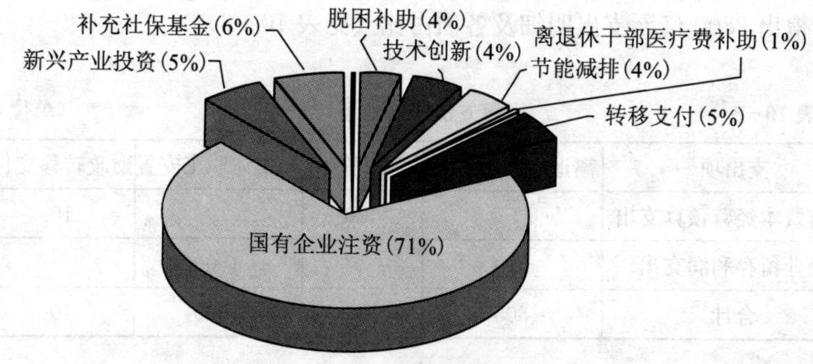

图 10－1 2011 年中央国有资本经营预算支出

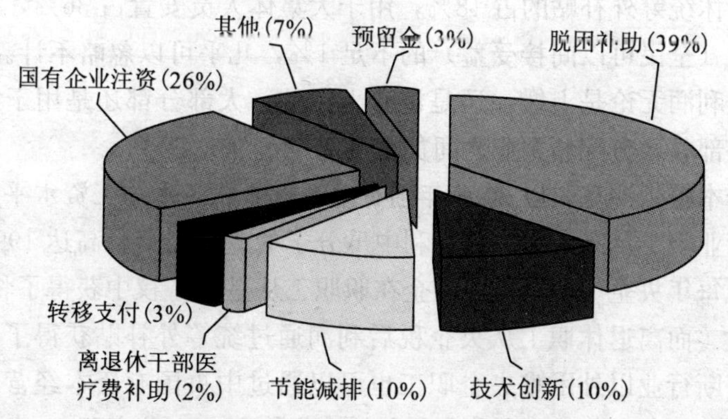

图 10－2 2010 年国有资本经营预算支出

按照国资委官员的公布的数据，2010 年央企属于国有出资人的资本权益 5621 亿元，其中扣除法定公积和任意公积 2800 亿元，剩下 2800 亿元。这 2800 亿元，有部分作为上缴利润纳入中央国有资本预算收入，其余留存在企业。

由于上缴利润纳入了国有资本经营预算收入后全部编入了国有资本预算支出，这部分仍是 2800 亿元中的一部分①，因此，根据国资委官员公布企业留存利润支出和财政部 2010 年资本经营预算支出（按 440 亿元计算），我们

① 实际上，中央国有资本经营预算还包括非国资委管理的中央部门管理的央企，国有资本预算收入中还包括非利润收入，如产权转让等，但主要是国资委管理央企上缴的利润，因此，由于无法查到数据，这里就忽略不计。

可以得出2800亿元支出明细及各项占比（见表10-3）。

表10-3　预算支出与企业留存利润　（单位：亿元）

支出项	离退休人员补贴	企业脱困	大集体职工安置	财政转移支付	其他
国有资本经营预算支出	5	120		10	305
企业留存利润支出	500		1000		860
合计	505	120	1000	10	1165

从上面图表可以看出，在2800亿元这块蛋糕中，用于脱困的支出占4%，用于离退休统筹外补贴的占18%，用于大集体人员安置占36%，而用于财政转移支付（全民可以间接受益）的不足1%，几乎可以忽略不计。也就是说，国有企业利润无论是上缴，还是没有上缴的，大部分都还是用于解决国有经济系统内部收入分配和企业之间贫富调剂。

根据本报告测算，以2008年国有垄断行业职工平均工资水平来计算，每年垄断行业职工从高工资、高福利中瓜分了的垄断租金就高达1999.72亿元。也就是说每年央企中垄断行业国企在职职工从垄断特权中获得了将近2000亿元的收益。而离退休职工从央企税后利润通过统筹外补贴获得了505亿元收益，而垄断行业以外困难央企职工也可以通过中央国有资本经营预算支出的120亿元中直接受益，而国有企业办的大集体职工也分享了1000亿元的安置费用，也就是说，在垄断行业国有企业职工高收入、高福利没有消除的情况下，国有经济系统内都以这些行业工资收入和福利待遇为参照标准，通过国有资本经营预算在国有企业之间和职工之间进行调控和调节就只能加剧国有经济与非公有制经济职工之间的收入差距，增加我国收入分配改革的难度，也就是说，国有经济系统内国有企业收入分配上差异缩小必然是以牺牲全民的利益为代价的。

从中央国有资本经营预算支出结构上来看，中央管理国有企业资本经营预算实际上只起到了通过预算转移支付，在国有企业之间、企业职工之间通过资本性支出、费用性支出实现了国有企业之间资本调剂、收入分配调节，而国有经济体系外企业、民众都无从受益。从国有资本预算收入来源及结构来看，构成预算收入上缴利润主要来源于垄断行业国有企业利润，而垄断行业国有企业获得利润很大部分来自于侵蚀消费者福利的垄断租金和本应由全民分享的资源租金。目前国有资本经营预算将国有经济系统的所有职工形成一个特殊的利益共同体，将来垄断行业改革，收入分配改革一旦触及垄断行业职工的利益，这些人也必然加入到他们的阵营一道形成改革的强大阻力。

国有经济主导地位不应只体现在对关系国计民生、国家安全的行业和领域的控制力，还应该表现在对整个社会经济可持续、和谐发展上的影响力和带动力上，将垄断行业、资源性行业因行政性垄断而获得超额利润上缴集中，通过财政转移支付用于全社会科技创新、新兴产业、节能减排的扶持是发挥国有经济对整个社会经济影响力和带动力的一个重要方面。

为保证国有经济主导地位，保持国有企业对这些行业的控制力、影响力，国家对资源性行业的资源配置主要是通过划拨手段给予的，自然垄断行业获得特许经营地位也不是通过竞争性方式获得，这些行业在金融、宏观调控等方面也享有诸多特权，给予在资源配置上，即使在资源税费改革、垄断行业改革进一步深化的情况下，这些行业国有企业取得收益也有相当大一部分是由于这些特殊政策和特权产生的经济租金收入，这些企业获得超额利润也理应通过利润上缴、财政转移支付让全社会分享。如果这些支出是国家产业政策的一部分，就不能局限于国有经济范畴，而应该是向全社会创业者和企业开放，这样才能更好地促进市场竞争，激励创新，更好地促进国有企业公司治理水平的改善。而目前中央层面用于技术创新、节能减排、脱困补助、新兴产业支持等国有资本经营预算支出本应是企业通过市场机制来解决的，对国有企业特殊预算支持就等于对国有企业变相的财政补贴，不仅破坏了公有制经济与非公有制经济公平竞争，也不利于国有企业公司治理水平的改善。

二、大量国企未纳入预算管理范畴

仍然有规模庞大、范围广泛的国有企业利润仍然没有上缴，纳入国有资本经营预算范围。

这主要体现在以下几个方面：

1. 目前中央层还有大量国有企业没有纳入国有资本经营预算管理范畴，企业利润没有上缴。据财政部官方网站引用的报道称，目前还有科教文卫、行政政法、农业、铁道、金融等 80 多个中央部门（单位）所属 6000 多家企业没有纳入国有资本经营预算，没有上缴利润。[①] 这些企业中，单是银行业，自2007年到2010年中央履行出资人职责的国有出资银行类金融机构累计实现净利润达到了接近2万亿元人民币的规模。

2. 各级地方政府履行出资人职责的国有企业还有大部分没有实行国有资本经营预算，这些企业积累规模庞大的利润仍未上缴。根据财政部公布的数据，截至2009年年底，全国已有20个地区出台试行了国有资本经营预算的实施意见、办法和制度。2010年，又有两个省市开始了国有资本经营预算草案编制工作。截至2009年年底，地方国有资本经营预算收入历年累计达到250亿元，预算支出历年累计达到236亿元[②]。也就是说，截至2010年，36个省市还有接近一半省市没有实行国有资本经营预算，实施利润上缴（见表10-4）。

表10-4　　中央与地方国企2008—2010年盈利情况　　（单位：亿元）

年份	全国	中央	地方
2008	11843.5	6384.3	3581.7
2009	13392.2	7652.6	3946.8
2010	19870.6	11301.9	6455.5

说明：地方国有企业包括全国36个省市（区、市）及计划单列市国资委履行出资人职责的1153家企业，涵盖石油化工、军工、航天航空、电力、通信、交通运输、矿业、冶金等。

资料来源：《中国财政年鉴2009》，财政部网站公布国有及国有控股企业主要经济指标数据整理。

三、非竞争性国企租、税、利混同

非竞争性行业国有企业租、税、利混同，导致征缴渠道安排不合理、企业利润核算不真实与分配不公

这是长期以来对行政性垄断行业利润合法性提出质疑，并对这些国有企业利润上缴现行方案提出批评最多的一个问题。早在2001年，胡鞍钢先生就对垄断行业（他所说的垄断行业是指电力、交通运输、民航和邮电通信等自然垄断行业）垄断租金占GDP的比重进行过测算。胡鞍钢认为这些行业产品

① "十二五"：国有资本经营预算将四处发力，财政部官方网站。

② 同①。

和服务定价超出竞争价格部分就是垄断租金，他由此推断出一个垄断租金计算的公式，即垄断租金=消费量×（垄断价格－竞争价格）＋消费者的净福利损失。根据他的计算，这些垄断行业每年垄断租金在1300亿～2020亿元，占GDP的1.7%～2.7%（见表10-5）。

表10-5　　行业的垄断租金及占GDP比重

	垄断租金（亿元）	占GDP的比例（%）
电力行业	900～1200	0.5～0.75
交通运输业	700～900	1.0～1.2
民航	75～100	0.1～0.13
邮电通讯业	215～325	0.29～2.7
合计	1300～2020	1.7～2.7

资料来源：胡鞍钢主编《中国挑战腐败》，浙江人民出版社，2001年版。

对于资源性行业，陈少晖教授认为，资源性国有企业利润中很大部分实际上来自资源租金，作为成本的租金与作为所有者权益的利润混淆了。① 天则经济研究所张曙光先生也认为，《中央企业国有资本收益收取管理暂行办法》混淆了利润和租金，不仅没有进一步理清和规范国家与企业的关系，而且搞乱了已经规范了的国家与企业的利益关系。现行国有企业利润中不仅包含资源要素租金、地租，还包括垄断租金等。资源要素租金来自于政府无偿和低价划拨和支持。② 黎精明、郜进兴两位学者也认为，国有企业承担了某些社会成本，所以政府给予政策补贴予以补偿，这些补贴是通过低成本提供要素价格，包括自然资源无偿或低成本划拨给国有企业，或通过国有银行不断向亏损国有企业提供信贷。③ 这些要素补贴构成了国有企业要素租金收入。清华大学一位学者甚至断定，垄断租金占了国有企业利润很大一部分，垄断因素贡

① 陈少晖．国有企业利润分配制度变迁与完善［J］．中国财政2009（8）．

② 张曙光．试析国有企业改革中的资源要素租金问题——兼论重建“全民所有制”［J］．南方经济，2010（1）．

③ 黎精明，郜进兴．财政分权、要素价格扭曲与国有企业过度投资［J］．中南财经政法大学学报，2010（1）．

献了国有企业80%的利润。[①] 郑玉韵、李玉红通过实证研究进一步揭示了资源要素租金收入是如何转化为资源性国有企业急剧增长利润的。她们通过1998—2005年中国工业新增利润分步研究分析发现，国有工业企业新增利润主要来自于垄断行业。2005年比1998年增长的1.3万亿元利润中，石油天然气开采行业贡献了20%，利润增长最多的5个行业贡献了47%。他们进一步研究发现，产品价格上涨成为采掘业和原材料工业利润猛增的关键因素，也是轻工业和机械工业效益改善的制约因素。2005年煤炭价格比2000年提高了66.6%，石油和天然气价格则提高了72.8%，上游产品的涨价提高了下游行业的成本，挤压了下游产业的利润空间。[②] 而韩朝华、周晓燕则通过国有工业企业与三资企业1997—2007年利润增长和增长贡献因素比较后有三个发现：①从总资产回报率来看，单位总资产额的创利水平，国有工业占用的总资产量约相当于三资工业总资产量的2.3倍、私营的3.3倍。②国有企业和国有控股公司利润年平均增长为34.3%，三资企业为33.4%，民营企业年增长率高达54.6%。③部分基础产业领域中的畸高盈利支撑了国有工业的高利润，同时也掩盖了国有工业在一些非基础行产业领域中陷于持续亏损的现实，而且，国有工业在基础行产业中的高盈利主要不是源于竞争实力，而是源于国有企业在这些行业中享有的垄断性地位及由此而来的厂商定价权（高购销价格比）。

因为国有企业利润中混杂了非经营所得的资源租金和垄断租金，因此，陈少晖教授认为：国有企业利润上缴“首先是将资源要素租金从国有企业利润中扣除。特别是部分资源能源类国有企业只需付较低资源租金（如资源勘探权和开采权）就可以获得较高的垄断利润。”

在上述研究成果中，许多学者并没有区分资源租金和垄断租金的概念，在我国，对于资源性国有企业而言，资源性租金和垄断租金是竞合的，资源性行业重要矿产资源基本上都是国有企业垄断的，这种垄断是建立在国家既是矿产资源和自然资源所有者同时又是国有企业出资人双重身份基础上。2004年《中华人民共和国宪法》第9条规定：“矿藏、水流、森林、山岭、草原、荒地、滩涂等自然资源，都属于国家所有，即全民所有；由法律规定属于集体所有的森林和山岭、草原、荒地、滩涂除外。”2007年《物权法》第

① 2万亿国企利润是如何炼成的？[EB/OL]．http：//news. xinhuanet. com/observation/2011—01/20/c—121002840. htm.

② 郑玉韵，李玉红．工业新增利润来源及其影响因素：基于企业数据的经验研究［J］．中国工业经济，2007（12）．

46条也规定："矿藏、水流、海域属于国家所有。"第47条规定："城市的土地，属于国家所有。法律规定属于国家所有的农村和城市郊区的土地，属于国家所有。"国有企业过去一直都是通过无偿划拨方式，而不是购买方式就可以取得探矿权和采矿权以及其他自然资源所有权，即使是有偿取得，许多情况下也是通过国家出资方式取得，而不是通过拍卖、投标等竞买方式取得。无偿取得、直接划拨取得，资源要素没有经过市场定价，国有企业取得采矿权所支付的价格并没有真实准确反应资源要素市场价值。

根据经济学理论，资源租金是经济租的一种。所谓经济租是指各种产品或劳务的需求提高，而供给量由于种种原因（政府干预、行政管制等人为限制）难以增加，导致该商品供求差额扩大，从而形成差价收入或要素收入。①因此，从广义意义上来说，产品生产者和服务提供者获得的超额利润就是经济租。因垄断而获得超过正常利润的高额利润就是垄断租金，资源性行业因资源稀缺而获得超出正常利润的超额利润就可以称之为资源租金，这部分租金由两部分构成，一是应该为资源所有者获得的资源稀缺性租金，二是应当包含在资源产品价格中，本应由资源开采者支付而未支付或足额支付用于环境保护和生态环境修复所需要支付的费用所产生的收益。

按照经济学租金理论，不可再生与可耗竭资源会因固定供给而需求不断增加而产生稀缺性租金，即在不断攀升的资源产品价格中包含着未来资源枯竭所带来的机会成本，② 所以，"资源产品的价格构成应该包括有边际开采成本、边际使用者成本（稀缺租金）和边际社会成本。随着资源的需求增长，资源变得更加稀缺，资产产品边际成本（价格）的提高，生产者剩余增加，而这种剩余增加是来自未来收益的提前。"③ 对于耗竭性与不可再生性资源，稀缺性租金应该支付给资源所有者，以用于支付资源枯竭所带来的机会成本。④ 所有者可以通过向资源开采者收取权利金或矿产资源补偿费来获得这部分租金。⑤ 而对于资源开采所带来生态环境污染和破坏所产生的社会成本，或由生产者自己负担进行治理和修复，或国家负责保护和修复，通过向生产企业征收税费来筹集保护和修复的资金。

---

① 刘劲松．租金与寻租理论评述［J］．东北财经大学学报，2009（9）．
② 陈文东．租金理论及其对资源税的影响［J］．中央财经大学学报，2007（6）．
③ 同②。
④ 同②。
⑤ 同②。

我国目前存在的问题就是，我国现行资源税费制度并未充分反映本应由所有者获得稀缺性租金和应当由生产者承担的边际社会成本，从而让稀缺性租金和应承担社会成本转化成了生产企业的暴利。

本书以煤炭、原油开采为例进行了计算。在原油开采环节，因过低税费，导致 2005—2008 年就少征收 1917 亿元的本应由资源所有者收取的资源租金（权利金）。原煤自 2002—2008 年少征收 1411.09 亿元资源租金（权利金）。

1. 资源税费制度不合理导致巨额的应收资源性租金未征收或未足额收取，导致在资源性产品价格或企业利润核算中没有真实准确反映这部分租金收益，导致利润核算不实，征缴渠道安排不合理。

2. 垄断行业改革不到位，行政性垄断给垄断行业国企带来巨额的租金收益，成为垄断企业暴利的主要来源。

3. 资源性租金、垄断租金通过各种分配渠道流失到少数人手里，私有化了，而这些行业所带来的社会成本却为全体民众所承担（见表 10－6、表 10－7）。

表 10－6　资源性租金私有化路径

	初次分配	参与分配的主体	二次分配	参与分配主体
资源性企业资源开采所产生的收益	出让使用权、所有权时获得价款、租金收入 生产流通环节税费（社会成本，生态恢复、污染整治）	自然资源所有权人，分级所有体制下，中央与各级地方政府 公共服务提供者，中央与各级地方政府 政府代表当地社区、受害者	原材料、能源定价未完全反应资源要素全成本（所有者权益、公共服务成本、社会成本支出本）所产生租金收入	下游厂商（包括企业集团内部下游企业）
	薪酬与福利	管理者和劳动者	利润	国家所得税 股东（国有与国有） 企业管理人员奖金和其他激励

说明：如上表所示，在初次分配环节，作为资源所有者和公共服务者的国家如果收取权利金和资源税费不能反映资源所有权或使用权市场价值和资源开采全部社会成本，这部分资源租金就会不当转化企业效益，企业职工（包括高管）、下游厂商、企业非国有股东等就能够通过薪酬体系、价格转移和分红等渠道分享这部分租金收入。而因环境破坏、资源枯竭而受到损害的当地民众和其他受害者却

无法获得充分补偿。也就是说，如果资源性行业国有企业初次分配存在问题，那么就必然有很大一部分本应作为公共税收和应当由企业承担社会成本通过价格转移渠道转移到下游企业。初次分配中，企业内部人从企业现金流当期分配获得过高收入和过高福利安排，而当地社区或当地居民则因生态环境污染承受损失。而非国有股东获得税后红利有很大一部分也属于本应由资源所有者和公共服务提供者收取的税费。

表 10－7　　自然垄断行业垄断租金流向

<table>
<tr><th colspan="2">初次分配</th><th>参与分配的主体</th><th>二次分配</th><th>参与分配主体</th></tr>
<tr><td rowspan="4">自然垄断行业（基础设施、公用事业）产品与服务销售收入</td><td>税收</td><td>公共服务提供者，中央与各级地方政府</td><td>产品与服务价格</td><td>终端用户，企业与居民（负收益）</td></tr>
<tr><td>特许经营费用</td><td>授予特许中央与各级政府</td><td></td><td></td></tr>
<tr><td>政府补贴（土地及其他政策优惠）</td><td>企业</td><td></td><td></td></tr>
<tr><td>薪酬与福利</td><td>管理者和劳动者</td><td>利润</td><td>国家所得税
股东（国有与非国有）
企业管理人员奖金和其他激励</td></tr>
</table>

说明：负有普遍服务义务的直接面对终端消费者和所有生产和服务提供者等终端用户或消费者的基础设施和公用事业。在市场化的情况下，这些企业通过政府特许获得垄断特权，政府对其产品和服务定价进行严格监管，以防止其滥用特许垄断谋求暴利。对于企业获得超额利润，政府通常会通过约定参与分成，或通过征收特许经营费来加以调节。在国有的情况下，这种监管事实上不存在，或监管让位于国有资产增值与保值要求，或垄断行业与非垄断行业之间存在交叉补贴，如果政府给予这些企业垄断特权和各种补贴所产生垄断租金在企业收入没有被剔除，利润核算无法准确真实反应企业经营业绩，从而导致以下几种结果：一是垄断租金不当地被转化为企业利润，被企业内部人瓜分，或作为权益分红分配给了非国有股东，二是含有垄断利润的价格侵蚀终端用户消费者福利和增加企业用户的成本；三是过高的薪酬和福利在初次分配中流向了企业内部人，而通过价格转移到终端用户，同时侵蚀了所有者利润。

由于资源性租金和垄断租金在生产阶段没有在成本中得到充分反映提现或剔除，这些租金就混入到产品定价和企业利润中，在各分配环节被各利益主体通过各种渠道瓜分，而且分配环节越延后，参与分配主体越多，要实现分配上的公平难度就越大，要进行改革的难度就越高。

最能说明问题的就是资源性行业、垄断行业职工工资收入水平和福利要高出全国平均水平的好多倍。姜付秀、余晖对 1997－2005 年烟草、铁路运输、电力、邮电通信、石油开采、金融 6 个行政性垄断行业与其他行业收入差距研究发现，这些行业职工平均收入在制造业的 1.5 倍以上，如果将其福利计算在内，就更高。而且，这些行业收入增长率也高于其他行业。根据他们的测算，这些行业行政垄断造成福利净损失（即既没有被生产者得到，也没有被消费者得到）年均在 738 亿元到 3748 亿元，占 GDP 比重分别为 0.612％～3.279％。①

胡鞍钢先生认为，这些垄断行业的垄断租金去向有两部分，一部分作为利润上缴给主管部门，另一部分被用于办公支出、职工福利、基础设施建设(在各地建设宾馆、招待所、培训中心等)、组织出外旅游，干部出国考察等。按照他的说法，后一部分也就是耗散的垄断租金的一部分。他提出了一个计算这部分耗散租金的公式，即：耗散的租金＝垄断行业职工工资水平－全国平均工资水平×职工人数。②

由于在职消费、职工福利这部分在国有企业财务报表上通常都不会真实反映，也无从获得真实、完整的数据，所以，胡鞍钢先生公示中没有将在职消费和福利部分纳入。当然，这个公式有一个明显粗糙的地方，即过于简单地把垄断行业国有企业职工获得高出全国平均工资水平的部分都视为垄断租金，忽视了决定职工平均工资收入水平的多种复杂因素。新近学者们研究成果弥补了这一缺陷（学者们虽然采取不同分析方法和研究路径，但得出的结论却惊人相似，即垄断行业职工获得高出全国平均水平的工资收入和高福利中 50％～70％是由于垄断因素所决定的，是不合理的，表 10－8 是三篇具有代表性的学术文献比较）。

① 姜付秀，余晖．我国行政性垄断的危害——市场势力效应和收入分配效应的实证研究［J］．中国工业经济，2007（10）．

② 过勇、胡鞍钢．行政垄断、寻租与腐败——转型经济的腐败机理分析［J］．经济社会体制比较，2003（2）．

表 10-8 垄断因素对行业收入差距的影响

学者	垄断行业	研究方法	得出结论
岳希明，李实、史泰丽①	金融、电力、电信、烟草、石油、石化、运输、邮电*	应用 Oaxaca Blinder 分解方法，把垄断行业高收入分解为合理与不合理部分，导入 2005 年全国 1%人口抽样调查取得的数据进行实证研究	垄断行业与竞争行业之间收入差距 50%是不合理的；如果考虑到垄断行业普遍的高福利，按 1.2 倍计算，不合理部分比重则超过 60%，如果按 1.5 倍计算，则超过 70%
任重、周云波②	垄断行业有：电力、燃气及水的生产与供应业、金融、保险业、公共管理和社会组织。部分垄断行业有：采矿业、交通运输、仓储和邮政业、房地产业、科学研究、技术服务和地质勘察业、教育、卫生、社会保障和社会福利业	利用面板回归方法和 Fei 和 Rainis 分解方法，根据统计年鉴公布的 1999—2007 年按行业分的职工平均工资数据测算形成行业收入差距的原因	1999—2007 年垄断及部分垄断对我国行业收入差距的贡献合计达到了 65%左右
史先诚③	无定义	根据劳动市场工资决定理论对 1994—2005 年行业职工平均数据差异进行实证分析	就业人员性别、年龄和教育等就业人员特征只能解释行业报酬变差系数 60%左右，其余部分源于垄断行业租金分享，其中技术/知识型市场垄断行业租金分享比例不高，垄断行业普遍获得超额报酬，约占行业高工资的 50%，如果算上隐性和显性福利和补贴，比例更高

*列入理由有三：一是这些行业企业个数都很少；二是国有企业或者国有控股企业占支配地位，符合目前行业垄断主要是行政垄断的现实；三是这些行业中农民工从业比重低。

① 岳希明，李实，史泰丽．垄断行业高收入问题的探讨［J］．中国社会科学，2010（3）．
② 任重，周云波．垄断对我国行业收入差距影响到底有多大［J］．经济理论与经济管理，2009（4）．
③ 史先诚．行业间工资差异和垄断租金分享［J］．上海财经大学学报，2007（2）．

本书吸收了学者们的新近研究成果，选择了相对保守的一个值，将垄断行业职工收入和福利中垄断租金要素设定为70%，使用此值对胡鞍钢先生使用的公式进行修正。修正后的公式为：耗散的租金=（垄断行业职工工资水平－全国平均工资水平）×70%×职工人数。根据此公式来计算垄断行业高收入所导致耗散的租金损失（见表10－9、表10－10）。

表10－9　　2008年企业平均工资、职工人数

	全国平均工资（元）	国有单位	其他单位	全国或全行业职工（万）	国有	其他单位①
全国	28359	30780	28388	8120.8	2501.1	5053.0
煤炭开采和洗选	33204	33013	34303	364.6	151.1	9.5
石油和天然气开采	46763	46761	46796	103.0	65.4	37.5
烟草制品业	62442	66831	44040	20.1	16.1	3.7
电力热力生产与供应	42627	43764	40912	237.0	155.2	78.7
燃气生产和供应业	32875	32706	33183	18.2	9.4	8.6
铁路运输业	38072	38077	47994	184.8	173.0	8.8
航空运输业	75769	58576	91800	25.8	12.1	13.6
管道运输业	45949	41554	55111	2.0	1.3	0.7
电信和其他信息传输服务业	48530	40327	58958	111.5	59.9	51.0
邮政业	31089	29262	58661	57.5	54.4	2.9
金融业	61841	56652	80328	417.6	155.4	202.0
银行业	65224	58621	91139	265.4	124.7	81.5
证券业	172123	135151	178062	9.7	1.3	8.4
保险业	41190	30844	44036	136.5	27.2	109.2
其他金融活动	87670	55527	125256	6.0	2.2	3.0

资料来源：《中国劳动统计年鉴2009》。这里国有单位只包括了注册为公司制的全民所有制企业。

① 按照统计术语解释，其他单位包括股份合作、联营单位、有限责任公司、股份有限公司、港澳台投资单位及外商投资单位等其他登记注册类型单位。

表 10-10　　耗散的垄断租金损失　　(单位：亿元)

耗散的垄断租金	只计算国有单位	其他单位	合计
全国	943.22	1056.5	1999.72
煤炭开采和洗选	49.23	3.95	53.18
石油和天然气开采	84.24	48.40	132.64
烟草制品业	61.94	4.06	66.00
电力热力生产与供应	239.09	69.15	308.24
燃气生产和供应业	2.86	2.90	5.76
铁路运输业	117.68	12.10	129.78
航空运输业	25.59	60.40	85.99
管道运输业	1.20	1.31	2.51
电信和其他信息传输服务业	50.18	109.24	159.42
邮政业	3.44	6.15	9.59
金融业	307.77	734.84	1042.61
合计	943.22	1056.5	1999.72

说明：计算中鉴于这些国有垄断行业中其他单位主要是国有控股股份有限公司或有限责任公司，股份合作、外商占的比重基本可以忽略不计，所以在计算职工人数时把其他单位人数也计算进去了。

以上分析表明，如果资源性行业、自然垄断行业资源租金和垄断租金不恰当转化为企业利润，就会导致社会福利净损失和很大部分本应属于社会公众全体享有的收益被少数人通过合法途径瓜分了。

不仅如此，国有企业内部职工还通过关联交易把垄断企业垄断暴利转移到企业高管和职工控股的关联企业套取垄断租金。审计署 2008 年度财务收支审计结果显示：中国华电集团所属 15 家发电企业向“三产”或职工持股企业让利。2007 年至 2008 年，所属 15 家发电企业在粉煤灰（渣）销售等业务中，向其“三产”或职工持股企业让利，涉及金额 2.59 亿元。2002 年以来，所属华电工程公司违规操作，将部分国有股权转让给其职工持股的北京华电恒基能源技术有限公司，致使本应归属华电工程公司的国有股权益 5622.58 万元和红利1845.06万元，被北京华电恒基能源技术有限公司不当占有。① 神华集团所属4家企业为职工谋取不当利益或向职工持股企业让利。2006年4月，所属煤炭销售中心黄骅港办事处由全体职工个人出资246万元购置了汽车、筛机等设备，租赁给关联单位使用。至2008年年底，共获取租赁收益1028.39万元，全部发给了职工。2006年至2008年，神华集团所属企业将发电过程中产生的粉煤灰渣交由职工持股企业处理，并支付相应的处置费用，使职工持股企业从中获利21209.6万元。截至2008年年底，所属乌海能源有限责任公司的228名部门副总以上干部拥有公乌素煤业有限责任公司等10家职工持股企业的股份共计2860.17万元，并取得现金分红1359.01万元；神华集团总部有29人（次）持有其中7家公司的股份共计289.57万元，并取得现金分红202.08万元。2002年至2009年7月，南航集团所属企业将货运服务、机务维修、过站维护等收入共计10550.6万元转入"三产"单位或工会，已用于发放职工奖金补贴及其他开支6821.85万元。②

在垄断国有企业集团内部，竞争性行业企业还通过关联交易吃垄断性行业企业的大锅饭，垄断行业的垄断租金不仅垄断企业职工普遍得到分享，而且垄断企业的非垄断行业关联企业的职工也通过关联交易参与了垄断行业垄断租金的分配。2010年审计铁道部所属的17个铁路局和3个专业运输公司2006年度财务收支情况，发现的问题主要是，核算不实，多计利润10.59亿元；主业与多元经营企业之间产权关系、业务关系和分配关系不够清晰，一些多元经营企业依托主业优势违规和不规范收费，为主业人员发放奖金，主业向多元经营企业让利等问题53.8亿元③。

除了资源性租金、垄断租金通过各种渠道被私有化外，资源性行业因资源开采所导致的环境保护、生态修复、资源枯竭所产生社会成本由于没有在企业成本中完全得到反映，也没有在资源税费体系中足额收取，结果导致环

① 刘家义．关于2007年度中央预算执行和其他财政收支的审计工作报告——2008年8月27日在第十一届全国人民代表大会常务委员会第四次会议上［EB/OL］．http：//www.audit.gov.cn/n1057/n1087/n524092/1718206.html（2010年1月13日）．

② 以上资料来源，国家审计署2010年第18号《华润（集团）有限公司2008年财务收支审计结果》、2010年17号《神华集团有限责任公司2008年财务收支审计结果》、2010年第16号《中国华电集团公司2008年度财务收支审计结果》、2010年第15号《中国东方集团公司2008年财务收支审计结果》、2010年第14号《中国南方航空集团公司2008年财务收支审计结果》、2010年第13号《中国航空集团公司2008年财务收支审计结果》。

③ 同①。

境保护、生态修复和资源枯竭，城市和地区经济再造的支出就只能由公共财政负担。2011 年中央财政预算中，安排资金 135 亿元转移支付用于资源枯竭城市（主要东北三省老工业区）的环境修复和职工再就业安置等支出。①

四、利润上缴具体方案存在诸多问题

（一）分类按不同比例上缴利润既不合法也不合理

首先，国有企业税后可上缴利润不缴不合法。国家出资企业利润上缴本质上仍然属于公共预算管理制度的问题。在国家预算立法层面，国有资本经营预算与公共财政预算分开主要是防止相互吃大锅饭，强化预算的约束，而不是要弱化国有资本经营预算公共性质和国有企业在宪政上的全民所有性质。因此，任何未经过《宪法》所规定公共预算程序的收和支都是与宪政和法治精神相背离的，也不利于市场经济体制完善和国有企业公司治理水平的改善。

从宪政意义上来说，基于国有全民性质，国有企业投资收益都属于公共收入的一部分，都应该纳入国家公共预算范畴，坚持收支两条线，严格置于国家预算法约束下。预算收入未按国家预算程序经过核准，都不得擅自留存，截留和坐支。收取的比例确定、缓交和减免等安排应该纳入国有资本经营预算统筹安排来考虑，同时又要考虑到市场体制完善——公平竞争的要求。前者不允许作为公共收入的国有投资收益大量游离于公共预算体制之外，逃避全体民众的监督；后者则不允许让留存到企业利润或上缴利润预算支出演变为变相的对国有企业的补贴，破坏公平竞争市场环境。所以，所有可分配利润原则上都应该全部收取。

国有资本经营预算除了要实现国有资产增值与保值，硬化预算约束，改善国企公司治理水平等目标外，还肩负着通过预算杠杆来实现国有经济布局和结构调整，加强宏观调控，调节收入分配，实现社会公平等宏观目标。目前，除部分利润上缴外，仍然上万亿规模利润游离在国家公共预算控制体系之外。目前试行方案对利润上缴采取分类区别对待，确定上缴比例，缓缴，免缴实际上是把调控环节放到了利润上缴控制环节，这实际上仍然听任绝大

① 《2011 年中央和地方预算执行与 2011 年预算草案报告》。

部分公共收入游离在国家公共预算控制体系之外，并没有从根本上解决目前存在的问题。

其次，分类按不同比例上缴方案不合理。企业分类按不同比例上缴利润缺乏充分的理论依据，也偏离了国有资本经营预算的初衷和要追求的目标，而且混淆了国有企业利润上缴与国有资本经营预算收入的性质，从而导致把本应放置到国有资本经营预算的宏观调控、收入分配调节、国有经济布局与结构调整等功能错误定位到了利润上缴制度安排上。

对于为什么采取分类按不同比例上缴利润，财政部《关于“改革国有企业利润分配体制建立国有资本收益管理制度”提案的答复》（摘要）（2008 年两会代表提案的答复）虽没有明确给出理由，但从中可以推导区分按不同比例上缴制度安排的内在逻辑。文件中指出：“……受资源、产业开放程度以及企业历史包袱轻重不同等多种因素的影响，不同行业之间的国有企业利润存在较大差异，国有企业职工收入水平差距较大。建立国有资本经营预算，将进一步明确政府与国有企业的责任和权利，调节资源性行业企业的收益水平，促进国有企业深化收入分配制度改革，促进社会公平和社会主义和谐社会的建设。”这段话解释了试行国有资本经营预算时为什么要对中央管理的国有企业实行分类按不同比例上缴利润的理由，即通过分类按不同比例上缴，或暂时免缴或缓缴来平衡国有企业之间的收益水平，促进国有企业收入分配制度改革。

在学界，对于国有企业利润是否上缴、上缴多少、如何上缴等问题也有许多探讨，从研究视角来看，研究主要集中在两个层面，一是从公司治理改善、投资收益最大化微观层面，二是从国有经济职能定位与国有经济布局与结构调整的宏观层面。在微观层面，学者基于自由现金假说、股利理论等对上述问题提出了不同看法和解决方案；在宏观层面，学者们则从如何更好实现国有经济职能和完善国有经济布局与结构战略性调整角度对上述问题发表了看法和提出了解决方案。

自由现金流假说认为，如果公司存在大量自由现金流，股利发放因降低了经营者可支配的自由现金流从而减少了其过度投资的倾向，减少了经理人可控制的资源，从而减少了往往与公司规模正相关的在职消费①。魏

① Jensen, M. C. Agency Costs of Free Cash Flow, Corporate Finance and Takeovers [J]. American Economic Review, 1986, 76 (2).

明海、柳建华2007年通过对我国国有企业实证研究验证了这一假说。他们的研究发现：企业过度投资水平的高低取决于经理人直接可用现金的多寡，现金的支付减少了经理人可支配的现金流，从而可以抑制企业的过度投资行为，减少了代理成本①。在此基础上，罗宏、黄文华再次对国有企业分红与公司治理水平关系进行了实证研究。他们的研究进一步发现，支付现金股利，降低管理团队掌握的现金，不但可以抑制过度投资，而且支付现金股利可以显著降低高管人员在职消费程度，从而减少代理成本，提升国有企业公司业绩②。国有企业利润上缴，减少管理团队可支配现金有利于改善国有企业公司治理水平，但问题是，现金分红掌握到何种程度才是最合适的选择，这是解决好国有资本经营预算与公司治理二者之间的协调的非常关键的难点③。

陈少晖教授认为，国有企业利润上缴比例应以自由现金流量假说为理论依据。他提出应当以国有企业收益构成及性质来对国有企业分类，确定不同的利润上缴方法和比例。他认为，利润分配模式取决于利润来源的性质判定。根据企业是否具有垄断性，可以把企业划分为垄断性国企与非垄断性国企，垄断性国企又分为自然垄断与行政垄断两种。他说：（国有企业利润上缴）“首先是将资源要素租金从国有企业利润中扣除。特别是部分资源能源类国有企业只需付较低资源租金（如资源勘探权和开采权）就可以获得较高的垄断利润。现行方案将国企分三类，最高一类就是资源型国有企业，就是考虑到国有企业行业差异。但现行方案缺乏理论基础，它混淆了作为成本的租金和作为所有者权益的利润的区别④。”他指出，垄断性国企尤其是行政垄断性国有企业，其利润来源于两个方面：一个方面是来源于政府的行政垄断权力，这部分利润与竞争性国有企业的利润有着本质的不同，其性质类似于国家向社会公众收取税收，其实质是企业凭借政府的授权强制向社会公众征收的捐税，这部分利润事实上属于国家民众福利的直接转移。这一部分收入，其来源等同于税收，理应通过财政部门编制国有企业预算的方式，由国有企业将这部分以利润上缴的方式进入国家财政部门。另一方面来源于垄断企业通过管理创新与技术创新而获得的

---

① 魏明海，柳建华．国企分红、治理因素与过度投资［J］．管理世界，2007（4）．

② 罗宏，黄文华．国企分红、在职消费与公司业绩［J］．管理世界，2008（9）．

③ 杨熠，刘用栓．推进国有资本经营预算，完善公司治理［J］．财会月刊，2008（6）．

④ 陈少晖．国有企业利润分配制度变迁与完善［J］．中国财政，2009（8）．

竞争性利润，其性质与其他竞争性企业的利润性质是一样的，这部分利润在对所有者进行分配以前，首先应留下企业发展的后备基金与风险基金，在留下足够的企业基金后，才可能根据国家宏观政策的需要，国家以企业股东的身份分享。此外，对于大量非垄断性国企（一般竞争性国企）来说，由于其利润主要来源于经营管理和市场竞争，且呈现波动性较大的特征，其所获取的利润首先要留存于企业作为风险基金与发展基金，以预备填补企业后期可能出现的亏损和用于企业扩大资本规模增强企业市场竞争能力，剩余部分才可以以红利的形式向股东进行分配①。

首都师范大学汪平教授认为，国有企业利润上缴比例应该考虑国有股权资本成本和可持续增长两个因素权衡，既确保国有资本保值与增值，也能确保国有企业可持续发展②。他从财务理论的角度提出了一个确定比例的具体方法，即根据国有企业的资本成本水平以及必要的理财原则，比如“剩余利润分红原则”等，确定一个合理的利润分红数额，然后再以行业数据为依据，确定一定时期内的利润分红的比率，即利润分红数额占当年国有企业实现净利比重；在以后利润分红制度的设计中，该利润分红比率就可以作为一个直接的数量依据③。

国务院发展研究中心张文魁也提出，应根据行业、企业的发展阶段及资本市场的融资成本来确定分红比例④。杨汉明基于股利理论也提出类似观点，应从可持续发展角度考虑国有企业股利支付率，不同企业、不同时期应有所不同，不应该有统一的股利支付率⑤。

基于公司治理水平改善和投资收益最大化的视角，学者们批评目前国有资本经营预算试行方案中，国有企业利润上缴比例太低。曲卫彬、周燕认为试行阶段国有资本经营预算下国有企业利润上缴比例太低。太低导致国有企业预算软约束，盲目投资，过度扩张，而且目前国有企业盈利水平高于全国平均水平，有能力多缴。陈少晖教授也认为，目前试行的国有资本经营预算

---

① 陈少晖．国有企业利润上缴：国外运行模式与中国的制度重构［J］．中共南京市委党校学报，2010（2）．

② 汪平，李光贵．国有企业分红比例估算原则与框架分析［J］．山东经济，2009（5）．

③ 汪平．基于现代财务理论的中国国有企业利润分红问题研究［J］．首都经济贸易大学学报，2008（2）．

④ 朱珍．国企分红制度：现行模式探讨与宪政框架重构［J］．金融与经济，2010（5）．

⑤ 杨汉明．国企分红、可持续增长与公司业绩［J］．财贸经济，2009（6）．

下国有企业利润上缴比例过低[①]，过多利润留存到国有企业导致以下几个问题：①国企利润留存导致企业过度投资、盲目扩张。②维护并强化国企的垄断地位，导致社会福利损失。③难以保障国有资本出资人的权益[②]。财政部也认同学者们的看法，认为目前国有资本收益收取比例过低，不利于遏制央企盲目投资和国企结构调整的状况，应适当提高国有资本收益收取的比例[③]。

学界从宏观层面对国有企业利润上缴研究的重心放到了国有企业、国有经济职能定位及目标诉求上。财政部财政科学研究所文宗瑜、刘微认为，国有资本经营预算是要强化国有资本在宏观层面的作用，是政府宏观调控一种衍生手段，国有资本要服务于构建和谐社会的目标和服务公共财政职能的发挥[④]。杨志勇则认为，国有企业分红比例应与企业发展战略，国家对国有经济的地位加以综合考虑[⑤]。陈少晖先生也认为，国有企业职能定位对国有企业利润上缴制度安排影响很大，不同历史时期，国有企业利润上缴制度因其职能定位不同而有所变化。“国有企业功能定位反映国家对国有企业的价值取向，并由此决定国有企业利润分配的具体内容。”[⑥] 计划经济时代，国企是国家机构的生产车间，所以利润全部上缴，改革开放后，企业市场主体地位逐步被认可和强化，才进行基金制、利润留成、税利改革、承包制等多种分配形式。[⑦] 外部环境和社会稳定等都是影响国企利润上缴制度安排的因素。

本书认为：现行国有资本经营预算试行方案中国有企业利润上缴采取分类分别适用不同比例的方法不仅没有充分的理论依据，实际操作中也大大偏离了国有资本经营预算的初衷和目标。学界虽然对现行作法提出了有价值的

---

① 近年来，国企利润逐年攀升，从 2006 年的 1.1 万亿元升至 2009 年的 1.3 万亿元，国有资本经营预算收入相应地由 140 亿元（2006 年减半收取）增至 440 亿元，后者占前者的比重仅有 3%左右。而央企利润 2006 年为 7547 亿元，2009 年为 9445 亿元，国有资本经营预算收入大约占央企利润的 5%。

② 陈少晖．国有企业利润上缴：国外运行模式与中国的制度重构［J］．中共南京市委党校学报，2010（2）．

③ 财政部．国有资本预算编制情况［EB/OL］．http：//www.mof.gov.cn/zhengwuxinxi/caizhengshuju/201005/t20100511－291391.html.

④ 文宗瑜，刘微．国有资本经营预算要关注并解决的若干重大问题［J］．经济研究参考，2008（4）．

⑤ 杨志勇．政府预算管理制度演进逻辑与未来改革［J］．南京大学学报（哲学社会版），2009（5）．

⑥ 陈少晖．国有企业利润分配制度变迁与完善［J］．中国财政，2009（8）．

⑦ 同⑥。

批判，而且对分类方法和比例确定提出了加以完善的解决思路，并进行了理论论证，但并没有就如何分类、各类国有企业比例如何确定等提出切实可行的操作方案，而且与现行利润上缴方案一样，过分夸大了利润上缴在国有资本经营预算中的作用和功能，错误地把国有资本经营预算宏观调控和调节功能置入到了国有企业利润上缴制度安排上。

从性质上来说，国有企业利润上缴兼具私益性与公益性，这与非国有企业利润分配完全私益性存在本质区别，从微观企业利润分配层面上而言，国有企业利润上缴是所有者参与剩余分配、权益兑现的主要渠道，是所有者神圣不可侵犯的权益，当然应以投资收益最大化为原则，而在国有资本经营预算层面上来说，国有企业利润上缴纳入国有资本经营预算收入，国家通过预算收入与预算支出，兼顾整个国有经济发展、布局与结构和整个社会经济发展需要进行统筹安排，最大限度发挥国有经济主导职能，增进全民的福利。但国有企业利润上缴构成了国有资本经营预算收入主要来源，国有资本经营预算必须兼顾公司治理完善、投资收益最大化和国家宏观调控、收入分配制度改革、国有经济布局与结构战略性调整等多个层面的目标，这是国有企业的全民性质以及国有经济在我国承担着经济主导职能的地位和使命所决定的，兼顾要求处理好企业利润分配所追求投资收益最大化与国有资本经营预算公共政策目标之间协调与互动关系，国有资本预算收入制度安排既要兼顾到所有者投资收益最大化，公司治理的改善，同时也要兼顾国有资本经营预算所要追求其他公共政策目标。从这个意义上来说，在国有资本预算收入环节，应最大限度将国有企业利润纳入预算收入管理之中，最大限度实现利润上缴，确保投资收益最大化和提升公司治理水平，而其他调控和调节公共政策目标则应通过其他预算收入环节和预算支出环节来解决。理由如下：

1. 利润上缴是实现资本预算硬约束的必要条件，企业上缴利润构成国有资本预算经营收入，是国有资本经营预算最基础的环节，企业税后利润如果不纳入预算收入进行从严管理与控制，国有资本经营预算所有目标都会落空，而分类区别对待就必然给纳入预算管理范围企业提供了差别待遇，为讨价还价创造了激励，助长各方的道德风险，不仅不利于企业公司治理水平的改善，投资收益最大化，而且也只能削弱国有资本预算的调控和调节功能，因为只有预算收入最大限度实现了利润上缴，才可能为预算支出环节调控和调节打下坚实的财力基础。

2. 从改善国有企业公司治理、强化所有者预算约束而言，在上缴所有者

利润上不应因企而异，所有者给予企业发展的支持应该更多的是借助企业增资扩股融资增加预算支出来实现。考量财政部推出目前分类按不同比例上缴方案和学者们提出分类按不同比例上缴思路的一个主要理由就是要调节行政性垄断行业超额利润，调节收入分配，对竞争性行业国有企业采取较低上缴比例或免缴是支持其发展。但分类区别对待的方案实际上是开错了药方。

首先，行政性垄断行业（包括自然垄断行业、资源性行业）获得超额利润中很大一部分是应支付给资源所有者的稀缺性租金和企业应该承担的社会成本以及应该通过降低产品和服务价格分配给消费者的福利，这些应该通过改革从国有企业利润中剔除，在税后利润核算前就必须以适当渠道以税费形式加以征缴，而不是让其转化为国有企业的利润让其他非国有投资者和企业内部人等都参与分配。其次，少缴利润或不缴利润实际上是所有者放弃了对企业现金流的最终支配权，这就必然导致预算软约束，这正是导致国有企业长期以来低效率的主要原因。所有者对企业支持应该是通过所有者资本预算支出来实现，通过对企业追加投资，增资扩股来予以支持，这样，什么条件进行投资、时机的把握等主动权都掌握在出资人手上，出资人可以进退自如，既可以用手投票，又可以通过资本运营用脚投票，从这个意义上来说，这赋予政府在国有经济布局与结构战略性调整上更大的操作空间。

3. 目前国有经济布局与结构调整总体方向上是优化存量、控制增量，所以应该以退为主，布局和结构调整应该是作减法，而且经过多年改革，国有企业通过国家注资、社会融资、效益改善和利润积累，资本已经实现了优化和充实，完全具备了独立自主发展的能力，不应该继续维持利润上缴减免或通过国有资本预算支出提供额外财政资助和补贴来加以扶持。否则，这会加剧国有经济与非国有经济之间的不公平竞争，导致“国进民退”。

4. 国家宏观调控和分配收入制度改革也需要通过扩大收入预算来加大预算调节杠杆力度，增强预算调控的力度，只有预算收入增加和扩大了，预算支出调控、调节才能更有效地发挥。

（二）上缴比例太低，上缴利润绝大部分用于资本经营预算支出抵消了国有资本经营预算的实施效果，甚至可能导致经营不善，国有企业和职工吃国有经济的大锅饭

按照国务院国资委官员的说明，国有企业税后利润中，有 25%的利润被

提取作为法定资本公积和任意资本公积，剩下的才是可上缴给出资人的利润。而按照财政部报国务院批准确定上缴比例，最高也就是15%，低的5%，还有部分国有企业暂停或免交。因此，按照目前实施的上缴比例，绝大部分利润仍然没有上缴。而从国有资本预算支出环节来看，国有资本预算支出与企业预算支出高度重合，同一预算科目出现重复预算。

按照国务院国资委解释，国有企业税后利润有25%作为法定公积金和任意公积金提取留存，这些留存公积金就是用于弥补亏损，扩大再生产，追加投资，而其他未上缴的利润也主要用于追加投资和解决历史遗留问题和离退休人员统筹外补贴支出。而财政部层面国有资本经营预算支出也基本上同样用在这些上面。这就是说，同样支出项目，在企业层面和中央财政国有资本经营预算层面基本上是重合，存在重复投入。尽管中央财政层面国有资本经营预算支出相当一部分可能是转移支付给了其他国有企业，而不是上缴利润的企业，但这样结果可能会导致那些盈利能力差、陷入困境的国有企业和收入水平不高的职工吃整个国有经济大锅饭的弊端，软化预算约束，抵消国有资本经营预算的制度功效。

历经30多年的改革，目前央企大多都能够实现了盈利，有畅通的融资渠道，包括银行贷款，资本市场直接融资，所以，目前中央财政层面国有资本经营预算支出的许多科目，如国有企业兼并重组、技术创新等都应该通过市场化融资渠道由企业自筹资金解决，包括通过出售现有国有企业权益、资产，而不是通过国有资本经营预算支出来解决。而节能减排这些本属于企业承担的社会责任也完全应该由企业自行解决，国有资本经营预算支出应严格限制在造福全社会的公益目的的开支，投向社会资本不愿进入，基于国家安全、提升社会经济发展水平而又必须投资的引导性和调控性的项目，对于社会资本投资活跃、竞争性的产业领域，国有资本经营预算支出就应该退出。

（三）利润上缴形式过于单调

目前对于国有企业利润上缴只限于现金，现金分红更有利于强化企业预算约束，改善公司治理，但对所有企业一刀切采取单一的现金分红方式也过于简单和僵化。在利润上缴比例不断提高或完全上缴的情况下，出资人僵化的现金分红政策还可能给企业发展带来严重财务困境。

（四）现行规定对国有控股、参股公司上缴利润比例的确定含糊不清，国有独资企业、独资公司与国有控股、参股公司事实形成不当的差别待遇（见表 10－11）

表 10－11 现行法规关于国家出资企业上缴利润规定

	国务院试行意见	企业国有资产法
资本经营预算编制	各级财政部门商国资监管、发展改革委等部门编制国有资本经营预算草案，报经本级人民政府批准后下达各预算单位	国务院和有关地方人民政府财政部门负责国有资本经营预算草案的编制工作，履行出资人职责的机构向财政部门提出由其履行出资人职责的国有资本经营预算建议草案①
国有资本经营预算管理的办法	国家依法收取企业国有资本收益，具体办法由财政部门会同国有资产监管机构等有关部门制定，报本级人民政府批准后施行	国有资本经营预算管理的具体办法和实施步骤，由国务院规定，报全国人民代表大会常务委员会备案②
国有独资企业利润分配	国有独资企业按财政部规定的比例上缴	国有独立公司利润分配，由履行出资人职责的机构决定

① 《企业国有资产管理法》第 61 条。
② 《企业国有资产管理法》第 62 条。

续 表

	国务院试行意见	企业国有资产法
国有控股、参股公司股息分配	国有控股、参股企业应付国有投资者的股利、股息，按照股东会或者股东大会决议通过的利润分配方案执行。① 国有控股、参股企业应当依法分配年度净利润。当年不予分配的，应当说明暂不分配的理由和依据，并出具股东会或者股东大会的决议②	国有控股、参股公司分配利润等重大事项，履行出资人职责的机构派出的股东代表，应当按照委派机构的指示提出提案、发表意见、行使表决权③。 对于重要国有独资企业、国有独资公司、国有控股公司合并、分立、解散、申请破产以及法律、行政法规和本级人民政府规定应当履行由履行出资人职责机构报经本级人民政府批准的重大事项，履行出资人职责的机构在做出决定或者向其委派参加国有资本国有资本控股公司股东会会议、股东大会会议的股东代表作出指示前，应当报请本级人民政府批准④

从表10－11对比可以看出以下几个问题：

1. 国有资本经营预算具体办法制定上。按照《企业国有资产法》规定，国务院负责制定国有资本经营预算具体办法和实施步骤，而目前实施的《国务院关于试行国有资本经营预算的意见》却将该权力再次下放到了财政部。授权财政部会同有关部门制定企业国有资本收益收取办法，报本级人民政府批准后施行。也就是说，国有独资企业上缴利润比例由财政部和国资委共同拟订，报国务院批准确定。

2. 国有资本预算草案编制上，按照《企业国有资产法》规定，应该由各级财政部门负责编制国有资本预算草案，履行出资人机构向财政部提出国有资本经营预算建议草案。而国务院《关于试行国有资本经营预算的意见》却要求各级财政部门商国资监管、发展改革委等部门编制国有资本经营预算草案，报经本级人民政府批准后下达各预算单位。

3. 对于国有独资企业利润上缴比例确定，按照《企业国有资产法》规定，

① 财政部《中央企业国有资本收益收取管理办法》第10条第1款。

② 财政部《中央企业国有资本收益收取管理办法》第10条第2款。

③ 《企业国有资产法》第31、30、33条。

④ 《企业国有资产管理法》第34条。

普通国有独资公司、国有控股、参股公司由履行出资人机构决定，重要国有独资企业、国有独资公司、国有控股公司在做出决定前报本级人民政府批准后决定。而按照《国务院关于试行国有资本经营预算的意见》规定和财政部《中央企业国有资本收益收取管理暂行办法》规定及目前实际做法，在中央层面，现行国有企业利润上缴方案规定了两种方法：一是国有独资企业按不同比例上缴；二是国有控股企业、参股企业按股东会或股东大会决议通过的利润分配方案执行上缴。中央国有独资企业（包括独资公司）上缴利润是由财政部门报经国务院决定，而国有控股、参股公司股息分配按照公司股东会或股东大会通过的决议执行。按照《企业国有资产法》的规定，重要国有控股公司利润分配问题上表决由履行出资人机构报同级人民政府批准后做出决定，而参股公司则完全由履行出资人职责机构决定。这样推导出来的结果就是中央管理国有企业利润上缴比例决定，如表 10－12 所示：

表 10－12　企业利润上缴决定

	确定部门	确定方式
国有独资企业（公司）	财政部拟订报国务院批准确定	通过颁布中央企业资本收益收取办法
国有控股公司	国资委或其他履行出资人职责机构确定，最重要的国有控股公司由国资委报同级人民政府批准确定	按照财政部的规定和《企业国有资产法》规定行使股东表决权
国有参股公司	国资委或其他履行出资人职责机构确定	通过行使股东表决权

从以上分析可以看出，目前国有控股、参股公司利润上缴到底如何确定实际上是含糊不清的，《企业国有资产法》、国务院、财政部规定相互之间并不衔接、配套，很容易引起歧义和误解。目前的做法实际上造成了国有独资企业、国有独资公司、国有控股公司、参股公司在利润上缴上的差别待遇，这可能会导致国有企业利用这些差别待遇钻空子，趋利避害，从而让国有资本经营预算实施效果大打折扣。而且，从长远来看，随着国有企业整体上市、国有企业集团股份制改革进一步推进，国有独资企业和国有独资公司越来越少，这一缺陷就将更加突出。

第十一章　行政性垄断行业租、税、利及租金的流失

有学者将金融、电力、电信、烟草、石油、石化、运输、邮电等行业认定为垄断行业。认定主要依据，是这些行业处于一个或者少数几个企业支配的市场状态①。有学者以垄断形成的法律基础将电信、金融、航空运输、铁路运输、电力等行业都归类为行政性垄断色彩行业②。还有学者根据垄断程度，将垄断行业分为垄断行业和部分垄断行业，其中垄断行业包括电力、燃气及水的生产与供应业、金融、保险业、公共管理和社会组织。部分垄断行业包括采矿业、交通运输、仓储和邮政业、房地产业、科学研究、技术服务和地质勘察业、教育、卫生、社会保障和社会福利业③。

尽管学术界对垄断行业具体范畴存在不同看法，在探讨国有企业垄断时，垄断被区分为自然垄断、行政垄断与经济垄断三类，但由于我国国有经济主导的行业都是由于国家限制民营资本进入而形成的，所以，我国垄断从垄断形成原因上来说，主要是行政垄断④。本书将学者们认为主要是依靠国家法律与政策对进入管制所形成国有经济完全处于支配地位的铁路运输、航空运输、管道运输、电力、邮政等自然垄断行业、国家烟草专卖行业、金融行业、资源性行业原油煤炭开采业作为研究对象。

---

① 岳希明，李实，史泰丽．垄断行业高收入问题的探讨［J］．中国社会科学，2010（3）．

② 姜付秀，余晖．我国行政性垄断的危害——市场势力效应和收入分配效应的实证研究［J］．中国工业经济，2007（10）．

③ 任重，周云波．垄断对我国行业收入差距影响到底有多大［J］．经济理论与经济管理，2009（4）．

④ 学者将垄断形成原因分为三类，一是企业合谋；二是规模经济，即自然垄断；三是行政管制，即行政垄断。

一、资源性行业资源税费体系存在问题及租金流失——以煤炭、石油行业为例

（一）资源税费演变

1. 历史沿革

1982年1月，国务院颁布《对外合作开发海洋石油资源条例》，开始对开采矿产资源的矿山企业征税，即矿山企业获得12%以上销售利润要按规定缴纳资源税，未获得12%以上销售利润的矿山企业，则不需要缴纳资源税。1984年的资源税是政府调节矿山企业的级差收益。征收范围仅界定在原油、天然气、煤炭和铁矿石。1984年9月出台《中华人民共和国资源税条例（草案）》，决定对油气、煤炭和铁矿企业超过销售利润率12%的超额利润，按照累进税率征收资源税。

1986年《矿产资源法》第5条规定，开采矿产资源必须按照国家有关规定缴纳资源税和资源补偿费。第25条规定，矿床勘探报告及其他有价值的勘查资源实行有偿使用。开采矿产资源，要向国家缴纳资源税和资源补偿费。1993年全国财税体制改革时，对1984年第一代资源税制度进行改革，形成了第二代资源税制度。一是开征资源税。1994年，国务院颁布了《中华人民共和国矿产资源法实施细则》，同年2月出台了《矿产资源补偿费征收管理规定》，当时负责起草的主管部门负责人明确资源补偿费征收的依据是财产所有权，对已消耗资源的货币补偿，调节的是资源所有权人与采矿权人之间的关系，矿产资源补偿费收入中央与地方五五分成。二是扩大了资源税的范围，把盐税划归到资源税中，同时不再按超额利润征税，改按矿产品销售量征税，并为每一个课税矿区规定了适用税率。至此，除海洋石油资源税，其他资源税为地方财政预算。三是实行探矿权、采矿权有偿取得制度。1996年全国人大常委修订《矿山资源法》，明确规定，国家实行探矿权、采矿权有偿取得的制度，但是国家对探矿权、采矿权有偿取得的费用，可根据不同情况规定予以减缴、免缴。具体办法和实施步骤由国务院规定。同时明确规定，开采矿产资源必须按照国家有关规定的缴纳资源税和资源补偿费。1998年国务院又发布了《矿产资源勘查区块登记管理办法》和《矿产资源开采登记管理办法》，具体将矿业权有偿取得体现为国家向矿业权获得者征收探矿权、采矿权

使用费，以及由国家出资探明矿产地的探矿权价款和采矿权价款。2000 年 11 月，国土资源部出台了《矿业权出让管理暂行规定》，放开了矿业权转让二级市场。

自 2005 年开始，国家在全国范围内提高资源税额。煤炭从 0.3～1.6 元/吨上升至 0.3～5 元/吨，原油从 8～24 元/吨上升至 14～30 元/吨。

2006 年选择山西省等 8 个煤炭主产区进行煤炭资源有偿使用制度改革试点，强调煤炭新设探矿权、采矿权一律以招、拍、挂等市场竞争力方式有偿取得，并对 2006 年以前无偿取得的采矿权进行清理，依照国家有关规定缴纳探矿权、采矿权价款。

2. 现行专门针对采矿业的征收的税费

(1) 资源税。①煤炭。吨煤资源税税率 0.3～5.0 元，实际执行中，吨煤资源税税率为 0.3～2.4 元。2005 年财政部、国家税务总局按区划分 2～4 元/吨不等的标准，分别提高了重庆、贵州和福建等八省市煤炭资源税税率，2006 年再次提高了陕西、江苏、江西和黑龙江煤炭资源税率。②石油。资源税根据级差制定不同税率，从量征收（销售量＋自用量），原油税率为 14～30 元/吨，天然气税率为 7～15 元/吨，海上开采企业 8 元/吨。中外合作油（气）田不缴纳资源税，国家税务部门征收（地方税、海洋石油归中央）（见表 11－1）。

表 11－1　　历年资源税征收情况

年份	1999	2000	2001	2002	2003	2004	2005	2006	2007
税率（%）	62.9	63.6	67.1	75.1	83.1	99.1	14.3	20.7	26.1

资料来源：财政部年鉴。

(2) 矿产资源补偿费是对开采矿产资源并取得矿产品的矿山企业征收的费用。其按照矿产品销售收入的比例计征，平均费率为 1.18%。由资源管理部门征收和管理，中央和地方五五分成，各自治区和两个边境省按四六分成，主要用于矿产资源管理和勘探。实践中，煤炭补偿费因回采率核定存在较大困难，执行中都没有考虑回采系数，统一按销售收入的 1%征收。矿产资源补偿费计算公式：征收矿产资源补偿费金额＝ 矿产品销售收入×补偿费费率×开采回采率系数。开采回采率系数＝核定开采回采率/实际开采回采率，石油行业与煤炭行业相同。

(3) 探矿权、采矿权使用费和价款。国家先后颁布了《中华人民共和国矿产资源法》、《矿产资源勘查区块登记管理办法》、《矿产资源开采登记管理办法》、《探矿权采矿权转让管理办法》等法律、法规和政府规章，收取探矿权、采矿权使用费和价款。

探矿权、采矿权使用费是指探矿权人、采矿权人按规定向登记机关按区块面积逐年缴纳的费用。《矿产资源勘查区块登记管理办法》第 12 条第 1 款规定：国家试行探矿权有偿取得的制度。探矿权使用费以勘查年度计算，逐年缴纳。在一个勘察年度至第三个勘查年度，每平方千米每年缴 100 元；从第四个勘查年度起，每平方千米每年增加 100 元，但是最高每平方千米每年不超过 500 元。《矿产资源开采登记管理办法》第 9 条规定：国家试行采矿权有偿取得制度。采矿权使用费，按照矿区范围的面积逐年缴纳，标准为每平方千米每年 1000 元。探矿权采矿权使用费和价款由探矿权采矿权登记管理机关负责收取。探矿权采矿权使用费和价款由探矿权采矿权人在办理勘查、采矿登记或年检时缴纳。探矿权采矿权人在办理勘查、采矿登记或年检时，按照登记管理机关确定的标准，将探矿权、采矿权使用费和价款直接缴入同级财政部门开设的“探矿权采矿权使用费和价款财政专户”。属于国务院地质矿产主管部门登记管理范围的探矿权采矿权，其使用费和价款，由国务院地质矿产主管部门登记机关收取，缴入财政部开设的“探矿权采矿权使用费和价款财政专户”；属于省级地质矿产主管部门登记管理范围的探矿权采矿权，其使用费和价款，由省级地质矿产主管部门登记机关收取，缴入省级财政部门开设的“探矿权采矿权使用费和价款财政专户”。探矿权采矿权使用费和价款收入应专项用于矿产资源勘查、保护和管理支出，由国务院地质矿产主管部门和省级地质矿产主管部门提出使用计划，报同级财政部门审批后，拨付使用。

探矿权、采矿权价款收入包括中央和地方人民政府探矿权、采矿权审批登记机关通过招标、拍卖、挂牌等方式或协议方式出让国家出资（包括中央财政出资、地方财政出资和中央财政与地方财政共同出资）勘查形成探矿权、采矿权时所收取的全部收入，以及国有企业在申请国家出让其无偿占有国家出资勘查形成的探矿权、采矿权时按规定补缴的探矿权、采矿权价款。收取探矿权、采矿权的价款的目的在于避免国家的前期地质勘查投入及其收益被探矿权人、采矿权人无偿使用。2006 年财政部、国土资源部、中国人民银行

《关于探矿权采矿权价款收入管理有关事项的通知》，自 2006 年 9 月 1 日起，国家出资形成的探矿权、采矿权价款收入按固定比例进行分成，20%归中央财政所有，80%归地方财政所有，省、市、县分成比例由省级人民政府根据实际情况自行确定。探矿权、采矿权价款收取标准：以国务院地质矿产主管部门确认的评估价格为依据，一次或分期缴纳；但探矿权价款缴纳期限最长不得超过两年，采矿权价款缴纳期限最长不得超过 6 年。

（4）石油特别收益金。因价格超过一定水平（40 美元/桶）所获得的超额收入按比例征收石油特别收益金。石油特别收益金试行 5 级超额累进从价定率征收，按月计算、按季缴纳。为中央财政非税收入（见表 11－2）。

表 11－2　采矿业的税费征收

税费种类	计征方式/费率	征缴渠道	分配
资源税	从量征收 原油　8～30 元/吨 天然气　2～15 元/千立方米 煤炭　0.3～5 元/吨 其他非金属矿原矿　0.5～20 元/吨（立方米） 黑色金属矿原矿　2～30 元/吨 有色金属矿原矿　0.4～30 元/吨 盐、固体盐　10～60 元/吨 液体盐　2～10 元/吨	税务局负责征缴	地方税，归地方财政 海洋开采石油征收资源税归中央财政
矿产资源补偿费	从价征收，平均费率为 1.18%	国土资源部门	中央和地方五五分成，各自治区和 2 个边境省按四六分成

续 表

税费种类	计征方式/费率	征缴渠道	分配
探矿权、采矿权使用费和价款	探矿权使用费以勘查年度计算，逐年缴纳。在一个勘察年度至第三个勘查年度，每平方公里每年缴100元；从第四个勘查年度起，每平方公里每年增加100元，但是最高每平方公里每年不超过500元。 采矿权使用费，按照矿区范围的面积逐年缴纳，标准为每平方公里每年1000元	国土资源部门	国家出资形成的探矿权、采矿权价款收入按固定比例进行分成，20%归中央财政所有，80%归地方财政所有，省、市、县分成比例由省级人民政府根据实际情况自行确定。 探矿权采矿权使用费和价款收入应专项用于矿产资源勘查、保护和管理支出
石油特别收益金	价格超过一定水平（40美元/桶）所获得的超额收入按比例征收，5级超额累进从价定率征收	财政部	中央财政非税收入

3. 资源税改革

2010年，财政部颁布《新疆原油天然气资源税改革若干问题的规定》的通知（财税［2010］54号），原油、天然气资源税实行从价计征，税率为5%。应纳税额计算公式为：应纳税额＝销售额×税率。

根据财政部和国家税务总局联合下发文件，从2010年12月1日起，内蒙古原油、天然气的资源税由从量计征，改为从价计征，税率为5%，至此，资源税改革在包括内蒙古在内的12个省（自治区）实施。2010年6月，此项改革在新疆开始试点。

（二）资源税费体系存在的问题

1. 学术界对资源税费体系的批评

学界普遍认为，现行资源税在实施中，资源租、税、费错位，以费代租、名税实租、以费挤税，资源租、税、费征收错位，互为替代，混淆了各自的征收性质与目的，都同化为国家取得收入的工具（见表11－3）。①

① 王萌．资源税与资源租、资源费的比较［J］．北方经济，2010（10）．

表 11 - 3　　我国资源税费征收

税费种类	计征方式/费率	征缴渠道	功能定性上存在的问题
资源税	从量征收 原油　8～30 元/吨 天然气　2～15 元/千立方米 煤炭　0.3～5 元/吨 其他非金属矿原矿　0.5～20 元/吨（立方米） 黑色金属矿原矿　2～30 元/吨 有色金属矿原矿　0.4～30 元/吨 盐、固体盐　10～60 元/吨 液体盐　2～10 元/吨	税务局负责征缴	1986 年《矿产资源法》第 5 条规定，国家对矿产资源实行有偿开采。开采矿产资源，必须按规定缴纳资源税和资源补偿费。这一规定很容易让人理解为这二者属于所有权人财产性收益。但 1994 年国家税务总局流转税管理司、所得税司、地方税管理司主编的《中华人民共和国新税制通释》却解释为资源税既体现了资源有偿使用，又体现了调节资源差收入，发挥两种分配作用的税种①
矿产资源补偿费	从价征收，平均费率为 1.18%	国土资源部门	我国矿产资源补偿费理论上定位，一是认为资源绝对地租，二是认为对已投入地质勘查费用的回收。如按绝对地租解释，则同一矿种消耗同样储量征收同样定额，而补偿费却是按销售收入从价征收，解释不同，后者则与《矿产资源法》将探矿权、采矿权价款的定位相冲突，因此，上述两种理论上解释都不准确②

① 江峰．矿产资源税费制度改革研究［D］．北京：中国地质大学，2007.

② 李志学，彭飞鸽，吴文洁．国内外石油资源税费制度的比较研究［J］．国土与自然资源研究，2010（1）．

续 表

税费种类	计征方式/费率	征缴渠道	功能定性上存在的问题
探矿权、采矿权使用费和价款	探矿权使用费以勘查年度计算，逐年缴纳。在一个勘察年度至第三个勘查年度，每平方千米每年缴100元；从第四个勘查年度起，每平方千米每年增加100元，但是最高每平方千米每年不超过500元。 采矿权使用费，按照矿区范围的面积逐年缴纳，标准为每平方千米每年1000元	国土资源部门	煤炭资源税所含的价差收益调节与采矿权价款的级差收益调节功能明显地交叉，增值税中资源有偿使用功能与资源补偿费交叉①
石油特别收益金	价格超过一定水平（40美元/桶）所获得的超额收入按比例征收，5级超额累进从价定率征收	财政部	中央财政非税收入

（1）税费体系功能定位和法律定性上含糊不清，非常混乱。①煤炭采矿权税费包括采矿权价款、资源税、资源补偿费和增值税，绝对资源租、相对资源租的性质和功能相交织，煤炭资源税所含的价差收益调节与采矿权价款的级差收益调节功能明显地交叉，增值税中资源有偿使用功能与资源补偿费交叉。[②] ②我国矿产资源补偿费理论上定位，一是认为资源绝对地租，二是认为对已投入地质勘查费用的回收。如按绝对地租解释，则同一矿种消耗同样储量征收同样定额，而补偿费却是按销售收入从价征收，解释不通，后者则与《矿产资源法》将探矿权、采矿权价款的定位相冲突，因此，上述两种理论解释都不准确。[③] ③资源税普遍征收，已经丧失了级差调节的功能。④功能定位和法律定性与实际征收方式上自相矛盾。资源税按性质应该是价差租金，调整价差收益，而我国目前石油行业资源税是从量征收，已经不具备国外资

① 潘伟尔．论我国煤炭资源采矿权有偿使用制度的改革与重建［J］．中国能源，2007（9）．

② 同①。

③ 李志学，彭飞鸽，吴文洁．国内外石油资源税费制度的比较研究［J］．国土与自然资源研究，2010（1）．

源租金税调整价差收益的功能。资源租金税是对采矿权人在开采油气资源中所产生的超额利润的征税，这种超额利润来源于矿床内在的质量或品位，且必须是扣除掉为吸引矿业新项目的投资所必需的最低收益之后的利润。而我国的资源税是按照销售石油产品数量征收。而且，资源税超过了资源补偿费，中油集团公司2005年缴纳的资源补偿费约16.77亿元，资源税约22.21亿元，是资源补偿费的1.3倍多，占税费总额的11.5%。① 而且从税收归入角度看，资源税纳入地方财政，而不是作为所有者的中央政府。

(2) 计征方法不科学。①矿产资源补偿费从量征收导致价值高煤炭应征补偿费大量流失。2005年矿产资源补偿费应交额为33.82亿元，实缴26亿元，占全部销售价值的0.86%。我国煤炭资源基数很大，在我国全部非油气矿产资源中，煤炭的工业总产值及矿产品销售收入占全部非油气矿产的62%（销售收入为3007.2亿元）。从煤炭行业上市公司2005年年报中披露的数据所表现出来的原煤结算价格来看，同一煤种，公司间结算价格差异很大。同样是无烟煤，每吨价格可相差100多元。对销售价格相差悬殊的煤炭采取统一的从量征收就意味着本应按从价征收可获得的补偿费大量流失了（见表11-4）②。

表11-4　　各种煤炭市场价格

公司名称	煤种	煤结算价格（元/吨）
兖州煤业	气煤	382.92
金牛能源	1/3焦煤、肥煤、贫瘠煤	465.26
国阳能源	无烟煤	296.26
西山煤电	焦煤、肥煤、瘠煤	430.81
神火煤电	无烟煤	416.69
开滦煤矿	肥煤	274.65
兰花科创	无烟煤	322.37
上海能源	1/3焦煤、肥煤、贫瘠煤	402
恒源煤电	贫煤、贫瘠煤	346

① 李志学，彭飞鸽，吴文洁．国内外石油资源税费制度的比较研究［J］．国土与自然资源研究，2010（1）．

② 陈丽萍．对我国煤炭矿产资源补偿费计价基数的思考［J］．国土资源情报，2007（6）．

②同一区域跨省市同一煤田采矿权价款按照不同标准征收，导致不当的监管套利。鄂尔多斯煤田跨山西、内蒙古西部、宁夏东部和甘肃东部五省区，但五省区煤炭采矿权价款相差较大，山西、陕西、内蒙古地区同属于一煤田，山西的价款标准分煤种为 6 各档次：焦煤、肥煤为 3.8 元/吨，炼焦配煤中的廋煤、贫瘠煤、肥气煤为 3.1 元/吨，无烟煤 3.3 元/吨，贫煤 2.7 元/吨，优质动力煤、气煤 1.5 元/吨，其他煤种 1.3 元/吨。而内蒙古西部、陕北、甘肃东部和宁夏东部的煤炭采矿权价款确定标准与山西存在明显差别，例如，内蒙古自治区规定焦煤、1/3 焦煤的采矿权价格标准是 7～8 元/吨，比山西高出 1 倍①。

(3) 权利金偏低，资源所有者财产性收入转化成了企业的利润。我国实行的矿产资源补偿费与国外的权利金相比，一是资源补偿费费率偏低。美国费率为 12.5%，澳大利亚、马来西亚为 10%，而我国石油、天然气的补偿费率仅为 1%。② 油气行业，补偿费率过低，远低于发达国家平均水平③。

我国自 1994 年征收矿产资源补偿费以来，补偿费平均费率只有 1.18%，但世界多数国家、多数矿产资源的权利金费率都保持在 2%～8%，远远高于我国。再以煤炭资源为例，我国煤炭补偿费的费率为 1%，俄罗斯为 3%～6%；美国露天矿为 12.5%，井工矿为 8%；印度尼西亚为 7%；澳大利亚新南威尔士州规定，煤炭开采深度超过 400 米的地下煤矿的权利金费率为 5%，其余地下矿为 6%，露采矿 7%。④

2005 年我国原煤产量为 21.9 亿吨，商品煤销量 20.4 亿吨，以平均价格 270.2 元/吨计算，销售收入共计 5512 亿元；按现有的 2～4 元/吨资源税税率计算，资源税全年总额为 65.7 亿元；资源补偿费以平均资源回采率 35%，国家核定资源回采率 60%，煤炭补偿费率 1%计算，应为 94.49 亿元，资源税费总额应为 160.19 亿元。若按美国权利金销售收入 10%计算，资源税费应为 551.2 亿元⑤。

---

① 潘伟尔．论我国煤炭资源采矿权有偿使用制度的改革与重建［J］．中国能源，2007（9）．

② 李志学，彭飞鸽，吴文洁．国内外石油资源税费制度的比较研究［J］．国土与自然资源研究，2010（1）．

③ 王甲山，马爽．借鉴国外权利金，改革油气资源税费［J］．经济管理，2007（6）．

④ 江峰．矿产资源税费制度改革研究［D］．北京：中国地质大学，2007.

⑤ 郭云涛．关于煤炭成本调研报告［J］．经济管理，2006（15）．

(4) 资源税的调节作用逐步弱化。资源税征收本是为了调节自然条件差异引起的企业收益的差异，各个矿区实行一矿一率，没有考虑到企业自身的技术条件。①

(5) 矿产资源补偿费分配机制不合理。没有体现国家对矿产资源的财产权益。②

(6) 煤炭税负制度不公平，煤炭税种设置、税率等。如资源税不再具有级差调节功能，山东、山西和新疆焦煤的价值、价格差别都很大，但全国统一为8元/吨③。

(7) 取得煤炭资源价款手段不同，支付的价款也相差非常大，如通过拍卖方式取得和通过划拨方式取得，而且多数国有煤炭企业都没有缴纳煤炭价款④。

(8) 各种行政性乱收费。如煤炭铁路基金，2008年就缴纳约300亿元。价格调节基金，煤炭可持续发展基金。煤炭可持续发展基金，国家特批山西征收，而内蒙古却不征收。该基金占煤炭出矿价的比例高达6%～9%。⑤

2. 国际比较

国外主要矿业国家矿产资源税费制度基本上由两大部分组成：一是所有工业企业都适用的普通税制，如所得税（利润税）、增值税和预扣税等；另一部分是矿业特有税费制度，如权利金、保证金、耗竭补贴等。征收增值税国家只有很少部分⑥。保证金是用于对环境和生态恢复所支付的费用，如耗竭补贴（负权利金）。这部分费用部分国家，如美国按销售收入扣除各种费用及税金后余额的50%，加拿大矿产资源开发利润的25%，印度尼西亚根据产量单位法计算采矿成本补贴，除油气工业外，每年不超过20%，津巴布韦所生产矿产毛销售值的5%（见表11-5）。⑦

---

① 王甲山，马爽．借鉴国外权利金，改革油气资源税费［J］．经济管理，2007（6）．

② 同①。

③ 潘伟尔，王勇．论煤炭税费制度改革的公平性［J］．中国煤炭，2009（9）．

④ 同③。

⑤ 同③。

⑥ 宋梅，王立杰，张彦平．我国矿业税费制度改革的国家比较及建议［J］．中国矿业，2006（2）．

⑦ 吕广丰，张新安．国外与矿业活动有关的专门税费情况综述［J］．中国地质矿产经济，1997（4）．

表 11－5　　美国和加拿大部分州（省）权利金征收方式

	亚利桑那州	密歇根州	内华达州	不列颠哥伦比亚省	渥太华省
征收方式	按销售价格不低于2%比例征收	按销售价格2%～7%的滑动比例征收	按净利润的2%～5%滑动比例征收	按净收益的13%征收或按照净收入的2%征收	按利润的10%征收
法律依据	州法	州法	州法	省地方法规	省地方法规

资料来源：James Otto，Craig Andrews，et al. Mining Royalties：A Global Study of Their Impact on Investors，Government，and Civil Society. 世界银行，2006。

2003—2004 年，澳大利亚商品出口 1090 亿美元中有 38%属于矿产品，按照澳大利亚法律，矿藏和石油资源属于澳大利亚联邦或州所有，而不是私人所有。但澳大利亚政府并不从事商业开采和开发。其中煤炭、铁矿石和煤炭是主要大宗出口商品。① 从国际竞争力比较上来看，澳大利亚矿产业税费环境被认为在国际上具有很强的竞争优势，竞争力名列前茅②。澳大利亚税收包括个人所得税、公司所得税、间接税（主要包括商品和服务税收）三大类。为提高国际竞争力，澳大利亚在 2001 年将公司所得税从 36%降低到了 30%③。

澳大利亚联邦政府和州政府通常代表全国或全州民众行使矿产/石油资源所有权，通过对采矿和石油生产征收接入费以确保当地民众能够受益。对采矿征收的接入费（Access Charge）包括对石油生产和采矿征收的联邦或州税（如石油资源租金）和/或权利金。资源税和权利金代表了政府作为所有者获得的财产性收益，是所有者获得经济租金收入。这些收入可以通过以下几种方式来实现：①对产品、收益或利润征收的权利金、关税或消费税。②政府依据投资权益获得利润分配。③产品分享合同。④采矿权或石油开采权拍卖获得收入。澳大利亚政府资源税一般是以产出为基础进行征收（或是固定比例、额度、从价），利润为基础的税收或权利金，或上述几种方法相结合。资

① Report of the Ministerial Council on Mineral and Petroleum Resources，Minerals and Petroleum Taxation：A Review of Australia’s Resource Industry Fiscal Regimes and Their International Competitiveness，2006.

② 同①。

③ 同①。

源税收也在不断变化，各州和地区也各有不同。①

2006年澳大利亚资源税征收基本情况如下：①州对岸上矿产税收通常是固定的、从价和利润为基础的。权利金平均大约是矿产品价值的3.5%。②离岸的矿产（大陆架或海上）从价征收的税率为3.5%和按收益的15%收取权利金。③州对岸上开采石油和近海石油开采都按井口价值的10%收取权利金。

2007—2008年，澳大利亚对资源税费制度进行了改革。昆士兰政府在2008年1月引入了双层权利金费率，一个矿如果煤炭价格超过了100美元/吨，费率就提高其价值的7%～10%。如果平均煤炭价值是每吨150美金，在某个具体季度，对100美元的部分权利金费率就是7%，而后50美元的权利金费率为10%。新南威尔士煤炭权利金在2004年也对权利金制度进行全面改革，包括引入从价征收取代了过去从量征收，并且对三种不同类型的矿（遭致太过复杂的批评）。新南威尔士也在2009年1月1日把权利金费率上涨了1.2%（见表11-6）。

表11-6　煤炭权利金②

	权利金费率	法律依据	计征方式
昆士兰	煤炭价值每吨不超过100美元部分7%，超过部分10%	2008年矿产和能源法修正条例	从价
新南威尔士	露天开采8.2% 地下开采7.2% 深度地下开采6.2%	2008年州税收和其他立法修正法	从价
西澳大利亚	出口为7.5% 不出口每吨1美元（每年6月30日根据比较价格增加进行调整）	2000年采矿修订条例	从价和从量

① Report of the Ministerial Council on Mineral and Petroleum Resources, Minerals and Petroleum Taxation: A Review of Australia's Resource Industry Fiscal Regimes and Their International Competitiveness, 2006.

② http://www.minterellison.com/public/connect/Internet/Home/Legal%2BInsights/Newsletters/Previous%2BNewsletters/A-ERU3%2Bmining%2Broyalties%2Boverview/.

表 11－7 石油权利金①

	权利金费率	法律依据	计征方式
昆士兰	出井价值的 10%	2008 年矿产和能源立法修正案	从价
新南威尔士	前 5 年无，在第 10 年底增加到井口价值的 10%	2002 年以来无变化	从价
西澳大利亚	第一执照的井口价值的 10% 第二执照 12.5%	自 2003 年矿产资源条例颁布以来无变化	从价

3. 同国外资源税费征收标准相比较，我国目前存在大量资源租金的流失

就石油开采来说，以 2005 年到 2008 年石油产量和销售收入来计算我国因资源税、矿产资源补偿费等比例过低导致资源租金损失，其结果如下（见表 11－8）：2005 年至 2008 年石油天然气开采合计销售收入 27389.5 亿元，如果按照资源税 5%来计算，应征收资源税 1369.48 亿元，如果按照原来的标准征收，天然气按 15 元/千立方米征收，为 38.23 亿元，石油按照最高 30 元/吨收，为 222 亿元，两项合计征收 260.23 亿元，再加上资源补偿费，201.45 亿元，总计 461.68 亿元。与按照改革试点适用的 5%从价征收相比，四年间少收了 906.80 亿元。如果按照澳大利亚是有权利金平均 10%的比例来征收，那就少征收了 1917.27 亿元人民币。

表 11－8 历年中国石油开采量与补偿费 （单位：亿元）

年份	产量	产值	销售收入	利税总额	补偿费
2008	石油 1.89 亿吨 燃气 774.87 亿立方米	8824.33	8850.07	5847.39	63.13
2007	1.86 亿吨，燃气 698.87 亿立方米	7014.65	7040.44	4449.40	62.23

① http：//www. minterellison. com/public/connect/Internet/Home/Legal% 2BInsights/Newsletters/Previous%2BNewsletters/A－ERU3%2Bmining%2Broyalties%2Boverview/.

续 表

年份	产量	产值	销售收入	利税总额	补偿费
2006	1.84 亿吨，燃气 584.46 亿立方米	6506.69	6472.51	4557.54	42.48
2005	1.81 亿吨，燃气 490.37 亿立方米	4904.30	4992.59	3646.47	33.61
合计	石油 7.4 亿吨 燃气 2548.57 亿立方米		27389.5		

资料来源：2006—2009 年《中国矿业年鉴》。

从原煤产量来看，根据 2002—2008 年煤炭产量和收入按照澳大利亚权利金征收方法从价征收与按照我国目前资源税征收标准和方法计算，其结果如下：（笔者没有查到原煤历年销售收入数据，以煤炭工业主营业务收入作为替代）如果按照澳大利亚煤炭权利金平均 8%费率来计算我国应征权利金，煤炭工业应向国家缴纳权利金共计 2473.3 亿元。按照目前煤炭资源税的计征方法以最高税率来征收，资源税应纳税额为 753.05 亿元，资源补偿费按目前计征方法以 1%的费率计算，应缴纳 309.16 亿元，两项合计 1062.21 亿元，7 年时间少征了 1411.09 亿元（见表 11 - 9）。这相当于 1998—2009 年我国资源税全部税收总额 1763.16 亿元（见表 11 - 10）。

表 11 - 9　　历年原煤产量　　（单位：亿吨）

年份	原煤产量
2002	14.55
2003	17.22
2004	19.92
2005	22.05
2006	23.73
2007	25.26
2008	27.88
合计	150.61
资源税按 5 元/吨最高费率征收	753.05 亿元

资料来源：根据 2006—2009 年统计年鉴数据整理。

表 11－10　　2002—2008 年煤炭工业主营业务收入　　（单位：亿元）

年份	业务收入
2002	1847.7
2003	2169.1
2004	3305.8
2005	4370.9
2006	4767.4
2007	5942.6
2008	8512.6
合计	30916.1

资料来源：《中国财政年鉴 2009》。

而自 1998—2009 年，我国矿产资源税总收入也不过区区 1763.16 亿元，占的比重非常小（见表 11－11）。

表 11－11　　1998—2009 年资源税收入　　（单位：亿元）

年份	税收收入总额	资源税	占比（%）
1998	4438.45	61.93	1.4
1999	4934.93	62.86	1.3
2000	5688.86	63.62	1.1
2001	6962.76	67.11	1.0
2002	7406.16	75.08	1.0
2003	8413.27	83.3	1.0
2004	9999.59	98.8	1.0
2005	12726.73	142.2	1.1
2006	15233.58	207.11	1.3
2007	19252.12	261.15	1.4
2008	23255.11	301.76	1.3
2009		338.24	
合计		1763.16	

二、金融行业国有资产管理体制及盈利状况

（一）金融行业国有资产管理体制

我国现有金融企业约8000家，实收资本总额为4万亿元，其中占有国有资本的户数1200多家，国有金融资本（国家资本和法人资本）全资、控股或参股的金融企业占大多数，从金融企业实收资本的构成情况来看，国有资本占了65%以上。在所有金融国有资产中，中央直接管理的36家金融企业所属金融资产占据了绝对比重，占全部金融国有资本的80%以上。而银行类金融机构的国有资本占全部金融业国有资本的80%以上，居于绝对主导地位①。

按国务院批准的财政部“三定”规定以及中央编办函〔2003〕81号的精神，财政部门是履行金融类企业国有资产监管职责的主管机构。它规定财政部负责：①金融类企业国有资产基础管理工作，包括清产核资、资本权属的界定和登记、统计、分析和评估。②金融类企业国有资产转让、划拨处置管理。

中央主管的金融机构包括三类：①央企集团属下的国有或国有控股或参股的金融企业；②由中国投资有限责任公司旗下中央汇金或建银投资履行出资人职责的国有控股或参股金融机构；③直接由财政部履行出资人职责的国有金融机构或金融集团。如中信集团、中国人寿保险集团等。

资料1 中央汇金投资有限责任公司

该公司简称汇金公司，2003年12月16日注册成立，注册资金3724.65亿元人民币，是当时中国大陆最大的金融投资公司。公司董事会和监事会成员分别由财政部、人民银行和外汇管理局委派。汇金公司使命是代表国家对国有大型金融企业行使出资人的权利和义务、维护金融稳定、防范和化解金融风险、高效运用外汇储备、对外汇储备保值增值负责。

中国建银投资有限责任公司成立于2004年9月。2004年9月17日，建设银行实行股份制改革，分立为中国建设银行股份有限公司和中国建银投资

① 董裕平．我国金融国有资产管理的问题和改革的基本设想［J］．银行家，2010-11-24.

有限责任公司（以下简称中国建投）。中国建投的注册资本为206.9225亿元，是经国务院批准的投资性公司和处置金融资产的公司，为中央汇金有限责任公司的全资子公司，至2005年9月30日，中国建投总资产为312亿元。2008年11月，经国务院批准，对中国建投进行重新定位，业务进行了调整，立足成为国有综合性投资公司，并将持有的部分对外股权投资划转至中央汇金有限责任公司。至2009年7月31日，中国建投总资产为369亿元，其中所有者权益264亿元。其投资控股的金融企业有：中国建银投资证券有限公司、宏源证券股份有限公司、中投信托有限责任公司、国泰基金管理有限公司、建投中信资产管理有限公司、中国国际金融有限公司、友联国际租赁有限公司、中国投资咨询公司、建银大厦、中投科信科技股份有限公司、建银投资实业有限责任公司；参股的企业有中国建设银行股份有限公司、中信建投证券有限公司、瑞银证券有限公司、齐鲁证券有限公司（见表11－12）。

表11－12　　截至2009年年底中投控股或参股的金融企业

机构名称	出资金额，时间	持股比例（%）
国家开发银行	1460.92亿元人民币，2007.12.31	48.70
中国工商银行	150亿美元，2005.4.22	25.41
中国农业银行	1300亿元人民币，2008.10.29	50.00
中国银行	225亿美元，2003.12.30	67.53
中国建设银行	200亿美元，2003.12.30	48.23
中国光大银行	200亿元人民币，2007.11.30	70.88
中国再保险（集团）	309亿元人民币2007.4.11	85.50
中国建投	206.9225亿元人民币2004.9.9	100
中国银河金融控股	55亿元人民币，2005.7.14	78.57
申银万国证券	25亿元人民币，2005.9.21	37.23
国泰君安	10亿元人民币，2005.10.14	21.28
新华人寿	受让取得2009.11	38.81
中投证券	50亿元人民币2005.9	100

资料 2　中国投资有限责任公司

中国投资有限责任公司是于 2007 年 9 月 29 日依照《公司法》设立的从事外汇投资管理业务的国有独资公司。财政部通过发行特别国债方式筹集 15500 亿元人民币，购买了相当于 2000 亿美元的外汇储备作为中投公司的注册资本金。中投公司定位为独立经营，自主决策，基于经济和财务目的，在全球范围内对股权、固定收益以及众多形式另类资产进行投资。中投公司按照《公司法》设立董事会、监事会和执行委员会，公司按照公司章程和董事会确定的方针政策运作，对国务院负责。中国投资有限责任公司设立后，中央汇金投资有限责任公司是中投公司的全资子公司。

按照中投公司章程。公司董事会是公司权力机构，依法行使《公司法》规定的有限责任公司董事会的职权。公司董事会由十一名董事组成，包括三名执行董事，五名非执行董事，两名独立董事和一名职工董事。执行董事指在公司同时担任高级管理职务的董事。非执行董事指不在公司担任除董事外其他职务的非独立董事。发展改革委、财政部、商务部、人民银行和外汇局各提名一位部门负责人作为非执行董事人选。独立董事是指不在公司担任除董事外的其他职务，并与公司不存在可能影响其进行独立客观判断关系的董事。职工代表出任的董事人选由职工代表大会通过选举产生。

董事任免须报国务院批准。董事会设董事长一人，可设副董事长一人。董事长和副董事长由国务院指定。董事长是公司的法定代表人。董事长可兼任总经理。监事会由五名监事组成，其中职工代表监事不少于三分之一。职工代表监事人选由职工代表大会选举产生。

监事会设监事长一名，由国务院从监事会成员中指定。公司设总经理一名，副总经理、总经理助理若干名，副总经理、总经理助理协助总经理工作。根据需要，总经理可决定设置高级专业管理职位，包括但不限于首席投资官、首席财务官、首席风险官等。

中国投资有限责任公司成立标志着金融行业企业国有资产管理体制，即国务院代表国家所有，中央和地方分级管理，授权公司经营，财政部监督的管理体制基本确立。

资料3　中国中信集团公司（原中国国际信托投资公司）

中国中信集团公司（以下简称中信集团），是一家大型国际化企业集团。目前拥有44家子公司，业务主要集中在金融、实业和其他服务业领域。截至2009年年底，集团总资产21538亿元，当年净利润282亿元。① 中信集团直接控股和参股金融机构有中信控股有限责任公司、中信银行股份有限公司、信诚人寿保险有限公司、中信信托有限责任公司、中信资产管理有限公司、中信证券股份有限公司（见表11－13、表11－14）。

表11－13　　中信集团控股参股的公司

企业名称	持股比例（%）
中信控股有限责任公司	100
中信银行股份有限公司	66.71
信诚人寿保险有限公司	50
中信信托有限责任公司	100
中信资产管理有限公司	100
中信证券股份有限公司	24.12

表11－14　　二级法人企业控股和参股的金融机构

控股、参股投资方	控股、参股的金融企业	持股比例（%）
中信银行股份有限公司	中信国际金融控股有限公司（持有中信嘉华银行有限公司100%、中信资本控股有限公司27.5%，中信国际资产管理有限公司40%）	70.32
中信资产管理有限公司	中信建投证券有限公司	60
	中信金通证券有限责任公司	100
	中信万通证券有限责任公司	91.4
	中信证券国际有限公司	100
	华夏基金管理有限公司	100

① 中信集团官方网站。

在地方层面，财政部在2006年下达的《关于做好地方金融类企业国有资产监督工作的通知》中，要求地方遵循统一政策、分级管理的原则，由各级财政部门履行地方金融企业国有资产监督职责。目前，各地在地方金融类企业国有出资人职责履行的做法并不一致，有的仍然是财政部部门代表政府履行出资人职责，有的则是授权国有资产监督管理机构履行出资人职责。

2008年通过的《企业国有资产法》第3条规定："国有资产属于国家所有即全民所有。国务院代表国家行使国有资产所有权。"明确规定了国务院代表国家统一行使所有国有资产所有权。同时，第11条第1款规定："国务院国有资产监督管理机构和地方人民政府按照国务院的规定设立的国有资产监督管理机构，根据本级人民政府的授权，代表本级人民政府对国家出资企业履行出资人职责。"明确非金融类企业国有资产国务院和各级人民政府可以授权国有资产监督管理机构代表国务院履行出资人职责。国务院《企业国有资产监督管理暂行条例》第6条明确规定，设立国有资产监督管理机构负责履行出资人职责。同时《条例》也明确规定，金融类企业国有资产的监督管理不适用该《条例》。《企业国有资产法》附则第76条规定，金融企业国有资产的管理与监督，法律、行政法规另有规定的，依照其规定。第11条第2款规定："国务院和地方人民政府根据需要，可以授权其他部门、机构代表本级人民政府对国家出资企业履行出资人职责。"上述第76条和第11条第2款实际上从立法上确认了目前多样化中央金融类金融企业国有资产管理体制安排。

（二）金融行业盈利状况

1. 保险业利润状况。2010年1—11月，全行业保费收入1.34万亿元，同比增长33.6%，预计实现利润总额576.7亿元，2009年保险公司实现利润530.6亿元。① 中国人寿、中国平安、中国太保2010年前3季度的利润分别达到298.76亿元、165.29亿元和60.18亿元。2009年上述三家保险公司利润分别为417.45亿元、199.19亿元和95.06亿元②。

2. 证券业盈利状况。根据证券业协会2011年1月14日发布的数据，截止到2010年12月31日，106家证券公司总资产为1.97万亿元，净资产

① 保险市场继续保持良好发展势头——保险业情况通报会新闻稿二［EB/OL］. 保监会网站。

② 2010年全国保险业利润总额料达607亿元［N］. 东方早报，2011-1-12. 记者根据保监会网站发布新闻稿。

5663.59 亿元，净资本 4319.28 亿元，受托管理资金本金总额为 1866.29 亿元。2010 年证券公司各主营业务收入分别为证券经纪业务即服务净收入 1084.90 亿元，证券承销与保荐及财务顾问业务净收入 272.32 亿元，受托客户资产管理业务净收入 21.83 亿元，证券投资收益（含公允价值变动）206.76 亿元。2010 年 106 家证券公司事先营业收入 1911.2 亿元，累计事先利润 775.57 亿元。2009 年证券公司实现营业收入 2050.41 亿元，利润 932.71 亿元①。

根据银监会公布的数据，中央管理的国有控股银行自 2007－2010 年累计实现净利润 20336.2 亿元（详见表 11－15）②。

表 11－15　国有银行业金融机构税后利润情况表（2007—2010 年）　（单位：亿元）

机构	2007 年	2008 年	2009 年	2010 年
政策行银行及国家开发银行	489.3	229.8	352.5	415.2
大型商业银行	2466	3542.2	4001.2	5151.2
股份制商业银行	564.4	841.4	925.0	1358.0
合计	3519.7	4613.4	5278.7	6924.4

说明：政策性银行及国家开发银行，包括国家开发银行、中国进出口银行和中国农业银行大型商业银行包括中国工商银行、中国农业银行、中国银行、中国建设银行和交通银行。

股份制商业银行包括中信银行、中国光大银行、华夏银行、广东发展银行、深圳发展银行、招商银行、上海浦东发展银行、兴业银行、中国民生银行、恒丰银行、浙商银行和渤海银行。

资产管理公司包括中国华融资产管理公司、中国长城资产管理公司、中国东方资产管理公司和中国信达资产管理公司。

资料来源：《银监会 2010 年年报》。

以 2009 年时数据测算，银行业 2009 年实现税后利润 6684.2 亿元，保险业实现利润 530.6 亿元，证券业实现利润 932.71 亿元，合计 8147 亿元，按照金融行业国有资本权益比重 65%的比重粗略估计，国有资本权益收益应当在 5295.88 亿元人民币。

---

① 106 家证券公司 2010 年实现利润 776 亿元 [N]．中国证券报．2011－1－14.

② 股份制商业银行 4 年间合计实现净利润 3688.8 亿元。按照银监会统计口径，股份制商业银行中有一半是中央管理的国有控股商业银行，属于地方政府管理国有控股银行约占一半左右，因此，就按一半计算，四年间中央管理银行类国有及国有控股机构共实现净利润 18491.8 亿元。

随着金融行业盈利持续走高，金融行业职工平均工资收入也跃居各行业之首，超过一直排列前茅的信息技术产业（见表 11-16）。

表 11-16　2008 年细分行业平均工资（2009 年统计年鉴）　（单位：元）

项目	合计	国有单位	城镇集体单位	其他单位
全国总计	29229	31005	18338	28387
金融业	61841	56652	31996	80328
银行业	62254	58621	32049	91139
证券业	172123	135151	22203	178062
保险业	41190	30844	26440	44036
其他金融活动	87670	55527	28239	125256

三、自然垄断行业改革及盈利状况

（一）电信行业改革及盈利状况

经过 1999—2001 年两次重组之后，在中国基础电信业务市场，形成了中国网通、中国联通、中国移动、中国铁通、中国卫星通信等 6 家主要电信公司，并在各自业务领域与其他经营同类业务的公司展开竞争。在增值电信及互联网相关业务领域，中国电信、中国联通和中国网通分别建立了 4 个经营性互联网，教育、科研部门和军队还分别建立了 3 个非经营性互联网。

2008 年 5 月 24 日，工业和信息化部、国家发改委和财政部联合下发电信业重组公告：中国电信收购中国联通 CDMA 网（包括资产和用户），中国联通与中国网通合并，中国卫通基础电信已并入中国电信，铁通并入中国移动，重组完成后发放 3G 牌照。经过重组后，原中国联通的 CDMA 网和 GSM 网分拆，前者并入中国电信，后者吸收合并中国网通成立新的联通，铁通则并入中国移动，成为移动的子公司。

2009 年，三大营运商实现利润 1658.9 亿元，2010 年实现 1392 亿元利润（见表 11-17）。

表 11 - 17　电信行业 2009、2010 年盈利状况　（单位：亿元）

企业名称	2009	2010
中国移动通信集团公司	1484.7	1196
中国电信集团公司	141.6	157
中国联合网络通信集团有限公司	29.5	38.5

资料来源：2009 年盈利数据来自于国务院国资委央企分户盈利状况，2010 年数据来源于三大营运商年报。

（二）航空运输业改革及盈利状况

1987 年以前，国家对航空公司的准入和票价进行严格管制，我国航空运输业处于高度垄断状态。1987—2002 年，地方政府开始投资航空运输业，出现了一些地方国有航空公司。2002 年 3 月，中央政府对中国民航业进行重组。航空公司与服务保障企业的联合重组，民航总局直属航空公司及服务保障企业合并后于 2002 年 10 月 11 日正式挂牌，组成六大集团公司，它们分别是：中国航空集团公司、东方航空集团公司、南方航空集团公司、中国民航信息集团公司、中国航空油料集团公司、中国航空器材进出口集团公司。重组后的集团公司与民航局脱钩，其资产和人员交由国务院国有资产管理委员会管理。此外，按照政企分开，属地管理的原则，对 90 个机场进行了属地化管理改革，民航总局直接管理的机场下放所在省（区、市）管理，相关资产、负债和人员一并划转，民航总局与地方政府联合管理的民用机场和军民合用机场，属民航总局管理的资产、负债与人员一并划转所在省（直辖市、自治区）管理，首都机场、西藏自治区内的民用机场继续由民航总局管理。①

2004 年，国家放宽市场准入，允许民营资本投资经营航空公司。2005 年，国家民航总局颁布并实施《国内投资民用航空规定（试行）》，从 2005 年开始，已有奥凯、春秋、鹰联 3 家民营航空公司投入运营。截止到 2006 年，我国民航业除了三大国有航空公司外，民营航空公司 5 家，中外合资航空公司 6 家。至此，航空运输业市场逐步形成三大国有航空公司寡头垄断同时有地方航空公司以及新进入的民营航空公司参与竞争型市场结构（见表 11 - 18）。

---

① 陈学云，江可申．航空运输业规制放松与反行政垄断［J］．中国工业经济，2008（6）．

表 11-18　2007 年三大直属航空公司部分航线分布　(单位:%)

企业名称	北京—上海	北京—广州	上海—广州	上海始发	广州始发	北京始发	全国
国航	32.56	42.11	4.35	12.65	10.69	38.92	21.63
东航	41.86	0.00	26.09	34.26	13.36	16.47	21.85
南航	2.33	42.11	34.78	16.30	44.66	20.36	25.87
合计	76.75	84.22	65.22	63.21	68.71	75.75	69.35

资料来源：中国航空公司指南。国际航空 (1—12)①。

从表 11-18 可以看出，三大航空集团占了全国市场近 70%的市场份额，每条航线的市场份额三家合计在 63%～84%，而民营 5 家航空公司，只有 10 多条国内短途航线，存在明显的行业性行政垄断，即行业主管部门利用航线审批权对竞争者进行限制和排斥。②

在 1997 年以前，由于实行高度计划管理体制，中国航空运输业一直处于盈利状态。1997 年民航总局开始放开机票价格，结果航空运输业出现 24.4 亿元的巨大亏损，其中民航总局直属航空企业亏损 24.3 亿元。1999 年和 2000 年民航总局通过对直属航空公司削减运力、减少非营利航班、减少成本支出、实施减员增效等措施，使得全行业扭亏为盈。

2002—2008 年三大航空集团的财务状况来看，航空运输业总体上处于亏损状态，三大航空公司的净亏损额高达 190.49 亿元。国航除 2008 年亏损外，其余年份都盈利，而南航和东航则是盈少亏多，尤其是东航，2002—2008 年亏损总额高达 214.6 亿元人民币。

2009 年三大航空集团均开始实现扭亏为盈，实现利润 88.8 亿元（见表 11-19）。

① 陈学云，江可申．航空运输业规制放松与反行政垄断 [J]．中国工业经济，2008 (6)．
② 同①。

表 11－19 主要航空集团 2009 年盈利状况 （单位：亿元）

企业名称	2009
中国航空油料集团公司	18.2
中国航空集团公司	53.0
中国东方航空	8.3
中国南方航空	6.9
中国航空器材集团	0.7
中国民航信息集团	8.6
合计	88.8

资料来源：国务院国资委央企 2009 年分户经营业绩。

与此同时，受金融危机和行政垄断各种限制的影响，一些新进入民航运输业的民营航空公司大多却未能生存下来，2009 年，东星被国航收购，正式宣告破产，与此同时，国内第一家民营航空公司“鹰联”，也投身国有资本寻求庇护。

民航运输业市场开放遭受挫折，出现“国退民进”仍然是航空运输业行政垄断所导致。①优质航线无选择权，增加飞机等仍然受到管理部门行政审批的严格限制。②市场开放程度并不彻底，航油和航材等仍然处于高度行政垄断状态，瓶颈垄断导致下游民营航空负担沉重，难以生存。我国航空市场开放仅限于民航运营商，位于产业链前端的航油和航材供销大权依然掌握在中国航空油料总公司和中国航空器材总公司手里。我国三大航空公司营业成本构成中燃油成本占 38.1%。而美国为 30.4%。我国航空公司在折旧、租赁、维修及航空器材使用方面成本占 21.5%，而美国为 17.9%，比我国低 3.6%[①]。在民航运营成本中，航油、航材以及航线申请费占到 80%左右，成为航空公司巨大的负担。[②] ③行政管制加强处于市场垄断地位。2005 年，民航总局要求下属航空公司执行“价格联盟”策略，其目的是让价格协调机制

---

① 陈学云，江可申．航空运输业规制放松与反行政垄［J］．中国工业经济，2008（6）．

② 薛哲峰．关于我国民航业市场化改革的几点思考［J］．金融经济，2008（1）．

帮助航空公司实现盈利①。

航空运输业的行政垄断限制了竞争，同时也损害了消费者利益。2008年中美人均GDP分别为：美国45790美元，中国3266.8美元，两者之比为14∶1。从价格绝对水平看，2008年美国每客千米票价为0.583元人民币（按2008年12月31日汇率计算），而中国相同飞行里程基准价格水平为每客千米0.75元，票价之比为1∶1.2，考虑到打折因素，认定中美两国机票绝对价格水平基本相同，但从购买力水平和相对价格看，中美两个单位里程机票相对购买价格之比约是15∶1。而且，从行业发展趋势看，技术进步应该是导致单位飞行里程价格持续下降，但中国国内航线票价却连年往上攀升②。

(三) 电力行业改革及盈利状况

2002年4月12日《电力体制改革方案》出台，我国电力工业走向了横纵双向分拆的改革模式。即厂网分开，重组发电和电网企业。原国家电力公司拥有的发电资产，除华能集团公司直接改组为独立发电企业外，其余发电企业重组为规模相当的3～4个全国性独立发电企业，由国务院分别授权经营。电厂资产和电网资产分开。将原国家电力公司管理的资产按照发电和电网业务划分，分别进行投资、财务和人员重组。属地方政府和其他部门管理的电力企业，同样实行了厂网分离。重组国家电力公司管理的发电资产通过资产重组方式形成5个各自拥有3000万千瓦时左右装机容量的全国性发电企业，由国务院授权经营。重组电网资产，按照国有独资形式设立国家电网公司和中国南方电网有限公司。重组后发电企业有中国华能集团公司、中国大唐集团公司、中国华电集团公司、中国国电集团公司、中国电力投资集团公司5家发电公司。新设立的电力公司包括国家电网公司、中国南方电网有限公司以及中国电力工程顾问集团公司、中国水电工程顾问集团公司、中国水利水电建设集团公司和中国葛洲坝集团公司等。

2009年，电力行业央企实现利润1716亿元（见表11－20）。

① 张孝梅，戚聿东．深化航空运输业改革的动因和初始条件分析［J］．中国工业经济，2010（8）．

② 同①

表 11-20 2009 年电力行业企业盈利状况 (单位：亿元)

企业名称	利润
国家电网公司	1285.6
南方电网公司	35.7
华能集团	68.8
中国华电集团公司	20.9
中国电力投资集团	37.2
中国水利水电建设集团公司	31.0
中国大唐集团公司	22.9
中国国电集团公司	59.6
中国三峡	127.9
中国电力工程顾问集团公司	10.9
中国葛洲坝集团公司	15.5
合计	1716

资料来源：国务院国资委央企 2009 年分户经营业绩。

四、邮政业改革及盈利状况

我国邮政和电信曾有相当长一段时间是合二为一的。1995 年，原邮电部成立了两个企业局，即中国邮电邮政总局和中国邮电电信总局，并分别在国家工商局注册，注册为独立经营实体。随后，各省市地方局也纷纷注册为独立法人。1998 年，国家电信管理局与国家邮政管理局都分别被划归于新成立的信息产业部领导，4 月 28 日，国家邮政局挂牌。同年 12 月，邮政、电信分灶吃饭，邮政独立运行。

2005 年 7 月 20 日，国务院印发《邮政体制改革方案》，确定了“一分开、两改革、四完善”的总体思路。所谓一分开，即实行政企分开，重新组建国家邮政局，并成为邮政监管机构。所谓“两改革”是指改革邮政主业、邮政储蓄管理体制。组建中国邮政集团公司，经营各类邮政业务，将原来占邮政部门营业额 39%的邮政储蓄业务，剥离成立邮政储蓄银行，独立经营。中国邮政集团仍然履行邮政储蓄银行出资人职责，但邮政储蓄银行经营活动却纳入金融行业监管范畴。所谓“四完善”是指完善普遍服务机制、特殊服务机制、安全保障机制和价格形成机制。

2006年，省级邮政管理机构先行组建。2007年1月，国家邮政局完成重组，中国邮政集团公司完成组建，实现了邮政政企分开。2008年，按照国务院行政体制改革要求，国家邮政局配合完成主管部委的调整和相应衔接工作。2009年，国家邮政局新“三定”规定颁布，突出了加快政府职能转变的要求，强化了社会管理和公共服务职能，邮政管理的目标和任务更加明确。十一五期间，基本完成了邮政金融体制改革和邮政速递物流改制工作。按照现代企业制度要求，成立了中国邮政储蓄银行和中国邮政速递物流股份有限公司。邮政普遍服务业务和竞争性业务初步实现分业经营、分账核算。邮政主辅业分离、辅业改制工作基本完成。初步建立了“国家保障，政府监管，企业承担”的邮政普遍服务机制和特殊服务机制。调整了邮政基本业务资费，价格形成机制得到完善。健全安全保障机制取得进展。

中国邮政集团公司是依照《中华人民共和国全民所有制工业企业法》组建的大型国有独资企业。中国邮政集团公司依法经营邮政专营业务，承担邮政普遍服务义务，受政府委托提供邮政特殊服务，对竞争性邮政业务实行商业化运营。中国邮政集团公司为国务院授权投资机构，承担国有资产保值增值义务。财政部为中国邮政集团公司的国有资产管理部门。中国邮政集团公司在全国各省、自治区、直辖市设置邮政公司。

中国邮政集团公司经营的主要业务：国内和国际邮件寄递业务；报刊、图书等出版物发行业务；邮票发行业务；邮政汇兑业务；机要通信业务；邮政金融业务；邮政速递业务、邮政物流业务；电子商务业务；各类邮政代理业务；国家规定开办的其他业务等。集团拥有中国邮政储蓄银行、中国邮政速递物流公司、中国集邮总公司、中国货运邮政航空有限责任公司、中邮人寿保险股份有限公司等子公司。

2008年，邮政业务总量完成938.9亿元，比上年增长15.2%；营业总收入完成1439.3亿元，增长16.3%。2009年，营业总收入完成1535亿元，增长6.68%。①

根据初步测算，2006年国有、民营、外资快递企业分别实现快递业务收

① 中国邮政总公司2009年年报，中国邮政总公司网站。

入 148.4 亿元、52.4 亿元、98.8 亿元，分别占快递业务总收入的 49.5%、17.5%、33%。2006 年国有、民营、外资快递企业分别完成业务量 61927.5 万件、28571.8 万件、15493.6 万件，分别占总业务量的 58.4%、27%、14.6%。调查结果显示，快递服务从业主体呈现多元化趋势，国有、民营、外资快递企业多元共存、相互竞争的市场格局已经形成。①

按照邮政总局公布的数据，2010 年，中国邮政集团公司实现利润 220436 万元。② 而按照财政部公布的数据，中国邮政集团公司全年实现利润总额 −9.8 亿元，净利润 −9.9 亿元③，处于亏损状态。

五、烟草专卖行业的盈利分析

（一）烟草行业改革及盈利状况

根据国务院批准的《国家烟草专卖局主要职责、内设机构和人员编制规定》（国办发〔2008〕99 号）的规定，国家烟草专卖局的主要职责包括拟订烟草行业发展战略、规划和政策，依法实施烟草专卖管理，负责组织实施烟草行业体制改革。此外国家烟草专卖局还管理中国烟草总公司，依法对所属企业的国有资产行使出资人权利，组织烟草行业生产、经营和对外经济技术合作工作，制定烟草行业科技发展政策，组织实施技术创新和重大科研项目攻关及科技成果应用推广工作，负责烟草行业技术监督、质量管理工作，组织实施行业标准化工作。

中国烟草总公司于 1982 年 1 月 1 日正式成立，国务院于 1982 年 2 月 8 日发布《关于实行烟草专营后有关财政问题的处理办法的通知》规定，中国烟草行业实行统一领导、垂直管理、专卖专营的管理体制。商业部、全国供销合作总社、轻工业部于 1982 年 2 月 21 日联合发布通知，决定将全国烟叶收购、卷烟生产和批发销售业务从 1982 年 3 月 1 日起划归中国烟草总公司管理。中国烟草总公司对全国烟草行业“人、财、物、产、供、销、内、外、贸”进行集中统一经营。

---

① 全国首次快递服务统计调查结果分析，中国邮政总局网站。

② 国家邮政总局公布 2010 年邮政行业运行情况，国家邮政总局网站。

③ 财政部《关于 2011 年中央国有企业经营预算的说明》。

1983年9月，国务院发布《烟草专卖条例》，正式确立了国家烟草专卖制度；1984年1月，国家烟草专卖局成立。1991年6月，全国人大常委会通过了《中华人民共和国烟草专卖法》；1997年7月，国务院发布《中华人民共和国烟草专卖法实施条例》。这些法律、法规的颁布实施进一步巩固和完善了国家烟草专卖体制。全国烟草行业现有包括深圳、大连在内的33家省级烟草专卖局和烟草公司，16家工业公司，57家卷烟工业企业，1000多家商业企业，以及烟叶、卷烟销售、烟机、物资、进出口等全国性专业公司和其他一些企事业单位，全行业职工51万人。1982—2004年累计实现工商税利15778亿元。

从1980年到2007年，卷烟生产量增长了1.82倍，实现工商税利从56.7亿元发展到3880亿元，增长了67.4倍。到2007年，全国全年财政收入达5.1万亿元，全国税收收入达4.9万亿元。烟草行业应缴各项税金2853亿元，占全国税收收入的5.82%。2007年烟草行业上缴国家税金是2002年的2.3倍，5年来上缴税金年均增长率达18.2%。2003—2007年，烟草行业累计上缴税金1.03万亿元，占同期全国财政收入的比重为6.1%。

2008年，全行业累计实现工商税利4499.41亿元，同比增长15.73%。2009年，中国烟草行业实现工商税利5131.13亿元，同比增加559.26亿元，增长12.23%。2009年全国财政收入68477亿元（2010年《政府工作报告》对外公布数字），全国烟草行业贡献的比例占到6%。对于烟草大省云南省来说，2009年云南省财政总收入达到1490.7亿元，烟草行业对全省财政贡献则高于45%。① 2010年，烟草行业全年实现工商税利6045.52亿元，同比增加876.39亿元，增长16.95%；上缴国家财政（含国有资本收益）4988.5亿元，同比增加872.5亿元，增长21.2%。行业总资产由5566亿元增加到10095亿元，所有者权益由3563亿元增加到8046亿元，工业增加值率由73.58%提高到83.46%。

根据财政部2011年国有资本经营预算说明提供的数据，2009年中国烟草公司实现1250.3亿元净利润，2010年实现净利润1425.52亿元。②

---

① 2009年中国烟草行业实现工商税利5131.13亿元［J］. 经济周刊，2010-5-24.

② 财政部《关于2011年中央国有企业经营预算的说明》。

表 11－21　　2002—2008 年烟草业实现利润情况　　（单位：亿元）

年份	2002	2003	2004	2005	2006	2007	2008
利润	197.1	280.7	340.8	382.7	453.1	677.5	678.7
税金	1001.3	1167.0	1445.0	1584.7	1831.1	2191.0	2628.1

资料来源：《财政年鉴 2009》。

表 11－22　　2002—2010 年烟草行业实现工商税利情况　　（单位：亿元）

年份	2002	2003	2004	2005	2006	2007	2008	2009	2010
工商税利	1400	1600	2100	2400	2900	3880	4499	5131	6041

资料来源：张建丽、汤元宋：《数说五年发展》，载《中国烟草》2008 年 4 期，国家烟草专卖局网站公布的数据整理。

（二）烟草行业职工平均工资水平及烟草行业发展带来的社会成本

烟草行业在给国家贡献巨大利税的同时，烟草行业职工平均工资水平也一直保持在全国各行业中最高收入之列（见表 11－23）。

表 11－23　　烟草行业职工平均工资水平　　（单位：元）

项目	合计	国有单位	城镇集体单位	其他单位
全国总计（2008）	29229	31005	18338	28387
烟草制品业（2008）	62442	66831	37714	44040
全国总计（2007）	24721	26100	15444	24271
烟草制品业（2007）	52418	56253	26308	40996

资料来源：《国家统计局年鉴》。

与此同时，烟草给社会带来社会成本也日渐增高。由我国卫生、经济方面 60 多位重量级学者所完成的一项研究表明，2005 年，我国因吸烟造成的直接和间接成本高达 2526 亿元，相当于 GDP 比重的 1.4%，而当年，烟草业上缴的利税总额为 2400 亿元。两者相抵，烟草业的社会净效益为－126 亿元。而卫生部的另一个统计显示，中国每年由吸烟导致的死亡人数，超过艾滋病、肺结核、交通事故以及自杀死亡人数的总和。如不采取控制措施，预计到2020年时，由吸烟导致的死亡人数将达到200万人。①

我国资源性行业资源税费改革滞后导致大量资源租金和应当由企业承担社会成本没有在资源要素价格中体现，也没有从国有企业利润中剔除，这导致大量租金被各种渠道私有化和增加了国家公共财政负担。

我国行政性垄断行业虽然进行了多次改革尝试，但行政性垄断仍然没有得到有效解决，行政性垄断行业仍然是国有企业利润大户，贡献了全部利润中的大部分（见表11－24）。

表11－24　国有企业历年分行业利润　（单位：亿元）

年份	2001	2002	2003	2004	2005	2006	2007	2008
全国合计	2811.2	3786.3	4769.4	7368.8	9579.9	12193.5	17441.8	13335.2
煤炭工业	24.4	61.9	97.6	297.7	497.9	515.1	729.0	1424.3
石油石化	652.0	858.6	1206.1	2073.4	2905.2	3025.8	3349.0	2200.2
烟草工业	149.6	197.1	280.7	340.8	382.7	453.1	677.5	678.7
电力工业	456.9	499.6	481.8	564.7	680.6	1068.6	1395.2	7.8
邮电通信	589.6	792.3	827.6	1014.8	1265.9	1410.8	1785.3	1778.5
铁路运输	41.1	55.8	41.1	81.0	235.6	128.5	186.4	—32
航空运输	2.4	15.7	—10.1	76.0	52.9	77.7	144.8	—271.4
小计	1916	2481	2924.8	4448.6	6011.8	6679.1	8267.2	5786.1
占比（%）	68.16	65.53	61.32	60.37	62.75	54.76	47.40	43.39

行政性垄断行业过高的工资收入和福利待遇拉大国有企业与其他企业之间职工工资收入差距，国有企业职工工资收入水平不仅一直保持上涨，而且增长幅度也快于其他企业，而且不受国有企业经济效益的影响，尤其是行政性垄断寡头集中的央企，其职工平均工资水平高出全国平均水平一倍以上，而且这种差距还在持续扩大（见图11－1、图11－2）。

① 2010年中国烟草行业实现工商税利6045.52亿元［N］．健康报，2011－1－27.

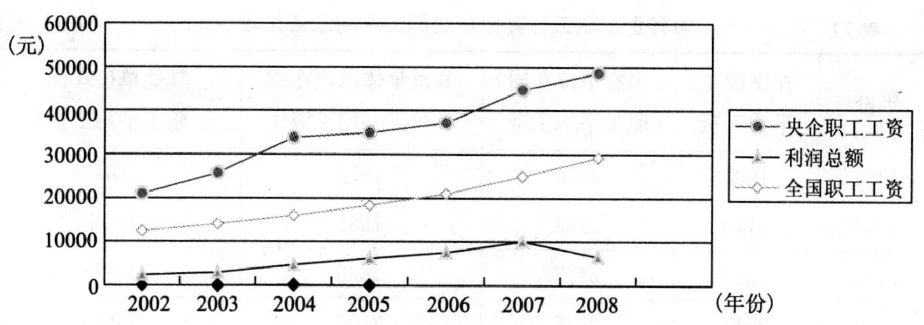

图 11－1　央企与全国职工工资收入水平差异及增长比较

说明：中央企业国有企业利润总额走势与职工平均工资总额折线图可以看出，国有企业职工平均工资只升不降，当利润大幅度下降时，国有企业职工工资仍然在上升。

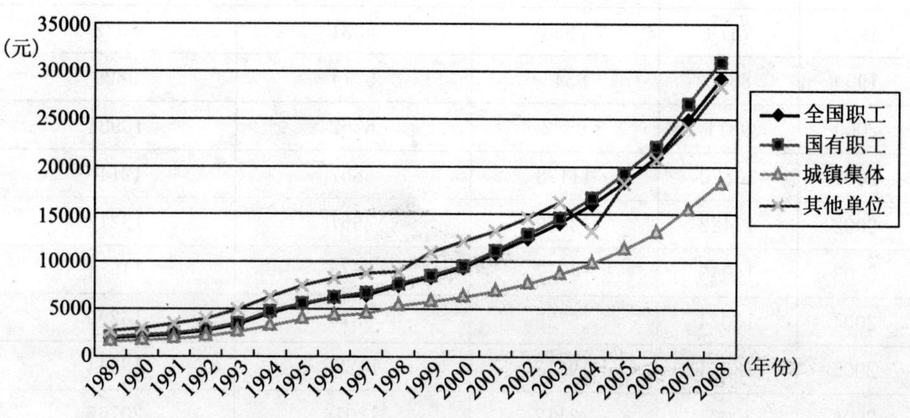

图 11－2　全国职工平均工资及上涨走势

说明：从走势图看，其他单位职工工资增幅中间会出现向下波动，而国有单位职工工资收入一直保持上涨态势，不仅与其他单位保持较大的差距，而且从增长速度看，也远高出其他单位职工，而且差距不断在扩大。

表 11-25　国有企业职工与其他企业职工平均工资比较　（单位：元）

年份	在岗职工平均工资	国有单位在岗职工平均工资	城镇集体单位在岗职工平均工资	其他单位在岗职工平均工资
1989	1935	2055	1557	2707
1990	2140	2284	1681	2987
1991	2340	2477	1866	3468
1992	2711	2878	2109	3966
1993	3371	3532	2592	4966
1994	4538	4797	3245	6303
1995	5500	5625	3931	7463
1996	6210	6280	4302	8261
1997	6470	6747	4512	8789
1998	7479	7668	5331	8972
1999	8346	8543	5774	9829
2000	9371	9552	6262	10984
2001	10870	11178	6867	12140
2002	12422	12869	7667	13212
2003	14040	14577	8678	14574
2004	16024	16729	9814	16259
2005	18364	19313	11283	18244
2006	21001	22112	13014	20755
2007	24932	26620	15595	24058
2008	29229	31005	18338	28387

资料来源：国家《统计年鉴》。

第十二章 国有资本经营预算制度的完善

一、严格区分租税利

加快资源税费体系改革，严格区分租税利，明晰各自征缴渠道，强化企业成本核算，夯实资源性企业的利润

落实2007年《国务院关于促进资源型城市可持续发展的若干意见》（国发〔2007〕38号）要求，即“科学制定资源性产品成本的财务核算办法，把矿业取得、资源开采、环境治理、生态修复、安全设施投入、基础设施建设、企业退出和转产等费用列入资源型产品的成本构成，完善森林生态效益补偿制度，防止企业内部成本外部化、私人资本社会化。”加快资源税费体系改革，对资源性行业租、税、利要进行严格区分和甄别，对本应在企业生产中反映，应该上缴给所有者的稀缺性租金（矿业取得、企业退出和转产等费用）和企业应该承担的社会成本（环境治理、生态修复、安全设施投入、基础设施建设）等要在国家征收税费（权利金或资源补偿费）中充分体现，加强企业成本核算，夯实资源性国有企业的利润。

具体建议：①整合和简化税费结构，简化资源税费体系，明晰资源税费性质与功能，将具有权利金性质的矿区使用费、资源税合并为权利金或矿区使用费一并征收。① ②采取科学合理的计征方法，资源税费设置要科学合理反应稀缺性租金和应当由企业承担社会成本应并在资源要素价格中得到充分体现，能够通过税费体系足额征缴。③明晰中央、地方各级政府及生产企业在履行资源所有权益、环境保护和生态环境修复各自应承担职责及因此而产生的成本支出，以此来确定资源税费征缴渠道、预算收入和预算支出体制安排。

---

① 李志学，彭飞鸽，吴文洁．国内外石油资源税费制度的比较研究［J］．国土与自然资源研究，2010（1）．

④将资源税费征缴获得的收入分别建立资源基金、环境治理和维护基金和职业病防治基金等，分别用于应对资源枯竭企业转产、职工再就业安置、环境治理与修复以及职业病防治、基础设施维护等费用开支。

二、加快垄断行业改革

加快垄断行业改革，消除垄断行业对消费者福利的侵蚀，最大限度减少行政性垄断行业对垄断租金的摄取和内部人对租金的瓜分。

对于自然垄断行业、国家专营专卖行业和其他行政性垄断行业，垄断租金主要产生于垄断特权滥用，来自于垄断企业垄断定价，是对消费者福利的侵蚀和掠夺，从根本上说是由于监管不到位所导致，因此，治本之道在于最大限度开放竞争和加强监管。需要强调的是，垄断租金产生收益本身就不合法，不合法收益理所当然不能作为合法利润上缴。垄断行业职工高收入和高福利实际上是企业内部人对垄断租金的瓜分，它加重了产品和服务成本，增加了消费者和用户的负担。

具体建议：①加快垄断行业改革，最大限度减少行政性垄断企业垄断租金的摄取，对于行政性垄断行业因政府特殊政策（如节能减排、节水等借助价格杠杆所采取阶梯水价、阶梯电价等）而获得高出超出正常利润的高额利润收入要通过特别税费安排予以征缴（如借鉴石油特别收益金制度），纳入企业成本核算，从企业利润中扣除。②加强垄断行业成本监审和定价监管，提高其经营透明度，最大限度消除因为垄断定价而产生垄断租金，减轻消费者和用户负担，增进消费者福利。③加大分配收入改革的力度，消除垄断行业非正常的过高的工资收入和福利待遇，降低产品和服务成本。④加大对垄断行业企业集团内部关联交易监管，防止企业集团内部通过关联交易，把垄断行业和垄断环节获得超额利润转移到竞争性关联企业，或通过内部交叉补贴转移垄断行业利润，必要情况下，对垄断行业企业集团与主业以外的与主业关联度不是特别强，采购外包可以通过市场竞争获得的多样化业务进行剥离改制。

三、扩大国有资本经营预算覆盖范围

扩大国有资本经营预算覆盖的范围，实行全覆盖，尤其是目前还没有纳

入的铁路运输、金融行业的利润上缴。

对于目前还没有纳入国有资本经营预算的科教文卫、行政执法、农业、铁道、金融等 80 多个中央部门（单位）所属 6000 多家企业尽快纳入，尤其金融类国有企业，多年已经累计了将近 2 万亿的利润，目前完全游离在国有资本经营预算体系之外。

四、提高国有企业利润上缴公共财政的比重

加大财政转移支付在国有企业上缴利润的比重，增强国家宏观调控能力，让国有经济主导作用在国有资本经营预算中得到落实。

目前国有资本经营预算中支出用于技术创新、节能减排、新兴产业扶持等应公平地为全社会的创业者分享，让全社会公有制企业与非公有制企业能够公平参与竞争，这样国有经济对整个社会经济发展的影响力和带动力才可以更好地发挥出来。

五、预算更多体现国有企业全民性质

国有资本经营预算应更多体现国有企业的全民性质，让全体民众都能从国有企业创造收益中获益。

国有资本收益应该以服务于所有者利益最大化，根据我国《宪法》，国有企业真正所有者是中华人民共和国全体公民，在国务院代表全民行使国有企业所有权职能的情况下，国有企业资本经营预算应该充分体现全民性质，让全民分享国有企业创造的价值和收益。在国有资本经营预算上，要把全民分享国有企业创造的收益作为首要目标。

在目前实现全民分红，直接参与国有企业上缴利润还存在诸多困难的情况下，至少可以通过逐步加大财政转移支付的比重，让全体中华人民共和国公民能够通过其他间接渠道更大比例和份额分享到国有企业创造的利润。因此，本书认为：

1. 提高国有资本预算收入中用于公共财政转移支付的比例，让全民能够更大比例分享到国有企业上缴的红利，对于国有企业上缴现金红利绝大部分，如 80%都应该通过财政转移支付，用于普惠全体公民的民生领域，如教育、公共卫生等。

2. 国有企业利润（国有独资、国有控股企业）提取的资本公积累计不得超过企业净资本的25%的，超过部分全部上缴，履行出资人的机构或部门在行使国有控股公司、参股公司表决权时必须遵循这一原则。

3. 目前国有资本经营预算支出的项目，如兼并重组等都应该让国有企业通过市场化资本运营机制予以解决，而不是通过投资收益拨付的方式予以解决。

4. 取消对困难企业预算支出补助，除非是由于政策性亏损所导致，对于经营性国有企业通过市场化重组予以解决。对于没有核心竞争力、陷入困境（包括上市公司国有控股公司的母公司）国有企业应遵循优胜劣汰的市场机制，进行清算、出售或关闭、破产，而不是通过国有资本预算支出加以注资和补贴以让其苟延残喘。

5. 用于国有企业新兴产业、技术创新、节能减排的资本性支出应该纳入公共预算，结合国家产业政策，向全社会所有企业和创业者开放，公平竞争。

6. 加快分配收入制度的改革，消除国有经济系统国有企业职工过高的工资收入和福利，取消国有企业离退休干部、职工的统筹外超国民待遇的额外补贴（包括离退休干部医疗费补助），将国有企业离退休人员交由社会保障体系统一管理。

7. 国有资本经营预算资本性支出，除新设企业出资和海外投资外，应一律采取可转换累积优先股的形式，确保这些投资在企业有盈利的情况下可以获得固定收益，并可适时转化为普通股份出售变现，以增加国有资本经营预算的弹性，便利国有经济布局与结构调整，同时又可以防止非国有控股企业非国有股东和内部人利用国有资本注资抬高股价，趁机套现获利，获得不当收益。

8. 用于国有企业改革成本支付的费用性预算支出应该严格限制在解决国有企业未解决的历史遗留问题，而且应该让国务院国资委拿出一个总的预算额度和支出计划（包括处理完的时间表），不能让这种费用性支出永久持续下去，成为一个无底洞。

9. 把集团企业下重要的二级、三级企业纳入国有资本经营预算收入范畴，防止一级集团企业（公司）把本应上缴的利润用于集团内部交叉补贴，掩盖集团内部企业低效率和低效益，在集团内部各企业之间搞平均主义、大锅饭，甚至在国有企业、国有控股、参股企业之间通过关联交易转移利润，把利益输送到国有企业管理团队和职工所控制或参股的企业，从中获利。

六、上缴利润多样化

利润上缴允许采取多种形式，但对垄断行业与竞争性行业应区别对待。

利润上缴或分红采取现金分红、股份以及现金加股份等多种形式，但对于垄断行业与竞争性行业区别对待，对于行政性垄断行业，非上市的竞争性行业，只允许采取现金红利上缴形式，对于竞争性行业上市公司，可以采取股份、现金加股份分红形式，但如果公司资本公积累计提取已经超过25%的，则必须采取现金分红加股份形式，现金分红的比例可以根据在国有经济布局与结构中战略价值区别对待。

上缴比例原则上应以改善公司治理水平，最大限度发挥预算约束作用为首要目标，把宏观调控、收入分配改革等目标纳入到支出环节。凡是国有企业经营所得可分配利润，全部上缴，纳入国家国有资本经营预算收入体系，统筹安排。

七、设立专项基金管理国有资本经营预算收入

在改革过渡时期，国有资本经营预算应根据各预算支出目标分别设立若干专项基金，将国有企业上缴利润分别纳入这些专项基金，进行专项预算管理。

这些专项基金既可以作为改革转型过程中的过渡安排，也可以作为永久的预算管理安排。国有企业利润上缴获得预算收入分别归入到不同基金，包括分红取得的股份。

目前可以考虑设立以下几个专项基金：

1. 国有资本储备基金。此基金类似国有资本公积，这部分储备基金的预算收入来源主要是国有资本变现获得收入和国有企业清算剩余分配获得收入以及国有企业上缴现金利润的部分（原则上不超过上缴利润总额的15%），主要用于国有经济布局与结构调整的资本性支出。

2. 国民收入专项基金。基金目前主要用来储备用于国有企业上缴利润中预算出来用于财政转移支付的资金，将来可用于全民分红。除其他预算支出项目外，其他剩余预算收入都可以归入此基金之中。

3. 国有企业改革专项基金（用于支付国有企业改革成本），根据国资

委编制的总的预算额度和改革推进的时间表确定预算收入占国有企业上缴利润的比例，作为预算收入纳入此项基金，国有企业改革成本从该项基金中支出。

4. 可持续发展基金。在资源税费改革和垄断行业改革推进的过渡时期，资源性行业和垄断行业上缴利润中应该有相当比例作为此项基金的预算收入，此项基金主要用于环境保护和生态环境修复、新能源、新技术开发，并结合国家产业政策通过财政转移支付纳入国家对节能减排、新能源开发等的财政补贴和扶持。

八、预算应涵盖重要国有企业融资收入

对于那些不能退、不能倒的国有企业，国有资本经营预算不仅要涵盖国有企业的利润收入与支出，而且也应涵盖国有企业融资收入与支出。

所谓不能退、不能倒就是那些战略性、公共性国有企业，即便是其陷入财务危机，濒临倒闭，政府仍然出手救助，进行兜底。对于此类企业，不仅其经营范围要受到严格控制，其投融资也要严格纳入国有资本经营预算管理，即便是上市，对其融资收入及支出也要纳入国有资本经营预算收入进行严格管理。其目的是通过加强预算约束提高此类企业治理水平，防止其滥用政府隐含担保在资本市场和信贷市场大肆圈钱，同时也防止此类企业成为政府的融资平台，成为企业内部人和政府官僚之间相互进行利益输送的交易平台。

九、提高预算的透明度

协调好国有资本经营预算与国有企业预算之间的关系，提高国有企业层面预算的透明度，加强对企业预算的监管和社会监督。

企业预算的公开、透明、规范与完整是国有资本预算实现公开、透明、规范、完整的基础，没有企业层面预算的公开、透明、规范和完整，整个国有资本经营预算就不可能做到公开、透明、规范和完整。

十、加强国家预算立法

加强国家预算立法，提高国有资本经营预算透明度，使其置于公众严密监督之下。

作为配套改革措施，完善国家预算立法，加强公共预算与国有资本经营预算管理，加强预算透明度，防止国有资本经营预算改革演化成权力部门之间和少数利益集团之间权力和利益再分配。

附 录

《预算法》修正草案与现行《预算法》对照表

修改前	修改后
第一章　总则	第一章　总则
第一条　为了强化预算的分配和监督职能，健全国家对预算的管理，加强国家宏观调控，保障经济和社会的健康发展，根据宪法，制定本法	第一条　为了强化预算的分配和监督职能，健全国家对预算的管理，加强国家宏观调控，保障经济和社会的健康发展，根据宪法，制定本法
	第二条　预算的编制、审查、批准、执行、调整、监督，以及决算和其他预算管理活动，依照本法规定执行
第二条　国家实行一级政府一级预算，设立中央，省、自治区、直辖市，设区的市、自治州，县、自治县、不设区的市、市辖区，乡、民族乡、镇五级预算 不具备设立预算条件的乡、民族乡、镇，经省、自治区、直辖市政府确定，可以暂不设立预算	第三条　国家实行一级政府一级预算，设立中央，省、自治区、直辖市，设区的市、自治州，县、自治县、不设区的市、市辖区，乡、民族乡、镇五级预算

续 表

修改前	修改后
	第四条 预算分为公共预算、政府性基金预算、国有资本经营预算、社会保障预算 公共预算、政府性基金预算、国有资本经营预算、社会保障预算应当保持完整、独立，同时保持各类预算间互相衔接
	第五条 预算由预算收入和预算支出组成 各级政府的全部收入和支出都应当纳入预算
第四条 中央政府预算（以下简称中央预算）由中央各部门（含直属单位，下同）的预算组成 中央预算包括地方向中央上解的收入数额和中央对地方返还或者给予补助的数额	第六条 中央公共预算包括中央各部门、各直属单位的预算和中央对地方的税收返还、转移支付预算 中央公共预算收入包括中央本级收入和地方向中央的上解收入。中央公共预算支出包括中央本级支出、中央对地方的税收返还和转移支付
第五条 地方预算由各省、自治区、直辖市总预算组成 地方各级总预算由本级政府预算（以下简称本级预算）和汇总的下一级总预算组成；下一级只有本级预算的，下一级总预算即指下一级的本级预算。没有下一级预算的，总预算即指本级预算 地方各级政府预算由本级各部门（含直属单位，下同）的预算组成 地方各级政府预算包括下级政府向上级政府上解的收入数额和上级政府对下级政府返还或者给予补助的数额	第七条 地方预算由各省、自治区、直辖市总预算组成 地方各级总预算由本级预算和汇总的下一级总预算组成；下一级只有本级预算的，下一级总预算即指下一级的本级预算。没有下一级预算的，总预算即指本级预算 地方各级公共预算包括本级各部门、各直属单位的预算和税收返还、转移支付预算 地方各级公共预算收入包括地方本级收入、上级政府对本级政府的税收返还和转移支付、下级政府的上解收入。地方各级公共预算支出包括地方本级支出、对上级政府的上解支出、对下级政府的税收返还和转移支付

续 表

修改前	修改后
第六条　各部门预算由本部门所属各单位预算组成 第七条　单位预算是指列入部门预算的国家机关、社会团体和其他单位的收支预算	第八条　各部门预算由本部门及其所属各单位预算组成 单位预算是指列入部门预算的国家机关、社会团体和其他单位的收支预算
第三条　各级预算应当做到收支平衡	第九条　各级预算应当遵循统筹兼顾、勤俭节约、量力而行、讲求绩效和收支平衡的原则
第九条　经本级人民代表大会批准的预算，非经法定程序，不得改变	第十条　经本级人民代表大会批准的预算，非经法定程序，不得改变
	第十一条　经本级人民代表大会或者本级人民代表大会常务委员会批准的预算、预算调整、决算，应当及时向社会公开，但涉及国家秘密的内容除外 各级政府财政部门负责本级政府总预算、预算调整、决算的公开 各部门负责本部门预算、决算的公开 预算、预算调整、决算公开的具体办法，由国务院规定
第八条　国家实行中央和地方分税制	第十二条　各级政府之间应当建立财力保障与支出责任相匹配的财政管理体制 国家实行中央和地方分税制财政管理体制，具体办法由国务院规定，报全国人民代表大会常务委员会备案 地方各级政府之间的财政管理体制，由各省、自治区、直辖市政府或者其授权的下级政府按照国务院的规定制定，报本级人民代表大会常务委员会备案

续 表

修改前	修改后
	第十三条　国家实行财政转移支付制度 财政转移支付分为中央对地方的转移支付和地方上级政府对下级政府的转移支付，包括不指定专项用途的一般性转移支付和经国务院批准设立，用于办理特定事务的专项转移支付 财政转移支付应当规范、公平、公开，以一般性转移支付为主体，以均衡地区间基本财力为主要目标
	第十四条　各级预算的编制、执行、监督应当建立健全相互制约、相互协调的机制
第十条　预算年度自公历一月一日起，至十二月三十一日止	第十五条　预算年度自公历1月1日起，至12月31日止
第十一条　预算收入和预算支出以人民币元为计算单位	第十六条　预算收入和预算支出以人民币元为计算单位
第二章　预算管理职权	第二章　预算管理职权
第十二条　全国人民代表大会审查中央和地方预算草案及中央和地方预算执行情况的报告；批准中央预算和中央预算执行情况的报告；改变或者撤销全国人民代表大会常务委员会关于预算、决算的不适当的决议 全国人民代表大会常务委员会监督中央和地方预算的执行；审查和批准中央预算的调整方案；审查和批准中央决算；撤销国务院制定的同宪法、法律相抵触的关于预算、决算的行政法规、决定和命令；撤销省、自治区、直辖市人民代表大会及其常务委员会制定的同宪法、法律和行政法规相抵触的关于预算、决算的地方性法规和决议	第十七条　全国人民代表大会审查中央和地方预算草案及中央和地方预算执行情况的报告；批准中央预算和中央预算执行情况的报告；改变或者撤销全国人民代表大会常务委员会关于预算、决算的不适当的决议 全国人民代表大会常务委员会监督中央和地方预算的执行；审查和批准中央预算的调整方案；审查和批准中央决算；撤销国务院制定的同宪法、法律相抵触的关于预算、决算的行政法规、决定和命令；撤销省、自治区、直辖市人民代表大会及其常务委员会制定的同宪法、法律和行政法规相抵触的关于预算、决算的地方性法规和决议

续 表

修改前	修改后
第十三条　县级以上地方各级人民代表大会审查本级总预算草案及本级总预算执行情况的报告；批准本级预算和本级预算执行情况的报告；改变或者撤销本级人民代表大会常务委员会关于预算、决算的不适当的决议；撤销本级政府关于预算、决算的不适当的决定和命令 县级以上地方各级人民代表大会常务委员会监督本级总预算的执行；审查和批准本级预算的调整方案；审查和批准本级政府决算（以下简称本级决算）；撤销本级政府和下一级人民代表大会及其常务委员会关于预算、决算的不适当的决定、命令和决议 设立预算的乡、民族乡、镇的人民代表大会审查和批准本级预算和本级预算执行情况的报告；监督本级预算的执行；审查和批准本级预算的调整方案；审查和批准本级决算；撤销本级政府关于预算、决算的不适当的决定和命令	第十八条　县级以上地方各级人民代表大会审查本级总预算草案及本级总预算执行情况的报告；批准本级预算和本级预算执行情况的报告；改变或者撤销本级人民代表大会常务委员会关于预算、决算的不适当的决议；撤销本级政府关于预算、决算的不适当的决定和命令 县级以上地方各级人民代表大会常务委员会监督本级总预算的执行；审查和批准本级预算的调整方案；审查和批准本级政府决算（以下简称本级决算）；撤销本级政府和下一级人民代表大会及其常务委员会关于预算、决算的不适当的决定、命令和决议 乡、民族乡、镇的人民代表大会审查和批准本级预算和本级预算执行情况的报告；监督本级预算的执行；审查和批准本级预算的调整方案；审查和批准本级决算；撤销本级政府关于预算、决算的不适当的决定和命令

续表

修改前	修改后
	第十九条　全国人民代表大会财政经济委员会对中央预算草案及上一年预算执行情况、中央预算调整方案和中央决算草案进行初步审查 省、自治区、直辖市人民代表大会有关专门委员会对本级预算草案及上一年预算执行情况、本级预算调整方案和本级决算草案进行初步审查 设区的市、自治州人民代表大会有关专门委员会对本级预算草案及上一年预算执行情况、本级预算调整方案和本级决算草案进行初步审查，未设立专门委员会的可以由人民代表大会常务委员会的有关工作机构研究提出意见 县、自治县、不设区的市、市辖区人民代表大会常务委员会对本级预算草案及上一年预算执行情况进行初步审查 全国人民代表大会常务委员会和省、自治区、直辖市、设区的市、自治州人民代表大会常务委员会的有关工作机构，依照本级人民代表大会常务委员会的决定，协助本级人民代表大会财政经济委员会或者有关专门委员会承担审查预算草案、预算调整方案、决算草案和监督预算执行等方面的具体工作
第十四条　国务院编制中央预算、决算草案；向全国人民代表大会作关于中央和地方预算草案的报告；将省、自治区、直辖市政府报送备案的预算汇总后报全国人民代表大会常务委员会备案；组织中央和地方预算的执行；决定中央预算预备费的动用；编制中央预算调整方案；监督中央各部门和地方政府的预算执行；改变或者撤销中央各部门和地方政府关于预算、决算的不适当的决定、命令；向全国人民代表大会、全国人民代表大会常务委员会报告中央和地方预算的执行情况	第二十条　国务院编制中央预算、决算草案；向全国人民代表大会作关于中央和地方预算草案的报告；将省、自治区、直辖市政府报送备案的预算汇总后报全国人民代表大会常务委员会备案；组织中央和地方预算的执行；决定中央预算预备费的动用；编制中央预算调整方案；监督中央各部门和地方政府的预算执行；改变或者撤销中央各部门和地方政府关于预算、决算的不适当的决定、命令；向全国人民代表大会、全国人民代表大会常务委员会报告中央和地方预算的执行情况

续 表

修改前	修改后
第十五条　县级以上地方各级政府编制本级预算、决算草案；向本级人民代表大会作关于本级总预算草案的报告；将下一级政府报送备案的预算汇总后报本级人民代表大会常务委员会备案；组织本级总预算的执行；决定本级预算预备费的动用；编制本级预算的调整方案；监督本级各部门和下级政府的预算执行；改变或者撤销本级各部门和下级政府关于预算、决算的不适当的决定、命令；向本级人民代表大会、本级人民代表大会常务委员会报告本级总预算的执行情况 乡、民族乡、镇政府编制本级预算、决算草案；向本级人民代表大会作关于本级预算草案的报告；组织本级预算的执行；决定本级预算预备费的动用；编制本级预算的调整方案；向本级人民代表大会报告本级预算的执行情况	第二十一条　县级以上地方各级政府编制本级预算、决算草案；向本级人民代表大会作关于本级总预算草案的报告；将下一级政府报送备案的预算汇总后报本级人民代表大会常务委员会备案；组织本级总预算的执行；决定本级预算预备费的动用；编制本级预算的调整方案；监督本级各部门和下级政府的预算执行；改变或者撤销本级各部门和下级政府关于预算、决算的不适当的决定、命令；向本级人民代表大会、本级人民代表大会常务委员会报告本级总预算的执行情况 乡、民族乡、镇政府编制本级预算、决算草案；向本级人民代表大会作关于本级预算草案的报告；组织本级预算的执行；决定本级预算预备费的动用；编制本级预算的调整方案；向本级人民代表大会报告本级预算的执行情况 经省、自治区、直辖市政府批准，乡、民族乡、镇本级预算草案、预算调整方案、决算草案，可以由上一级政府代编，并依照本法第十八条的规定报乡、民族乡、镇的人民代表大会审查和批准

续 表

修改前	修改后
第十六条　国务院财政部门具体编制中央预算、决算草案；具体组织中央和地方预算的执行；提出中央预算预备费动用方案；具体编制中央预算的调整方案；定期向国务院报告中央和地方预算的执行情况 地方各级政府财政部门具体编制本级预算、决算草案；具体组织本级总预算的执行；提出本级预算预备费动用方案；具体编制本级预算的调整方案；定期向本级政府和上一级政府财政部门报告本级总预算的执行情况	第二十二条　国务院财政部门具体编制中央预算、决算草案；具体组织中央和地方预算的执行；提出中央预算预备费动用方案；具体编制中央预算的调整方案；定期向国务院报告中央和地方预算的执行情况 地方各级政府财政部门具体编制本级预算、决算草案；具体组织本级总预算的执行；提出本级预算预备费动用方案；具体编制本级预算的调整方案；定期向本级政府和上一级政府财政部门报告本级总预算的执行情况
第十七条　各部门编制本部门预算、决算草案；组织和监督本部门预算的执行；定期向本级政府财政部门报告预算的执行情况 第十八条　各单位编制本单位预算、决算草案；按照国家规定上缴预算收入，安排预算支出，并接受国家有关部门的监督	第二十三条　各部门编制本部门预算、决算草案；组织和监督本部门预算的执行；定期向本级政府财政部门报告预算的执行情况 各单位编制本单位预算、决算草案；按照国家规定上缴预算收入，安排预算支出，并接受国家有关部门的监督

续 表

修改前	修改后
第三章　预算收支范围	第三章　预算收支范围
第十九条　预算由预算收入和预算支出组成 预算收入包括： （一）税收收入； （二）依照规定应当上缴的国有资产收益； （三）专项收入； （四）其他收入 预算支出包括： （一）经济建设支出； （二）教育、科学、文化、卫生、体育等事业发展支出； （三）国家管理费用支出； （四）国防支出； （五）各项补贴支出； （六）其他支出	第二十四条　公共预算收入包括各项税收收入、行政事业性收费收入、国有资源（资产）有偿使用收入、转移性收入和其他收入。公共预算收入应当统筹安排使用 公共预算支出按照其保障功能分类，包括一般公共服务支出，外交、公共安全、国防支出，农业、环境保护支出，教育、科技、文化、卫生、体育支出，社会保障及就业支出和其他支出 公共预算支出按照其经济性质分类，包括工资福利支出、商品和服务支出、基本建设支出和其他支出
	第二十五条　政府性基金预算、国有资本经营预算和社会保障预算的收支范围，按照国务院的规定执行
第二十条　预算收入划分为中央预算收入、地方预算收入、中央和地方预算共享收入 预算支出划分为中央预算支出和地方预算支出	
第二十一条　中央预算与地方预算有关收入和支出项目的划分、地方向中央上解收入、中央对地方返还或者给予补助的具体办法，由国务院规定，报全国人民代表大会常务委员会备案	

续　表

修改前	修改后
第二十二条　预算收入应当统筹安排使用；确需设立专用基金项目的，须经国务院批准	
第二十三条　上级政府不得在预算之外调用下级政府预算的资金。下级政府不得挤占或者截留属于上级政府预算的资金	第二十六条　上级政府不得在预算之外调用下级政府预算的资金。下级政府不得挤占或者截留属于上级政府预算的资金
第四章　预算编制	第四章　预算编制
第二十五条　国务院应当及时下达关于编制下一年预算草案的指示 编制预算草案的具体事项，由国务院财政部门部署 第二十四条　各级政府、各部门、各单位应当按照国务院规定的时间编制预算草案	第二十七条　国务院应当及时下达关于编制下一年预算草案的指示。编制预算草案的具体事项由国务院财政部门部署 各级政府、各部门、各单位应当按照国务院规定的时间编制预算草案
第二十五条　中央预算和地方各级政府预算，应当参考上一年预算执行情况和本年度收支预测进行编制	第二十八条　中央预算和地方各级预算，应当根据年度经济社会发展目标和国家宏观调控总体要求，参考上一年预算执行情况和本年度收支预测，按照规定程序征求各方面意见后，进行编制 各级政府依据法定权限作出决定或者制定行政措施，凡涉及增加或者减少财政收入或者支出的，应当在预算批准前提出并在预算草案中作出相应安排 各部门、各单位应当按照国务院财政部门制定的政府收支分类科目和本级政府制定的预算支出定额标准以及其他预算编制规定，根据其依法履行职能和事业发展的需要，编制本部门、本单位预算草案
第三十六条　省、自治区、直辖市政府应当按照国务院规定的时间，将本级总预算草案报国务院审核汇总	第二十九条　省、自治区、直辖市政府应当按照国务院规定的时间，将本级总预算草案报国务院汇总

续 表

修改前	修改后
第二十六条　中央预算和地方各级政府预算按照复式预算编制 复式预算的编制办法和实施步骤，由国务院制定	
第二十七条　中央政府公共预算不列赤字 中央预算中必需的建设投资的部分资金，可以通过举借国内和国外债务等方式筹措，但是借债应当有合理的规模和结构 中央预算中对已经举借的债务还本付息所需的资金，依照前款规定办理	第三十条　中央政府公共预算中必需的部分资金，可以通过举借国内和国外债务等方式筹措，但是借债应当控制适当的规模，保持合理的结构 对中央预算中举借的债务实行余额管理 国务院财政部门具体负责对中央政府债务的统一管理，并对地方政府债务实施监督管理
第二十八条　地方各级预算按照量入为出、收支平衡的原则编制，不列赤字 除法律和国务院另有规定外，地方政府不得发行地方政府债券	第三十一条　地方各级预算按照量入为出、收支平衡的原则编制，不列赤字 除法律和国务院另有规定外，地方政府不得发行地方政府债券
第二十九条　各级预算收入的编制，应当与国民生产总值的增长率相适应 按照规定必须列入预算的收入，不得隐瞒、少列，也不得将上年的非正常收入作为编制预算收入的依据	第三十二条　各级预算收入的编制，应当与经济和社会发展水平相适应 各级政府、各部门、各单位应当依照本法规定，将所有政府收入全部列入预算，不得隐瞒、少列，也不得将上年的非正常收入作为编制预算收入的依据 各级政府不得在预算之外，向预算收入征收部门和单位下达收入指标

续 表

修改前	修改后
第三十条 各级预算支出的编制，应当贯彻厉行节约、勤俭建国的方针 各级预算支出的编制，应当统筹兼顾、确保重点，在保证政府公共支出合理需要的前提下，妥善安排其他各类预算支出	第三十三条 各级预算支出的编制，应当贯彻厉行节约、勤俭建国的方针 各级预算支出的编制，应当统筹兼顾、确保重点，在保证政府公共支出合理需要的前提下，妥善安排其他各类预算支出
	第三十四条 县级以上各级政府应当将对下级政府的转移支付预计数提前告知下级政府 地方各级政府应当将上级政府提前下达的转移支付预计数编入本级预算
第三十一条 中央预算和有关地方政府预算中安排必要的资金，用于扶助经济不发达的民族自治地方、革命老根据地、边远、贫困地区发展经济文化建设事业	第三十五条 中央预算和有关地方预算中应当安排必要的资金，用于扶助革命老区、民族自治地方、边疆地区、贫困地区、水库移民区、农产品主产区和重点生态功能区发展经济社会建设事业
第三十二条 各级政府预算应当按照本级政府预算支出额的百分之一至百分之三设置预备费，用于当年预算执行中的自然灾害救灾开支及其他难以预见的特殊开支	第三十六条 各级公共预算应当按照本级公共预算支出额的1%至3%设置预备费，用于当年预算执行中的严重自然灾害救灾、突发公共事件处理、重大政策调整增加的支出及其他难以预见的开支
第三十三条 各级政府预算应当按照国务院的规定设置预算周转金	第三十七条 各级预算应当按照国务院的规定设置预算周转金
第三十四条 各级政府预算的上年结余，可以在下年用于上年结转项目的支出；有余额的，可以补充预算周转金；再有余额的，可以用于下年必需的预算支出	第三十八条 各级政府上一年预算的结转资金，应当在下一年用于结转项目的支出；上一年预算结余资金应当列入下一年预算，或者补充预算周转金、预算稳定调节基金 各部门、各单位上一年预算的结转、结余资金按照国务院财政部门的规定办理

续 表

修改前	修改后
第五章 预算审查和批准	第五章 预算审查和批准
第三十九条 中央预算由全国人民代表大会审查和批准 地方各级政府预算由本级人民代表大会审查和批准	第三十九条 中央预算由全国人民代表大会审查和批准 地方各级政府预算由本级人民代表大会审查和批准
第三十七条 国务院财政部门应当在每年全国人民代表大会会议举行的一个月前，将中央预算草案的主要内容提交全国人民代表大会财政经济委员会进行初步审查 省、自治区、直辖市、设区的市、自治州政府财政部门应当在本级人民代表大会会议举行的一个月前，将本级预算草案的主要内容提交本级人民代表大会有关的专门委员会或者根据本级人民代表大会常务委员会主任会议的决定提交本级人民代表大会常务委员会有关的工作委员会进行初步审查 县、自治县、不设区的市、市辖区政府财政部门应当在本级人民代表大会会议举行的一个月前，将本级预算草案的主要内容提交本级人民代表大会常务委员会进行初步审查	第四十条 国务院财政部门应当在每年全国人民代表大会会议举行的 45 日前，将中央预算草案的初步方案提交全国人民代表大会财政经济委员会进行初步审查。全国人民代表大会财政经济委员会应当提出初步审查意见 省、自治区、直辖市政府财政部门应当在本级人民代表大会会议举行的 30 日前，将本级预算草案的初步方案提交本级人民代表大会有关专门委员会进行初步审查。本级人民代表大会有关专门委员会应当提出初步审查意见 设区的市、自治州政府财政部门应当在本级人民代表大会会议举行的 30 日前，将本级预算草案的初步方案提交本级人民代表大会有关专门委员会进行初步审查，或者送交人民代表大会常务委员会的有关工作机构征求意见。本级人民代表大会有关专门委员会应当提出初步审查意见 县、自治县、不设区的市、市辖区政府财政部门应当在本级人民代表大会会议举行的 30 日前，将本级预算草案的初步方案提交本级人民代表大会常务委员会进行初步审查。本级人民代表大会常务委员会应当提出初步审查意见 政府有关部门应当将对初步审查意见的处理情况反馈给初步审查机构
	第四十一条 报送各级人民代表大会审查和批准的预算草案应当细化。本级公共预算一般收支至少编列到款，重点支出至少编列到项

续 表

修改前	修改后
第三十八条　国务院在全国人民代表大会举行会议时，向大会作关于中央和地方预算草案的报告 地方各级政府在本级人民代表大会举行会议时，向大会作关于本级总预算草案的报告	第四十二条　国务院在全国人民代表大会举行会议时，向大会作关于中央和地方预算草案以及中央和地方预算执行情况的报告 地方各级政府在本级人民代表大会举行会议时，向大会作关于总预算草案和总预算执行情况的报告
	第四十三条　全国人民代表大会和地方各级人民代表大会对预算草案及其报告、预算执行情况的报告重点审查下列内容： （一）上一年预算执行情况是否符合本级人民代表大会预算决议的要求； （二）预算安排是否符合本法和有关法律、法规的规定； （三）预算安排是否贯彻国民经济和社会发展的方针政策； （四）预算收入和预算支出编制是否完整； （五）对下级政府的转移性支出预算是否规范、适当； （六）预算安排举借的债务是否合法、合理； （七）为完成预算提出的政策措施是否切实可行； （八）与预算有关重要事项的说明是否清晰
	第四十四条　全国人民代表大会财政经济委员会向全国人民代表大会主席团提出关于中央和地方预算草案及中央和地方预算执行情况的审查结果报告 省、自治区、直辖市、设区的市、自治州人民代表大会有关专门委员会，县、自治县、不设区的市、市辖区人民代表大会常务委员会，向本级人民代表大会主席团提出关于总预算草案及上年预算执行情况的审查结果报告 审查结果报告应当包括下列内容： （一）对上一年预算执行和落实本级人民代表大会预算决议的情况作出评价； （二）对本年度预算草案的合法性、可行性作出评价； （三）对本级人民代表大会批准预算草案和预算报告提出建议； （四）对完成年度预算、改进预算管理、加强预算监督等提出意见和建议

续 表

修改前	修改后
第四十条　乡、民族乡、镇政府应当及时将经本级人民代表大会批准的本级预算报上一级政府备案。县级以上地方各级政府应当及时将经本级人民代表大会批准的本级预算及下一级政府报送备案的预算汇总，报上一级政府备案 县级以上地方各级政府将下一级政府依照前款规定报送备案的预算汇总后，报本级人民代表大会常务委员会备案。国务院将省、自治区、直辖市政府依照前款规定报送备案的预算汇总后，报全国人民代表大会常务委员会备案	第四十五条　乡、民族乡、镇政府应当及时将经本级人民代表大会批准的本级预算报上一级政府备案。县级以上地方各级政府应当及时将经本级人民代表大会批准的本级预算及下一级政府报送备案的预算汇总，报上一级政府备案 县级以上地方各级政府将下一级政府依照前款规定报送备案的预算汇总后，报本级人民代表大会常务委员会备案。国务院将省、自治区、直辖市政府依照前款规定报送备案的预算汇总后，报全国人民代表大会常务委员会备案
第四十一条　国务院和县级以上地方各级政府对下一级政府依照本法第四十条规定报送备案的预算，认为有同法律、行政法规相抵触或者有其他不适当之处，需要撤销批准预算的决议的，应当提请本级人民代表大会常务委员会审议决定	第四十六条　国务院和县级以上地方各级政府对下一级政府依照本法第四十五条规定报送备案的预算，认为有同法律、行政法规相抵触或者有其他不适当之处，需要撤销批准预算的决议的，应当提请本级人民代表大会常务委员会审议决定

续 表

修改前	修改后
第四十二条　各级政府预算经本级人民代表大会批准后，本级政府财政部门应当及时向本级各部门批复预算。各部门应当及时向所属各单位批复预算	第四十七条　各级预算经本级人民代表大会批准后，本级政府财政部门应当在30日内向本级各部门批复预算。各部门应当在接到本级政府财政部门批复的本部门预算后15日内向所属各单位批复预算 中央对地方的一般性转移支付应当在全国人民代表大会批准预算后30日内正式下达。中央对地方的专项转移支付应当在全国人民代表大会批准预算后90日内正式下达 省、自治区、直辖市政府接到中央一般性转移支付和专项转移支付后，应当在30日内正式下达到本行政区域各级政府 县级以上地方各级预算安排对下级政府的一般性转移支付和专项转移支付，应当分别在本级人民代表大会批准预算后的30日和60日内正式下达 对突发公共事件处理、自然灾害救灾项目的转移支付，应当及时下达预算；对据实结算等特殊项目的转移支付，可以分期下达预算，或者先预付后结算 县级以上各级政府财政部门应当将批复本级各部门的预算和批复下级政府的转移支付预算，抄送本级人民代表大会财政经济委员会、有关专门委员会或者常务委员会的工作机构
第六章　预算执行	第六章　预算执行
第四十三条　各级预算由本级政府组织执行，具体工作由本级政府财政部门负责	第四十八条　各级预算由本级政府组织执行，具体工作由本级政府财政部门负责 各部门、各单位是本部门、本单位的预算执行主体，负责本部门、本单位的预算执行，并对执行结果负责

续 表

修改前	修改后
第四十四条　预算年度开始后，各级政府预算草案在本级人民代表大会批准前，本级政府可以先按照上一年同期的预算支出数额安排支出；预算经本级人民代表大会批准后，按照批准的预算执行	第四十九条　预算年度开始后，各级预算草案在本级人民代表大会批准前，可以安排下列支出： （一）上一年度结转的支出； （二）必须支付的本年度部门基本支出、项目支出，以及对下级政府的转移性支出； （三）法律规定必须履行支付义务的支出，以及其他特殊支出 预算经本级人民代表大会批准后，按照批准的预算执行
第四十五条　预算收入征收部门，必须依照法律、行政法规的规定，及时、足额征收应征的预算收入。不得违反法律、行政法规规定，擅自减征、免征或者缓征应征的预算收入，不得截留、占用或者挪用预算收入	第五十条　预算收入征收部门和单位，必须依照法律、行政法规的规定，及时、足额征收应征的预算收入。不得违反法律、行政法规规定，擅自减征、免征或者缓征应征的预算收入，不得截留、占用或者挪用预算收入
第四十六条　有预算收入上缴任务的部门和单位，必须依照法律、行政法规和国务院财政部门的规定，将应当上缴的预算资金及时、足额地上缴国家金库（以下简称国库），不得截留、占用、挪用或者拖欠	第五十一条　有预算收入上缴义务的部门和单位，应当依照法律、行政法规和国务院的规定，将应当上缴的预算资金及时、足额地上缴国家金库（以下简称国库）和依法设立的财政专户，不得截留、占用、挪用或者拖欠 前款规定的财政专户，是指对法律、行政法规和国务院规定的特定专用资金设立的专户。财政专户纳入国库单一账户体系管理 国务院财政部门应当将财政专户收支情况纳入信息管理系统，并与国库实现信息共享

续　表

修改前	修改后
第四十七条　各级政府财政部门必须依照法律、行政法规和国务院财政部门的规定，及时、足额地拨付预算支出资金，加强对预算支出的管理和监督 各级政府、各部门、各单位的支出必须按照预算执行	第五十二条　各级政府财政部门必须依照法律、行政法规和国务院财政部门的规定，及时、足额地拨付预算支出资金，加强对预算支出的管理和监督 各级政府、各部门、各单位的支出必须按照预算执行
	第五十三条　中央和地方预算实行收付实现制 部分特定事项可以实行权责发生制。具体办法由国务院规定 部分特定事项实行权责发生制的有关情况，应当在决算报告中作出说明
第四十八条　县级以上各级预算必须设立国库；具备条件的乡、民族乡、镇也应当设立国库 中央国库业务由中国人民银行经理，地方国库业务依照国务院的有关规定办理 各级国库必须按照国家有关规定，及时准确地办理预算收入的收纳、划分、留解和预算支出的拨付 各级国库库款的支配权属于本级政府财政部门。除法律、行政法规另有规定外，未经本级政府财政部门同意，任何部门、单位和个人都无权动用国库库款或者以其他方式支配已入国库的库款 各级政府应当加强对本级国库的管理和监督	第五十四条　县级以上各级预算必须设立国库；具备条件的乡、民族乡、镇也应当设立国库 各级国库应当按照国家有关规定，及时准确地办理预算收入的收纳、划分、留解、退付和预算支出的拨付 各级国库库款的支配权属于本级政府财政部门。除法律、行政法规另有规定外，未经本级政府财政部门同意，任何部门、单位和个人都无权冻结、动用国库库款或者以其他方式支配已入国库的库款 各级政府及其财政部门应当加强对本级国库的管理和监督 国库管理的具体办法由国务院规定

续 表

修改前	修改后
	第五十五条　已经缴入国库或者财政专户的资金，依照法律、行政法规的规定或者国务院的决定需要退付的，各级政府财政部门或者其授权的机构应当及时办理退付。按照规定应当由财政支出安排的事项，不得用退库处理
	第五十六条　县级以上各级政府全部收入和支出都应当纳入国库单一账户体系进行管理，实行国库集中收付制度
第四十九条　各级政府应当加强对预算执行的领导，支持政府财政、税务、海关等预算收入的征收部门依法组织预算收入，支持政府财政部门严格管理预算支出 财政、税务、海关等部门在预算执行中，应当加强对预算执行的分析；发现问题时应当及时建议本级政府采取措施予以解决	第五十七条　各级政府应当加强对预算执行的领导，支持政府财政、税务、海关等预算收入的征收部门依法组织预算收入，支持政府财政部门严格管理预算支出 财政、税务、海关等部门在预算执行中，应当加强对预算执行的分析；发现问题时应当及时建议本级政府采取措施予以解决
第五十条　各部门、各单位应当加强对预算收入和支出的管理，不得截留或者动用应当上缴的预算收入，也不得将不应当在预算内支出的款项转为预算内支出	第五十八条　各部门、各单位应当加强对预算收入和支出的管理，不得截留或者动用应当上缴的预算收入，不得擅自改变预算支出的用途
第五十一条　各级政府预算预备费的动用方案，由本级政府财政部门提出，报本级政府决定	第五十九条　各级政府预算预备费的动用方案，由本级政府财政部门提出，报本级政府决定
第五十二条　各级政府预算周转金由本级政府财政部门管理，用于预算执行中的资金周转，不得挪作他用	第六十条　各级政府预算周转金由本级政府财政部门管理，用于本级政府调剂预算年度内季节性收支差额，不得挪作他用

续　表

修改前	修改后
	第六十一条　各级政府年度预算执行中有超收收入的，除依照法律、行政法规规定安排支出外，可以用于冲减赤字，或者安排预算稳定调节基金用于补充以后年度预算资金的不足
	第六十二条　国务院和县级以上地方各级政府应当在每年六月至九月期间向本级人民代表大会常务委员会报告预算执行情况
第七章　预算调整	第七章　预算调整
第五十三条　预算调整是指经全国人民代表大会批准的中央预算和经地方各级人民代表大会批准的本级预算，在执行中因特殊情况需要增加支出或者减少收入，使原批准的收支平衡的预算的总支出超过总收入，或者使原批准的预算中举借债务的数额增加的部分变更	第六十三条　预算调整是指经全国人民代表大会批准的中央预算和经地方各级人民代表大会批准的地方各级预算，在执行中出现下列情况之一的预算变更： （一）本级人民代表大会批准的收支平衡的预算出现赤字，或者举借债务数额增加的； （二）需要增加预算总支出的； （三）需要调入预算稳定调节基金，或者需要减少预算总支出的； （四）需要调减预算安排的农业、教育、科技、文化、卫生、社会保障等重点支出数额的
	第六十四条　在预算执行中，各级政府一般不制定新的增加或者减少财政收入或者支出的政策和措施，必须作出并需要进行预算调整的，应当在预算调整方案中作出安排

续 表

修改前	修改后
第五十四条　各级政府对于必须进行的预算调整，应当编制预算调整方案。中央预算的调整方案必须提请全国人民代表大会常务委员会审查和批准。县级以上地方各级政府预算的调整方案必须提请本级人民代表大会常务委员会审查和批准；乡、民族乡、镇政府预算的调整方案必须提请本级人民代表大会审查和批准。未经批准，不得调整预算	第六十五条　各级政府对于必须进行的预算调整，应当编制预算调整方案。预算调整方案应当说明预算调整的理由、项目和数额 在预算执行中，由于发生特大自然灾害、突发公共事件，必须及时增加预算支出的，应当先动支预备费；预备费不足支出的，各级政府可以先安排支出，超过年初预算支出规模的，列入预算调整方案 国务院财政部门应当在全国人民代表大会常务委员会举行会议审查和批准预算调整方案的30日前，将预算调整初步方案送交全国人民代表大会财政经济委员会进行初步审查 省、自治区、直辖市政府财政部门应当在本级人民代表大会常务委员会举行会议审查和批准预算调整方案的30日前，将预算调整初步方案送交本级人民代表大会有关专门委员会进行初步审查 设区的市、自治州政府财政部门应当在本级人民代表大会常务委员会举行会议审查和批准预算调整方案的30日前，将预算调整初步方案送交本级人民代表大会有关专门委员会进行初步审查，或者送交人民代表大会常务委员会的有关工作机构征求意见 中央预算的调整方案应当提请全国人民代表大会常务委员会审查和批准。县级以上地方各级预算的调整方案应当提请本级人民代表大会常务委员会审查和批准；乡、民族乡、镇预算的调整方案应当提请本级人民代表大会审查和批准。未经批准，不得调整预算 年终超过预算调整方案的预算收入，依照本法第三十八条或者第六十一条的规定执行

续 表

修改前	修改后
第五十五条　未经批准调整预算，各级政府不得作出任何使原批准的收支平衡的预算的总支出超过总收入或者使原批准的预算中举借债务的数额增加的决定 对违反前款规定作出的决定，本级人民代表大会、本级人民代表大会常务委员会或者上级政府应当责令其改变或者撤销	第六十六条　经批准的预算调整方案，各级政府应当严格执行。未经本法第六十五条规定的程序，各级政府不得作出预算调整的决定 对违反前款规定作出的决定，本级人民代表大会、本级人民代表大会常务委员会或者上级政府应当责令其改变或者撤销
第五十六条　在预算执行中，因上级政府返还或者给予补助而引起的预算收支变化，不属于预算调整。接受返还或者补助款项的县级以上地方各级政府应当向本级人民代表大会常务委员会报告有关情况；接受返还或者补助款项的乡、民族乡、镇政府应当向本级人民代表大会报告有关情况	第六十七条　在预算执行中，各级政府依照有关法律和行政法规规定应当增加的支出，以及因上级政府增加专项转移支付而引起的预算支出变化，不属于预算调整 接受专项转移支付的县级以上地方各级政府应当向本级人民代表大会常务委员会报告有关情况；接受专项转移支付的乡、民族乡、镇政府应当向本级人民代表大会报告有关情况
第五十七条　各部门、各单位的预算支出应当按照预算科目执行。不同预算科目间的预算资金需要调剂使用的，必须按照国务院财政部门的规定报经批准	第六十八条　各部门、各单位的预算支出应当按照预算科目执行。不同预算科目间的预算资金需要调剂使用的，必须按照国务院财政部门的规定报经批准
第五十八条　地方各级政府预算的调整方案经批准后，由本级政府报上一级政府备案	第六十九条　地方各级预算的调整方案经批准后，由本级政府报上一级政府备案

续 表

修改前	修改后
第八章　决算	第八章　决算
第五十九条　决算草案由各级政府、各部门、各单位，在每一预算年度终了后按照国务院规定的时间编制 编制决算草案的具体事项，由国务院财政部门部署	第七十条　决算草案由各级政府、各部门、各单位，在每一预算年度终了后按照国务院规定的时间编制 编制决算草案的具体事项，由国务院财政部门部署
第六十条　编制决算草案，必须符合法律、行政法规，做到收支数额准确、内容完整、报送及时	第七十一条　编制决算草案，必须符合法律、行政法规，做到收支数额准确、内容完整、报送及时 决算草案应当与预算草案相对应，按预算数、调整预算数、决算数分别列出
第六十一条　各部门对所属各单位的决算草案，应当审核并汇总编制本部门的决算草案，在规定的期限内报本级政府财政部门审核 各级政府财政部门对本级各部门决算草案审核后发现有不符合法律、行政法规规定的，有权予以纠正	第七十二条　各部门对所属各单位的决算草案，应当审核并汇总编制本部门的决算草案，在规定的期限内报本级政府财政部门审核 各级政府财政部门对本级各部门决算草案审核后发现有不符合法律、行政法规规定的，有权予以纠正
第六十二条　国务院财政部门编制中央决算草案，报国务院审定后，由国务院提请全国人民代表大会常务委员会审查和批准 县级以上地方各级政府财政部门编制本级决算草案，报本级政府审查后，由本级政府提请本级人民代表大会常务委员会审查和批准 乡、民族乡、镇政府编制本级决算草案，提请本级人民代表大会审查和批准	第七十三条　国务院财政部门编制中央决算草案，经国务院审计部门审计后，报国务院审定，由国务院提请全国人民代表大会常务委员会审查和批准 县级以上地方各级政府财政部门编制本级决算草案，经本级政府审计部门审计后，报本级政府审定，由本级政府提请本级人民代表大会常务委员会审查和批准 乡、民族乡、镇政府编制本级决算草案，提请本级人民代表大会审查和批准

续　表

修改前	修改后
	第七十四条　国务院财政部门应当在全国人民代表大会常务委员会召开会议审查和批准中央决算草案的30日前，将上一年度中央决算草案提交全国人民代表大会财政经济委员会进行初步审查 省、自治区、直辖市政府财政部门应当在本级人民代表大会常务委员会召开会议审查和批准本级决算草案的30日前，将上一年度本级决算草案提交本级人民代表大会有关专门委员会进行初步审查 设区的市、自治州政府财政部门应当在本级人民代表大会常务委员会召开会议审查和批准本级决算草案的30日前，将上一年度本级决算草案提交本级人民代表大会有关专门委员会进行初步审查，或者送交人民代表大会常务委员会的有关工作机构征求意见 全国人民代表大会财政经济委员会和省、自治区、直辖市、设区的市、自治州人民代表大会有关专门委员会，向本级人民代表大会常务委员会提出关于本级决算草案的审查报告
	第七十五条　县级以上各级人民代表大会常务委员会结合本级政府提出的上一年度预算执行和其他财政收支的审计工作报告，对本级决算草案进行审查，重点审查下列内容： （一）预算收入完成情况； （二）重点支出资金的使用情况； （三）本级预算调整及执行情况； （四）财政转移支付安排执行情况； （五）本级预备费使用情况； （六）本级人民代表大会批准的预算决议落实情况； （七）其他与决算有关的重要情况
第六十三条　各级政府决算经批准后，财政部门应当向本级各部门批复决算	第七十六条　各级决算经批准后，财政部门应当在30日内向本级各部门批复决算。各部门应当在接到本级政府财政部门批复的本部门决算后15日内向所属单位批复决算

续 表

修改前	修改后
第六十四条　地方各级政府应当将经批准的决算，报上一级政府备案	第七十七条　地方各级政府应当将经批准的决算及下一级政府上报备案的决算汇总，报上一级政府备案 县级以上各级政府应当将下一级政府报送备案的决算汇总后，报本级人民代表大会常务委员会备案
第六十五条　国务院和县级以上地方各级政府对下一级政府依照本法第六十四条规定报送备案的决算，认为有同法律、行政法规相抵触或者有其他不适当之处，需要撤销批准该项决算的决议的，应当提请本级人民代表大会常务委员会审议决定；经审议决定撤销的，该下级人民代表大会常务委员会应当责成本级政府依照本法规定重新编制决算草案，提请本级人民代表大会常务委员会审查和批准	第七十八条　国务院和县级以上地方各级政府对下一级政府依照本法第七十七条规定报送备案的决算，认为有同法律、行政法规相抵触或者有其他不适当之处，需要撤销批准该项决算的决议的，应当提请本级人民代表大会常务委员会审议决定；经审议决定撤销的，该下级人民代表大会常务委员会应当责成本级政府依照本法规定重新编制决算草案，提请本级人民代表大会常务委员会审查和批准
第九章　监督	第九章　监督
第六十六条　全国人民代表大会及其常务委员会对中央和地方预算、决算进行监督 县级以上地方各级人民代表大会及其常务委员会对本级和下级政府预算、决算进行监督 乡、民族乡、镇人民代表大会对本级预算、决算进行监督	第七十九条　全国人民代表大会及其常务委员会对中央和地方预算、决算进行监督 县级以上地方各级人民代表大会及其常务委员会对本级和下级预算、决算进行监督 乡、民族乡、镇人民代表大会对本级预算、决算进行监督

续 表

修改前	修改后
第六十七条　各级人民代表大会和县级以上各级人民代表大会常务委员会有权就预算、决算中的重大事项或者特定问题组织调查，有关的政府、部门、单位和个人应当如实反映情况和提供必要的材料	第八十条　各级人民代表大会和县级以上各级人民代表大会常务委员会有权就预算、决算中的重大事项或者特定问题组织调查，有关的政府、部门、单位和个人应当如实反映情况和提供必要的材料
第六十八条　各级人民代表大会和县级以上各级人民代表大会常务委员会举行会议时，人民代表大会代表或者常务委员会组成人员，依照法律规定程序就预算、决算中的有关问题提出询问或者质询，受询问或者受质询的有关的政府或者财政部门必须及时给予答复	第八十一条　各级人民代表大会和县级以上各级人民代表大会常务委员会举行会议时，人民代表大会代表或者常务委员会组成人员，依照法律规定程序就预算、决算中的有关问题提出询问或者质询，受询问或者受质询的有关的政府或者财政部门必须及时给予答复
第六十九条　各级政府应当在每一预算年度内至少二次向本级人民代表大会或者其常务委员会作预算执行情况的报告	
第七十条　各级政府监督下级政府的预算执行；下级政府应当定期向上一级政府报告预算执行情况	第八十二条　各级政府监督下级政府的预算执行；下级政府应当定期向上一级政府报告预算执行情况
第七十一条　各级政府财政部门负责监督检查本级各部门及其所属各单位预算的执行；并向本级政府和上一级政府财政部门报告预算执行情况	第八十三条　各级政府财政部门负责监督检查本级各部门及其所属各单位预算的编制、执行和本级国库办理的预算收入收纳、划分、留解、退付及预算支出的拨付业务，并向本级政府和上一级政府财政部门报告预算执行情况 省级以上政府财政部门经本级政府批准设立的派出机构，按照规定的职责依法开展监督检查工作

续 表

修改前	修改后
第七十二条　各级政府审计部门对本级各部门、各单位和下级政府的预算执行、决算实行审计监督	第八十四条　县级以上政府审计部门依法对预算执行、决算实行审计监督
	第八十五条　政府各部门负责监督检查所属各单位的预算执行，及时向本级政府财政部门反映本部门预算执行情况，依法纠正违反预算的行为
	第八十六条　公民、法人或者其他组织发现有违反本法的行为，可以依法向有关国家机关进行检举、控告 接受检举、控告的国家机关应当依法进行处理，并为检举人、控告人保密。任何单位或者个人不得压制和打击报复检举人、控告人
第十章　法律责任	第十章　法律责任
第七十三条　各级政府未经依法批准擅自变更预算，使经批准的收支平衡的预算的总支出超过总收入，或者使经批准的预算中举借债务的数额增加的，对负有直接责任的主管人员和其他直接责任人员追究行政责任	

续　表

修改前	修改后
第七十四条　违反法律、行政法规的规定，擅自动用国库库款或者擅自以其他方式支配已入国库的库款的，由政府财政部门责令退还或者追回国库库款，并由上级机关给予负有直接责任的主管人员和其他直接责任人员行政处分	第八十七条　各级政府对本级财政部门、收入征收部门和单位、国库和其他部门、单位的下列行为，责令改正；对负有直接责任的主管人员和其他直接责任人员依法给予处分： （一）未依照法律、法规规定的程序和要求，编制、报送政府预算、预算调整方案、决算和部门预算、决算以及批复预算、决算的； （二）未将所有政府收入和支出列入预算并接受审查监督的； （三）违反法律、法规或者国务院财政部门的规定，擅自调整预算级次或者变更预算收支类别的； （四）违反法律、法规或者国务院财政部门的规定，擅自进行预算调整或者变更的； （五）违反法律、法规规定，擅自动用预算预备费、预算周转金、预算稳定调节基金的； （六）违反本法规定，擅自设立政府性基金项目的； （七）违反本法规定，举借债务或者为他人债务担保的； （八）违反法律、法规的规定，擅自减征、免征或者缓征应征预算收入，擅自改变预算收入上缴方式、预算收入级次或者预算收入科目，以及截留、占用或者挪用上级预算收入的； （九）违反法律、法规或者国务院财政部门的规定，擅自改变预算支出用途的； （十）未依照法律、法规的规定办理预算收入收纳、划分、留解、退付及预算支出拨付，或者擅自冻结、动用国库库款或者以其他方式支配已入国库库款的； （十一）未依照法律、法规或者国务院财政部门的规定开设、使用、撤销财政资金账户的； （十二）未依法向社会公开预算、预算调整、决算的 地方各级政府有前款规定违法行为的，由上级政府责令改正，对负有直接责任的主管人员和其他直接责任人员依法给予处分

续 表

修改前	修改后
第七十五条　隐瞒预算收入或者将不应当在预算内支出的款项转为预算内支出的，由上一级政府或者本级政府财政部门责令纠正，并由上级机关给予负有直接责任的主管人员和其他直接责任人员行政处分	
	第八十八条　县级以上各级政府对下级政府的下列行为，责令改正，对负有直接责任的主管人员和其他直接责任人员依法给予处分： （一）违反法律、行政法规的规定，擅自决定减免税收或者其他预算收入的； （二）未将政府收入和支出全部列入预算的； （三）延解、占压应当上解的财政收入的； （四）截留、挤占不属于本级政府的预算资金的； （五）擅自改变上级政府专项转移支付资金用途的； （六）违反本法规定举借债务的
	第八十九条　各级政府财政部门对本级和下级政府各部门、单位及其工作人员的下列行为，责令改正，调整有关会计账目，追回骗取、使用的资金，没收违法所得，对单位给予警告或者通报批评；并建议有权机关对负有直接责任的主管人员和其他直接责任人员依法给予处分： （一）以虚报、冒领等手段骗取预算资金的； （二）截留、占用、挪用预算资金的； （三）擅自减征、免征或者缓征预算收入以及未及时上解预算收入的； （四）未依照规定程序及时支付预算资金的； （五）违反法律、法规的规定，分配、使用财政转移支付资金的

续 表

修改前	修改后
	第九十条　本法第八十七条、第八十八条、第八十九条所列违法行为，《中华人民共和国税收征收管理法》对其处理、处罚另有规定的，依照其规定 违反本法规定，构成犯罪的，依法追究刑事责任
第十一章　附则	第十一章　附则
第七十六条　各级政府、各部门、各单位应当加强对预算外资金的管理。预算外资金管理办法由国务院另行规定。各级人民代表大会要加强对预算外资金使用的监督	
	第九十一条　政府性基金预算、国有资本经营预算和社会保障预算的编制、执行和实施步骤，由国务院依据本法作出规定
第七十八条　国务院根据本法制定实施条例	第九十二条　国务院根据本法制定实施条例
第七十七条　民族自治地方的预算管理，依照民族区域自治法的有关规定执行；民族区域自治法没有规定的，依照本法和国务院的有关规定执行	第九十三条　民族自治地方的预算管理，依照民族区域自治法的有关规定执行；民族区域自治法没有规定的，依照本法和国务院的有关规定执行
	第九十四条　省、自治区、直辖市人民代表大会或者其常务委员会根据本法，制定有关预算的决定或者地方性法规
第七十九条　本法自1995年1月1日起施行。1991年10月21日国务院发布的《国家预算管理条例》同时废止	第九十五条　本法自1995年1月1日起施行。1991年10月21日国务院发布的《国家预算管理条例》同时废止